LE DEVOIR DE DÉPLAIRE

ÉRIC DE MONTGOLFIER

LE DEVOIR
DE DÉPLAIRE

*À tous ceux qui, pour l'avoir si longtemps bafouée,
m'ont conforté dans l'amour de la Justice.*

AVANT-PROPOS

Dans mes fonctions, j'use abondamment de la parole, qu'il s'agisse de requérir lors des audiences, de communiquer publiquement sur une affaire en cours ou d'expliquer l'institution judiciaire. Pourtant, depuis toujours, l'écriture me semble le mode privilégié de la pensée et la tentation était puissante d'y recourir. Fallait-il, comme tant d'autres, y succomber ? Longtemps j'ai résisté, faute de m'en reconnaître le talent. Il n'est pas certain qu'il soit venu mais ce n'est plus pour moi qu'accessoire. L'attraction que, de plus en plus, exerce la Justice sur notre peuple m'a conduit à ne plus prendre en considération que la nécessité. Aujourd'hui, en effet, parce que la société à laquelle j'appartiens traverse une crise profonde, parce que les juges y occupent une place qu'il convient de bien mesurer avant de la leur laisser, l'essentiel est ailleurs. Il importe d'informer ceux auxquels, au cœur de la démocratie, appartiennent les choix fondamentaux. À cet égard, magistrat depuis 1975, je dispose d'une expérience qui ne s'acquiert pas dans les livres. Sans autre prétention que de la faire partager à mes concitoyens, parce que eux seuls devraient être propriétaires de la Justice et se comporter comme tels, il m'a donc semblé que le temps était venu, quand je le pouvais encore avec quelque chance d'être entendu, d'évoquer ce patrimoine commun. Contribuer à l'embellir fut, tout au long de ces années, une constante préoccupation.

Ce n'est pas seulement l'état de cette institution si décriée qui me semble préoccupant. Nombreux sont ceux qui font le constat d'une société à bout de souffle, incapable de renouveler ses élites en politique, alors même qu'il s'agit précisément du domaine dans lequel doivent constamment s'exprimer la vigueur de la pensée autant que celle de l'action. Parfois respectable, le conservatisme est un confort qui nous inscrit dans le passé, ne développant les habitudes acquises que dans ce qu'elles offrent de plus pernicieux. Rapidement vient la sclérose qui peut, par contagion, frapper tout un peuple. Les délices de Capoue annihilèrent la combativité de l'armée d'Hannibal; les années de prospérité écoulées seraient-elles cause de ce que, peu à peu, nous paraissons avoir perdu le talent de vivre ensemble ?

Tout est contestable et je ne puis douter que ce livre suscitera des critiques, autant qu'il en comporte à l'égard d'un système qui, sur bien des points, me semble inadapté, voire périmé. Nul ne saurait craindre les critiques car, le plus souvent, elles traduisent l'intérêt du lecteur pour les sujets abordés et la richesse de sa propre réflexion. Lecteur moi-même, je ne me suis jamais privé d'en exprimer, quitte à devoir finalement ordonner ma pensée à celle de l'auteur. Lire ne consiste pas à absorber ce qui est écrit, comme le ferait une éponge. L'exercice est nécessairement dynamique, quand même le style nous porte plus qu'il ne nous contraint, comme une poésie parfois. Je souhaite seulement que ceux qui me liront voudront bien se souvenir, chaque fois qu'ils seront rebutés, de ce que ce livre s'inscrit dans un profond amour de la vérité, seule évidence qui puisse porter la Justice au service des Hommes et ceux-ci à la plénitude.

I

SUR LES PAS DE THÉMIS

Le temps des études était passé et le moment venu pour moi de quitter les jupes de ma famille et celles de l'université. Ayant réussi, en 1970, le concours d'accès à l'École nationale de la magistrature, il me restait à me plier aux contraintes du service national avant de me rendre à Bordeaux où l'École était implantée. Disposant de quelques mois, je résolus de prendre un travail intérimaire à Lyon, dans une usine de fabrication de produits alcoolisés. Au cours d'une pause, un autre ouvrier de mon âge vint s'asseoir près de moi. Après quelques propos échangés en nous tutoyant, il me demanda soudain ce que je faisais habituellement. Je lui indiquai vers quoi m'inclinaient mes études. Il se leva aussitôt et s'éloigna sur un « pardonnez-moi » qui me fit brutalement accéder à tout ce qui paraissait nous séparer. Sans doute, sur l'échelle sociale, à chacun son barreau, mais il faut bien admettre que l'exercice de la Justice crée une distance. Après tant d'années passées sous la robe, cette incompréhension ne cesse de s'attacher à mes **pas**; le temps me semble venu d'en soulever un pan.

Passion parfois pour ceux qui l'exercent, la Justice, principe autant qu'institution, fascine ceux qui la subissent ou pourraient redouter d'en être l'objet. Un instinct souvent malsain les pousse, quand on souhaiterait que la curiosité ne soit que démocratique. Tout fait ventre et, en somme, l'essentiel est qu'ils s'y intéressent, comme à l'un des piliers d'un système qui porte leur vie.

Après tout, on peut s'interroger autant sur les magistrats et ce qui les a poussés à choisir cet état que sur ce goût si particulier qu'expriment nos concitoyens envers la Justice. Il semble que ces derniers aient de l'appétit pour tout ce qui ressemble aux jeux du cirque. Ah, cet *Ave Cesar, morituri te salutant*! Comme il révèle de passion mal contenue pour le sang des autres et leur souffrance... Mais les magistrats, tous ceux qui comme juges ou procureurs contribuent à rendre la Justice, qu'est-ce donc qui les meut?

Depuis longtemps perplexe quant à mes propres motivations, j'avais un jour suggéré, lors d'un colloque à l'École nationale de la magistrature, qu'il serait opportun de permettre à chacun de ceux qui aspirent à juger les autres de rencontrer un psychiatre. Pour furtive qu'elle soit, une telle approche pourrait au moins nous donner le goût d'aller rechercher, au plus profond, par quelle bizarrerie nous sommes venus à ce choix. Rien en effet ne me semble plus étonnant que de prétendre rendre la Justice, même si, pour certains, il ne s'agit que de dire le droit.

Pendant quelque temps, je ne fus plus invité...

Pourtant, outre qu'elle mérite d'être posée, la question me paraît lancinante. Qui peut douter que l'acte judiciaire, qui n'est jamais neutre, puise dans la personne même de son auteur ? La robe couleur de cendre que nous portons à l'audience est le symbole même de notre impartialité ; elle joue ce rôle aux yeux des parties au procès mais ne saurait nous protéger entièrement de nous-mêmes.

De cette faiblesse structurelle il m'est arrivé de jouer. J'espère ne l'avoir fait que pour le bien de la Justice, non par cynisme. Ainsi, lors d'une audience correctionnelle, je m'étais irrité de ce que le tribunal ait montré une sévérité que je jugeais excessive dans une affaire de mœurs. Je soumis aussitôt aux mêmes juges un dossier comparable et requis une peine modérée, sensiblement égale à celle dont ils s'étaient écartés dans le jugement précédent. Mais, ajoutai-je, « dans cette sorte d'affaire où la sexualité est en cause, on est d'autant plus porté à la répression qu'on serait soi-même tenté de commettre les faits qui vous sont déférés ». Pour pernicieux qu'il parût, l'argument fit mouche et le tribunal s'en tint prudemment à mes réquisitions.

L'anecdote n'a de valeur que pour nous ramener au sujet : pourquoi devient-on magistrat ? Exigeant pour les autres, je ne puis l'être moins pour moi mais aucune plongée dans l'inconscient n'a pu jusqu'ici me satisfaire ; il s'en faut même de beaucoup ! À dire vrai, rien de mes origines sociales ne m'inclinait à ce choix professionnel car mon ascendance est pauvre en juristes, en robins plus encore. Loin de m'y pousser, mon père, qui appartenait au monde de l'entreprise, s'était ému de ce que je veuille exercer ce qu'il qualifiait de « métier de cons ». Il n'en fallait pas tant pour me le faire adopter. N'ayant en outre jamais manqué d'argent, sans qu'il coulât à flots, l'exercice de fonctions judiciaires ne pouvait se confondre pour moi avec une quelconque revanche sur ceux qui en possèdent. Je ne le dis pas pour conforter cette rumeur si vivace qui prétend

15

fustiger ces juges que l'on dit « rouges », mais pour la dénoncer. Le grand air du complot est celui qu'entonnent volontiers ceux qui prétendent échapper aux règles ordinaires. Faute d'éléments plus démonstratifs d'une innocence mise à mal, il leur reste la bêtise à front de taureau, si utile au café du commerce. Pourtant les mêmes restent muets quand des magistrats complaisants démontrent à l'envi que la pauvreté vient plus volontiers encore au secours du pouvoir, quelque forme qu'il adopte. À ce compte, il faudrait aussi parler de juges « jaunes », pour la couleur dont on affuble les salariés qui, en période de grève, choisissent d'en briser la solidarité en se rendant au travail.

Non, il me faut chercher ailleurs cette volonté qui m'a saisi, l'année de mes seize ans, de sécher les cours du lycée pour la salle d'audience poussiéreuse du tribunal de grande instance de Montluçon. Mes premiers émois judiciaires me portèrent vers le barreau dont le ténor local captait toute mon attention dans un brio qui se nourrissait de la médiocrité des autres figurants. Fasciné par les envolées de sa robe et de son verbe, je conçus, dès la première audience, que son métier serait le mien.

Cette fascination n'était pas que primaire. Sensible à l'ambiance théâtrale de cette salle, propre à émouvoir un adolescent pétri d'une culture classique qui comprenait Démosthène et Cicéron, je le fus aussi aux scènes de vie qui s'y déroulaient. Pour ceux qui, sans y être contraints, ont eu la curiosité de pousser la porte d'une salle d'audience pénale, le premier regard est pour le décor et le ballet qu'elle abrite. Point encore livrés à la main de barbares moins soucieux de notre patrimoine que de laisser leur nom dans l'histoire du béton, quelques palais de justice conservent la splendeur des fastes passés. Parfois les murs gardent l'empreinte de notre Histoire, si souvent jalonnée de procès fameux qui témoignent de la place depuis longtemps tenue par la Justice. Mais le premier choc passé de ce qui semble à beaucoup un saut dans l'inconnu, rapidement l'écoute dépasse le regard. L'attention se fige sur l'essentiel. C'est la vie que l'on expose, nos grandeurs et nos petitesses, nos vices et nos vertus. À travers ceux que l'on juge, le spectateur est nécessairement confronté à sa propre existence et devient aussitôt partisan, sans pouvoir admettre qu'il perd, de ce fait, toute légitimité à juger équitablement.

Le sort du magistrat n'est pas différent, sauf à considérer, contre l'évidence, qu'il serait d'une pâte spécifique. Aussi sommes-nous condamnés par nature à une lutte perpétuelle contre nos propres instincts. Mais où trouver la force singulière d'y parvenir, quand tant d'autres échouent? À défaut d'une grâce particulière, on souhaiterait qu'une formation appropriée soit susceptible de nous l'apporter. L'École nationale de la magistrature y prétend. Elle accueille pendant quelques mois, après qu'ils ont réussi le concours d'accès et sont ainsi devenus « auditeurs de justice », les juristes diplômés qui, en moins de trois années, recevront leur permis de juger. Seule en France, l'École a pour fonction de les y préparer.

Pour moi, cette période fut heureuse. La plupart de mes maîtres étaient brillants et soucieux de nous préparer à des fonctions qu'ils avaient eux-mêmes exercées.

L'année 1968 n'était pas si lointaine et l'air de liberté qui l'avait imprégnée ne s'était point encore évaporé. Ses effluves restés puissants et printaniers nous portaient parfois à une exubérance que notre directeur, magistrat qui avait enseigné la psychologie à Saint-Cyr, ne jugea pas devoir juguler. Mais l'insolence n'était pas loin et quelques hiérarques pontifiants en firent les frais. Le premier président de la cour d'appel de Rennes se vit interroger publiquement sur son comportement pendant les années d'Occupation ; il blêmit tandis que son voisin de tribune, magistrat distingué pour faits de Résistance, reculait sa chaise pour mieux s'esclaffer. Malmené par l'impertinence, plus d'un orateur s'en affligea, des « petits cons » fusèrent et Paris finit par s'émouvoir. Des têtes sautèrent, dont celle du directeur de l'École, et la durée de notre formation bordelaise fut brutalement écourtée. Il était temps de nous disperser dans les tribunaux : nos futurs collègues de ces juridictions sauraient bien nous ramener aux convenances qui, bien souvent, tiennent lieu de raison. Dès lors, les pouvoirs successifs assignèrent à l'École un rôle mineur : point n'était besoin de tant réfléchir sur notre légitimité à juger, notre capacité à y pourvoir comme aux principes qu'il nous faudrait respecter. La Chancellerie, autrement dit le ministère de la Justice, s'en chargerait. Pour l'École, l'essentiel serait désormais de former des techniciens, pas même des technocrates.

Il serait pourtant dommage qu'elle prive les futurs magistrats d'enseignements aussi révélateurs que celui que me procura une nuit passée dans les locaux du commissariat central de Bordeaux. En binôme, chaque auditeur devait partager la permanence nocturne des services de police. La nuit commença de s'écouler. Elle nous parut longue, faute d'événements. Nous étions sortis pour nous restaurer lorsque, revenant sur nos pas, nous constatâmes une soudaine effervescence. Jusques alors, les portes des bureaux étaient largement ouvertes. Brutalement cela changea, piquant notre curiosité. Lors d'une intervention, un gardien de la paix avait fait usage de son arme, sans manifestement la moindre nécessité. Un cycliste avait été blessé et, la balle étant passée bien près de l'artère fémorale, avait dû être hospitalisé. L'audition du fonctionnaire responsable fut recueillie, par procès-verbal, sous nos yeux attentifs. Rien, dans les questions et les réponses, ne nous parut anormal.

Le lendemain, prévu depuis quelque temps, j'avais un rendez-vous avec le chef de la Sûreté, avec lequel je m'étais découvert quelques affinités. On me pria d'attendre dans son antichambre qu'il ait pu régler un problème. Je le fis sans impatience, d'autant que sa porte, entrouverte, laissait passer une conversation riche d'enseignements. Il s'agissait de l'audition qui avait été recueillie en notre présence au cours de la nuit passée. Le responsable du service s'étonnait de son contenu, le jugeant accablant pour son fonctionnaire. La suite restait à venir que, pétri de légalisme et confiant dans nos institutions, je ne pouvais deviner. Il fut décidé de détruire le procès-verbal trop compromettant, pour lui en substituer un autre, plus conforme à une meilleure présentation du dossier. Le bruit que fit le papier en se déchirant emporta une partie de mes illusions.

Ces quelques mois passés à Bordeaux dans le creuset libéral de l'École m'ont beaucoup appris, notamment à l'occasion de deux expériences incomparables. Sur la fragilité du témoignage d'une part, sur la nôtre d'autre part. Un jour que l'ensemble de la promotion, cent quatre-vingts auditeurs environ, était réuni par groupes de dix à douze en direction d'études, nous fûmes appelés, sans plus de précisions, à nous rendre dans le grand amphithéâtre. Sur les pupitres, une feuille et un crayon attendaient chacun. L'obscurité se fit et des images apparurent sur l'écran. Des ricanements les accueillirent, encore que rien, sinon la surprise, ne les justifiât. Rapidement, ils firent place au silence et à la concentration. Un crime se déroulait sous nos yeux. La lumière revint en même temps que nos maîtres nous invitaient à décrire ce que nous avions vu. Encore aujourd'hui, ma mémoire a conservé le souvenir de la description que je fis du meurtrier, du moins du costume qu'il portait. Elle était incroyablement fausse, comme le démontra la comparaison qui fut établie entre ce qui nous avait été montré et ce que nous en avions perçu. Les exemples étaient multiples d'erreurs grossières commises de bonne foi en décrivant une scène à laquelle nous avions assisté sans aucune préparation. C'est généralement le cas pour la plupart des témoins. La leçon porta.

Le constat fut moins évident à l'issue des deux journées que l'École nous offrit de consacrer à la dynamique de groupe. La formule était encore à la mode et paraissait avoir pour objet de favoriser notre approche des mécanismes psychologiques quand ils nous concernent. L'expérience n'est pas sans risques pour les personnalités les plus fragiles : elle nous fut proposée sur la base du volontariat et tous ne furent pas candidats. On peut s'interroger sur la méthode qui me parut alors discutable : pour le métier que nous avions choisi, n'aurait-il pas été normal que l'on exigeât la participation de tous à une expérience destinée à nous mettre face à nous-mêmes ?

Les responsables de notre formation avaient sans doute une approche plus réaliste de la nature humaine. L'un

20

d'eux, dont j'étais proche, me le confirma un jour que nous évoquions le cas de quelques auditeurs dont les évidentes insuffisances, psychologiques plus que techniques, à supposer qu'elles ne soient pas indissociablement liées, paraissaient justifier qu'ils soient écartés des fonctions judiciaires. Encore qu'il admît combien cet exercice requiert un équilibre personnel, ce magistrat scrupuleux me répondit qu'il fallait leur laisser la chance de changer. Il ne m'a pas convaincu et cela n'a pas varié depuis lors. Bien souvent, j'ai eu l'occasion d'en faire état : la Justice n'est pas terre d'expérience personnelle et ceux qui en subissent les effets peuvent légitimement prétendre à ce qu'elle soit rendue par des magistrats qui en ont la capacité, sans avoir à espérer qu'ils l'auront un jour.

Cette exigence n'était pas dans les mœurs et je doute qu'elle s'y soit installée dans une École qui, au fil du temps et de volontés politiques différentes mais toujours convergentes sur ce point, marque sa préférence de la forme sur le fond. À des têtes bien faites on persiste à préférer des têtes bien pleines, des techniciens de la Justice plutôt que des magistrats. Tel est le système hiérarchique qui organise l'obéissance sans privilégier l'intelligence. Pourtant, le droit pénal corrige le principe de la légitime défense, fondée sur le commandement de l'autorité légitime, par celui des baïonnettes intelligentes, qui trouve sa source dans une approche raisonnée des situations. Ce dernier commande de s'écarter d'une application rigide de la règle quand elle aurait pour résultat de créer une injustice. Cela signifie pour le subordonné qu'il ne saurait, du seul fait qu'il en a reçu l'ordre, se mettre à couvert des conséquences de l'exécution d'un acte qu'il sait illégal. Il lui appartient, autant qu'il le peut, de vérifier sa légalité et, si celle-ci lui semble

21

discutable, de refuser de l'exécuter. Dans l'ordre judiciaire, trop nombreux sont ceux qui se contentent de vérifier que les baïonnettes sont suffisamment acérées. Peut-être devrait-on graver au fronton des palais, ceux de la Justice et encore plus largement ceux de la République, la maxime de Rabelais : « Science sans conscience n'est que ruine de l'âme. »

Cela vaudrait bien pour cette ébauche d'enseignement, vite abandonné sous notre pression, qui nous rassembla pour un seul cours consacré à « l'éthique judiciaire ». Dès les premiers mots, nous en prîmes la mesure. La leçon portait sur les gants que nous devions avoir à la main lors des visites à rendre au premier président de la cour d'appel et au procureur général, lors de notre nomination puis, chaque année, à l'époque des vœux. Le sujet était d'importance, au moins pour le magistrat qui l'abordait avec nous. Je le compris mieux quand un autre, de la même génération, celle qui avait accédé à la magistrature après la Seconde Guerre mondiale, évoqua les pratiques qu'il avait connues. Pour ces mêmes visites, parvenu devant la porte du hiérarque, l'usage était de frapper au-dessous de la clenche. Ainsi courbé par le besoin, le visiteur marquait-il sa déférence à son supérieur qui ne pouvait encore le voir. Dans ce corps, voici bien longtemps que l'on préfère les courbes aux lignes droites !

Dans un corps si convenu, l'École avait pris le risque de sortir des sentiers battus ; nous lui devions bien de l'y suivre. Pour nous l'intérêt n'était pas si mince, même si les résultats de l'exercice ne furent pas immédiatement perceptibles, sinon pour quelques-uns dont l'extrême fragilité fut ainsi révélée. Pour moi, je découvris aussi les vertus du silence, dont j'use parfois, en dépit d'une réputation

22

contraire, dans mes différentes stratégies médiatiques. Pour l'essentiel, je résolus de considérer, sans trop y croire, que j'en savais déjà beaucoup. Du magistrat déjà je cultivais l'arrogance.

Sur moi, je n'en savais pas plus. Qui ou quoi m'avait donc conduit là? Ce n'était point ma légitimité qui m'inquiétait, mais ce qui l'avait engendrée. Comme souvent, l'adolescence constituant le puits sans fond de nos incertitudes, je tentai d'y puiser mes réponses. Sans doute se construit-on autant contre les exemples reçus qu'autour de ceux qui vous accablent. Tôt, je découvris l'âpreté au gain ainsi que l'avarice; elles m'enseignèrent à me défier de l'argent autant que du pouvoir. Mes années de collège et la pédagogie de mes maîtres, souvent des religieux, avaient fait de moi un chrétien. Il m'a fallu bien des années pour m'en rendre compte, sans m'écarter pourtant de la conviction que la vertu pouvait être également républicaine. À cet égard, le principe de laïcité me convient. Il n'exclut pas l'appartenance religieuse des agents de l'État, ou toute autre, mais leur fait obligation de s'en écarter quand elle pourrait contredire les lois de la République.

Un mot de ma mère a sans doute beaucoup contribué à parachever cette éducation. Je devais avoir une dizaine d'années et le préfet des études la fit venir. Il l'entretint du projet qu'il avait formé, sans d'ailleurs me consulter, de me faire entrer au séminaire.

— Pourquoi pas? lui répondit-elle, avant d'ajouter : Qu'importe qu'il soit prêtre ou truand... L'essentiel est qu'il soit un bon prêtre ou un bon truand!

Peut-être le bon père s'est-il quelque peu raidi dans sa soutane. Pour moi, la leçon a porté et pourrait bien être pour quelque chose dans les choix qui ont façonné mon existence.

La formation dispensée à l'École de la magistrature a contribué à conforter ces choix. Il n'est pas certain que je puisse en dire autant de celle qui, après Bordeaux, me fut assurée en juridiction. En effet, après les mois passés à réfléchir sur nos futures fonctions et à en acquérir les rudiments, notre scolarité prévoit une confrontation avec la pratique judiciaire. Ce sont tout naturellement nos futurs collègues, les magistrats en activité, qui en ont la charge. Il m'avait donc fallu choisir un centre de stage, l'un des tribunaux de grande instance répartis sur l'ensemble du territoire national. Premier choix, premier combat, tant les critères étaient pour chacun différents. Ils révélèrent des conceptions qui ne l'étaient pas moins.

Comme je le vis plus tard quand il s'est agi du choix du premier poste de magistrat, le clivage fondamental s'établissait entre l'intérêt du stage et celui du stagiaire. Peu tentés par la grande aventure qui les écarterait de leurs habitudes, nombreux furent ceux qui décidèrent de se rapprocher de leurs parents, ou au moins d'un lieu qu'ils connaissaient. D'autres préférèrent s'expatrier. Seize mois de service national au titre de la coopération en Afrique du Nord m'avaient donné le goût de l'indépendance familiale, la première à laquelle généralement l'on aspire. Je recherchais donc un tribunal de taille moyenne dans une région que je pourrais découvrir. Caen me tenta mais les candidats y étaient plus nombreux que les postes. Nous fûmes invités à préciser nos raisons. Ma concurrente avança qu'un parent était susceptible de mettre un logement à sa disposition, ce qui lui permettrait d'en faire l'économie. Je prétendis que, propriétaire d'un pommier en Normandie, je souhaitais le voir fleurir au printemps. C'est la sorte d'argument que, sans y croire, nul ne prétendrait discuter et j'obtins d'être départagé par le sort. Il m'avantagea. Bientôt, avec les trois camarades de promotion qui y étaient également affectés, je gagnai la capitale de Guillaume le Conquérant.

*
* *

À l'École, frottés de libéralisme et soucieux de nous ouvrir l'esprit, nos maîtres n'avaient point tenté de désarmer notre insolence, au moins pour ceux qui déjà y étaient enclins. Comme je l'ai souvent vérifié par la suite, ce n'était pas le plus grand nombre. Au moins pouvions-nous croire que le corps était à l'image de l'École. À peine avions-nous débarqué à Caen qu'il fallut déchanter et j'en voulus à mes maîtres de nous l'avoir caché : la formation bordelaise pouvait paraître constituer une ouverture sur le monde et favoriser les approches personnalisées ; le stage, lui, possédait les vertus d'un photocopieur.

Ce fut d'abord une question de forme. Jusques alors, même si nos visiteurs pouvaient prétendre à l'une de ces appellations pompeuses qui donnent à chacun le sentiment de son importance, la plupart s'étaient abstenus d'en user. Sans même nous concerter, il nous parut qu'il n'y avait rien à changer à cette habitude. Reçus par le procureur de la République, nous le gratifiâmes d'un simple « Monsieur ». Puis, ajoutant à l'indignité, quand il prétendit nous fixer l'ordre selon lequel nous devions effectuer nos stages dans les différents services, nous lui indiquâmes que nous y avions déjà pourvu. Les étincelles de son regard nous révélèrent l'étendue du désastre. Il se confirma au cours des semaines qui suivirent.

Dans la ruche bruissante que constitue un tribunal, la moindre rumeur prend aussitôt corps. Le procureur n'avait manifestement pas aimé ce premier entretien et l'avait fait savoir. Il semblait qu'il m'ait tout spécialement dénigré. Bien des juges redoutaient ce magistrat, et cela provoqua un mouvement de sympathie, certes prudent, en notre faveur. Le procureur n'était pas dénué de qualités mais son ironie était corrosive et son alacrité redoutable. Un jour que l'on enterrait un de nos collègues et que nous nous rendions en cortège automobile à la cérémonie, il osa un « et si l'on klaxonnait ? » qui fit frémir. Dans ce milieu où souvent les convenances tiennent lieu de costume, il inspirait la crainte et ne craignait pas d'en abuser. Quelques années plus tard, il en donna la mesure.

Devenu procureur général à Dijon, c'est-à-dire le supérieur hiérarchique de tous les procureurs de la République du ressort de la cour d'appel, il entreprit de visiter chacun d'eux. À l'un de ces magistrats, il rappela combien il tenait à être informé des principaux événements survenus dans la circonscription judiciaire.

— Et n'oubliez pas, ponctua-t-il, qu'une bête aveugle devient méchante !

Quelques années plus tard, je retrouvai le malheureux dans une juridiction savoyarde. Des années avaient passé et lui-même avait pris du galon. Pourtant il ne s'était manifestement pas remis de cette algarade.

Aussi, à Caen, fus-je reçu par les plus courageux avec des prévenances inhabituelles au regard de mon statut d'apprenti magistrat. Pour un peu, ils m'auraient poussé à la résistance, comme si la mienne pouvait compenser celle dont ils se croyaient incapables. Et c'est ainsi que, progressivement, les choses se gâtèrent et ma situation devint périlleuse.

Le procureur m'ignorait, ses substituts me battirent froid. La fréquentation du parquet s'avéra difficile et se multiplièrent les avanies. Ainsi, un jour que tous étaient rassemblés pour l'installation d'un nouveau magistrat dans ses fonctions, le procureur entra dans la pièce et, faisant le tour, salua le magistrat qui était à ma droite puis, sans même un regard vers moi, celui qui était à ma gauche. Informée, l'École dépêcha le directeur des stages. Après quelques entretiens, celui-ci me rapporta ce que l'on me prêtait. Je résolus de faire front mais n'eus guère à combattre. Le jour même, au détour d'un couloir, je croisai le procureur. Trouvant le chemin de Damas, je le saluai d'un retentissant « bonjour, monsieur le procureur ». Son visage s'irradia et nos relations devinrent normales puis excellentes, au point qu'il devait, le stage terminé et l'examen de classement passé, me suggérer avec insistance de rester auprès de lui, comme substitut. L'homme n'était pas sans charme et, sous sa férule, je savais pouvoir progresser. J'acceptai volontiers.

Les mois qui suivirent furent heureux et cette première passe d'armes y contribua sans doute. J'en conçus de l'étonnement mais déjà commençait à se fissurer la considération que je portais au corps dans lequel j'ambitionnais d'entrer. Au gré des stages, je découvris pourtant des personnalités attachantes et des professionnels compétents. Peu pourtant semblaient enclins à l'autocritique. Ainsi ce magistrat qui, dans un dossier de violences involontaires, prétendait faire bénéficier l'auteur des faits de l'excuse légale de légitime défense. Je me crus autorisé à lui faire remarquer, mes études étant plus fraîches que les siennes, que la jurisprudence condamnait cette approche juridique. On ne pouvait, sans se contredire, retenir qu'un fait était involontaire et lui appliquer une excuse qui impliquait qu'il ne l'était pas.

— Je te rappelle que le stagiaire, ici, c'est toi !

Tout était dit et il ne restait plus qu'à me taire.

De telles crises de majesté n'empêchaient nullement qu'on me fasse confiance, qu'il s'agisse de représenter seul le ministère public aux audiences correctionnelles, voire, pendant le mois d'août, les trois juges des enfants ayant choisi de prendre leurs congés en même temps, de les remplacer, sous le contrôle lointain du juge de l'application des peines. La diversité des rôles me parut fascinante et j'appris à les aimer tous, au point de ne plus vraiment savoir ce qui m'attirait davantage, du siège ou du parquet.

À l'extérieur des palais de justice, l'institution reste pour beaucoup une énigme. Au-delà de la justice pénale qui mobilise l'attention de la presse et de l'opinion publique, jusqu'à la caricature parfois, peu savent ce que font exactement les juges et les procureurs. Sans doute que les premiers sont assis, ce qui leur confère l'appellation de magistrats du siège. Ils sont indépendants et inamovibles, c'est-à-dire qu'ils ne peuvent être nommés à un autre poste, serait-ce en avancement, sans qu'ils y aient consenti. Généralistes du droit, les juges connaissent des problèmes

qui touchent aux biens et aux personnes ; ils veillent au respect des libertés fondamentales. Placés sur une estrade, ils
décident de l'innocence et de la culpabilité, de la responsabilité et des réparations, pénètrent dans la vie des familles,
décident de la capacité des parents à élever leurs enfants.
Plus généralement, ils rendent des jugements par lesquels
ils tranchent entre les parties à un même litige. Mais
l'audience publique ne constitue pas l'essentiel de leur activité. Hors la vue du public, ils veillent à la mise en état des
procédures civiles, instruisent les affaires pénales, sont
chargés de l'application des peines prononcées et organisent la protection des majeurs ne jouissant plus de toutes
leurs facultés comme celle des mineurs en danger.

Pour sa part, le magistrat du parquet représente la collectivité au sein du Ministère public. Son titre de procureur de la République est loin de signifier, comme trop
le croient, qu'il défend les intérêts de l'État, voire du gouvernement. La république dont il s'agit n'est que la traduction de *res publica*, l'intérêt collectif sur lequel il veille en
exerçant les actions propres à le protéger. Du latin vient
aussi le titre : *Pro curare* signifie « prendre soin ». Moins
discret que celui du juge en ces temps médiatiques, le rôle
du procureur ne se limite pas davantage à l'audience
publique où, placé sur la même estrade que le juge, il offi-
cie à proximité de celui-ci. Trop près ? Non sans raison,
nombre d'avocats s'en émeuvent. Évoquant une erreur de
menuisier, ils réclament depuis longtemps que le ministère
public descende de l'estrade et revienne sur le parquet, le
sol dont il tient, dit-on, son autre nom. À moins que
l'expression ne trouve son origine dans la sorte d'enclos où,
dans les salles d'audience, les Gens du Roi, lointains ascen-
dants des procureurs, étaient parqués, à l'écart des autres

29

parties. Au même niveau que celles-ci, sans pouvoir être confondu avec le juge, le procureur prendra des réquisitions qui n'en auront pas moins de force. Plus que son élévation matérielle compte celle de son verbe et de sa pensée. Ce qu'il représente a plus de poids que ce qu'il prétend quand, debout face au juge, symbole du respect qu'il doit à sa décision, il demande l'application de la loi.

Le symbole n'est pas mince et la vanité n'est pas seule en cause, de part et d'autre. Le Ministère public est la partie principale, au nom de la collectivité, dans différents procès. Toujours dans les affaires pénales. Parfois dans les contentieux civils quand l'intérêt général paraît engagé. C'est le cas, par exemple, quand il s'agit de faire annuler un mariage passé en fraude de la loi, les mariages de complaisance par exemple qui unissent des intérêts et non des vies. Partie contre partie, les avocats estiment que l'une ne peut paraître avantagée, fût-ce simplement par la place qu'elle occupe dans la salle d'audience. Ils évoquent le principe de l'égalité des armes qu'affirme la Convention européenne de sauvegarde des droits de l'homme et des libertés fondamentales.

Ce point de vue me paraît plus que défendable, même si différents arguments peuvent le contrarier. Tous pourtant ne sont pas équivalents. Les uns procèdent d'une approche épidermique. L'exemple m'en fut donné dans l'un de mes postes, à Valenciennes, à l'occasion d'une audience solennelle de rentrée, cérémonie publique à laquelle se prête légalement chaque juridiction judiciaire au début de l'année civile. L'estrade était trop étroite pour accueillir l'ensemble des magistrats du siège et du parquet. Avec le président du tribunal, nous convînmes de ce que, avec mes substituts, je prendrais place au pied de l'estrade, au même niveau que nos invités. La gourmandise qui se peignit sur le visage du président lorsqu'il accueillit ma proposition aurait dû m'alerter. Je n'étais pas dupe mais je considérais que procéder ainsi en une telle occasion n'avait rien de particulièrement provocant. Funeste erreur... Le premier de mes substituts que j'avertis de ce dispositif me fit connaître que, dans ces conditions, il ne siégerait pas à mes côtés.

— Vous me voyez, dit-il, assis près du maire?

Un autre eut une réaction identique, arguant de ce qu'il se retrouverait au niveau du bâtonnier. Une troisième me répondit qu'elle me suivrait, parce qu'elle m'aimait bien. Pour le quatrième, sans que je sache si je le devais à sa bienveillance ou à son indifférence, il ne fit pas de commentaires.

L'affaire ne fit pas grand bruit; elle ne le méritait d'ailleurs pas. Une autre, quelques années plus tôt, en avait suscité bien davantage à Chambéry. Pendant les fêtes de fin d'année, des incendies avaient été allumés dans des poubelles de la ville. Exclusivement matériels, les dégâts avaient été mineurs. Il ne s'agissait pas de l'une de ces actions devenues traditionnelles, à la même période, dans des quartiers réputés difficiles. Dans cette ville, calme le plus souvent, l'émotion fut importante, qu'attisèrent quelques articles incendiaires. Soucieux du principe selon lequel la détention provisoire doit être exceptionnelle, je résolus de n'y point recourir. La personnalité des coupables ne le justifiait nullement à mes yeux. Un tollé s'ensuivit dont je parus ne point m'affecter. Mon heure vint le jour du procès. Au moment de prendre mes réquisitions orales dans une salle d'audience comble et franchement hostile, je commençai en indiquant que cette affaire m'avait permis de comprendre combien était justifiée la

place du Ministère public sur une estrade. Ainsi, préci-
sai-je, au moins est-il préservé de la boue qui vient la
battre, sans l'atteindre. À en croire son bâtonnier, il se
trouva un avocat pour prétendre me demander des
comptes au motif que j'avais ainsi dénigré le barreau... La
bêtise n'est donc pas l'apanage d'un seul camp!

Comme le juge, le procureur ne passe pas le plus clair de
son temps dans les audiences publiques. Chargé de faire
respecter les lois en poursuivant leurs violations pour les
faire sanctionner par un juge, sans doute est-ce à l'audience
que son rôle est le plus évident. Encore que la plupart s'y
trompent, négligeant un principe fondamental de son statut. À l'audience, le représentant du Ministère public déve-
loppe librement les réquisitions qu'il croit convenables au
bien de la Justice. Son statut le prévoit et le code de procédure pénale s'y réfère. Sa parole est libre et cette liberté ne
trouve ses bornes que dans la décence et le respect de la
vérité. À dire vrai, elle peut en trouver d'autres, sous la
seule responsabilité du magistrat. Il ne dépend en effet que
de lui d'en user ou pas. Dans un univers où la carrière
appelle constamment à la réflexion, l'exercice n'est pas sans
risque et j'ai pu le mesurer au tout début de la mienne.
    Un dossier criminel m'avait été confié, une affaire
d'agressions commises contre des vieillards à leur domicile; il y avait trois faits distincts et la gendarmerie avait été
saisie de l'enquête. Un jeune majeur, qualifié de débile
léger par les psychiatres, avait été arrêté et placé en détention provisoire après qu'il eut avoué les faits devant les gendarmes, les réitérant devant le juge d'instruction. Peu
après, il les avait rétractés. Un examen attentif de la procé-

dure mettait en évidence une curiosité : le jeune homme avait fourni un luxe de détails aux gendarmes sur deux des agressions, celles-là mêmes sur lesquelles ils avaient initialement enquêté. En revanche, l'accusé s'était montré particulièrement peu disert sur la troisième, dont les enquêteurs ignoraient tout au moment où ils l'avaient interrogé. Elle avait eu lieu en effet en dehors de leur circonscription... Avec d'autres, cette indication me parut significative et je commençai de douter. Reprenant le dossier sur cette base, au lieu de rechercher uniquement les arguments propres à étayer l'accusation dont j'avais la charge, je parvins bientôt à la conviction que l'accusé était innocent.

Le matin du procès, me trouvant seul avec le président de la cour d'assises avant qu'il n'ait ouvert l'audience, je lui fis part de mon intention de requérir un acquittement.

— Ne faites pas cela ! On vous en voudrait. Remettez-vous-en plutôt à la sagesse de la cour.

Je lui donnai mes arguments. Sans les combattre, l'excellent homme tenta de me persuader d'agir autrement. Puis il conclut :

— Bon. Je dois quand même vous indiquer que, pour ma part, j'ai préparé un arrêt d'acquittement, à toutes fins...

L'audience révéla que, lors de sa garde à vue, cette période de l'enquête au cours de laquelle le suspect est à la disposition de la justice sans le secours d'un avocat, cela pouvant durer jusqu'à quarante-huit heures, le jeune homme en avait passé neuf à genoux sur une règle. Il fut acquitté comme je l'avais requis. Le lendemain, un avocat de mes amis me raconta ce qu'en avait pensé l'avocat général en titre, celui qui m'avait confié le dossier. Le matin

33

suivant la décision de la cour d'assises, il y siégeait à son tour. Ironique, un avocat s'approcha.

— Alors, monsieur l'avocat général, vous allez également requérir un acquittement ?

— C'est inadmissible. On ne fait pas des choses pareilles. S'il m'avait prévenu, j'y serais allé et j'aurais obtenu la condamnation !

Tout d'un coup, je compris que Marcel Aymé n'avait pas tiré *La Tête des autres* du néant.

Au cours du stage au tribunal de Caen, déjà quelques imperfections m'étaient apparues, qui justifiaient la réflexion. Plus de courage et moins de haines ne m'auraient pas déplu. Mais surtout, derrière les portes closes, je vis que, sans même y songer, quelques magistrats pouvaient s'affranchir des principes. Grand fut mon étonnement le jour où, suivant un magistrat chenu que j'accompagnais à l'audience correctionnelle pour apprendre, il suivit les juges devant lesquels il venait de requérir jusqu'à la salle où ils s'apprêtaient à délibérer sur les dossiers examinés en audience publique. Nul ne protestant, il pouvait s'en déduire que la pratique était habituelle. Elle l'était sans doute puisque, non content d'être là, le parquetier reprenait ses arguments quand il constatait que l'un des juges n'y avait pas été suffisamment sensible. Il fallut la venue d'un nouveau président pour mettre un terme à cette hypocrisie.

Avant de choisir ma première affectation à l'issue du stage, l'examen de classement constituait une étape obligatoire. En même temps, nous devions souscrire l'engagement de servir pendant dix ans. Des épreuves à subir, une seule comptait vraiment qui consistait, à l'évidence, à mesurer la conformité du candidat aux idées reçues. Devant un jury de trois personnes, j'eus à disserter sur le juge et l'opinion publique. Déjà je ne croyais pas que, sur ce point, on puisse s'en tenir à la doctrine officielle. Elle paraît trouver sa traduction dans la citation qui stigmatise l'opinion publique, « cette prostituée qui tire le juge par la manche ». Je soutins que le sujet méritait mieux qu'une formule à l'emporte-pièce, quelle que soit par ailleurs sa pertinence. Juger au nom du peuple français me semble justifier que, sans nécessairement l'entendre, on puisse au moins l'écouter. La Justice doit s'inscrire dans la réflexion, pas dans l'arrogance d'un pouvoir qui tiendrait sa légitimité institutionnelle pour un blanc-seing. Rien de bien novateur me semblait-il. Un membre du jury venu du Conseil d'État me cueillit sèchement :

— C'est de la philosophie politique !

— Ah bon... Et c'est interdit ?

La riposte plut encore moins que le fond et je quittai la pièce dans une ambiance un peu lourde. Que m'importait : il vaut mieux penser que plaire.

Ce n'était d'ailleurs pas ma première expérience, du moins dans cette matière. Encore à Bordeaux, j'avais demandé, nos congés d'été me paraissant bien longs, à les occuper par un stage prolongé dans un établissement pénitentiaire. L'envie m'en était venue à l'issue d'une semaine passée en groupe à la prison d'Ensisheim, dès notre arrivée à l'École. Dans l'univers carcéral, la densité des découvertes est telle que huit jours ne pouvaient suffire, d'autant que notre programme avait quelque chose d'apprêté. Il s'agissait de nous éviter tout ce qui pouvait nuire à la réputation de l'administration pénitentiaire, citadelle dont les bastions défendaient la fragilité. En même temps, on nous conduisait vers les détenus modèles, les plus propres à nous donner la meilleure opinion de la prison, de sa bonne tenue. Ainsi ai-je conservé le souvenir de « Casanova », condamné pour avoir enlevé et séquestré l'épouse de l'industriel Marcel Dassault. Dans sa cellule il nous reçut, l'air paterne. Nous ne le dérangions pas, il était occupé à confectionner des cotillons. Au milieu des chapeaux et des serpentins, condamné pour une action criminelle, il était le symbole de l'efficacité de la répression. Mais pouvait-on réellement s'y tromper ?

Une telle mise en scène ne pouvait que m'inciter à retourner à Ensisheim. Ce ne fut pas chose facile et il fallut que les responsables changent à la Chancellerie pour que j'en reçoive enfin l'autorisation.

Ce que je découvris pendant ces quatre semaines ne pouvait que modifier mon regard sur le sens de l'emprisonnement et la portée qu'on prétendait lui donner. Sur les délinquants aussi. La dimension éducative de la peine me parut un leurre, telle qu'elle était pratiquée. On ne peut prétendre réintégrer en désintégrant. Ainsi je ne pouvais admettre qu'on puisse au nom de la sécurité, ériger la délation en système, livrant les détenus les plus vulnérables, souvent les plus jeunes, à la convoitise sexuelle de quelques « balances », placées aux postes les plus stratégiques pour avertir la direction des projets d'évasion ou autres mouvements qui pouvaient affecter l'établissement. Une société se méprise qui paie sa tranquillité au prix de la dignité de ceux qu'elle enferme.

Ma curiosité autant que mes commentaires suscitèrent de l'émotion. Un magistrat local s'en fit l'écho, dénonçant à l'École le « scandale » que j'avais provoqué. L'École en fit litière mais, lors de la réunion destinée à arrêter les notes de stage en juridiction, le même magistrat revint à la charge. La période considérée n'englobait pourtant pas le moment où j'étais allé à Ensisheim. Les quatre semaines que j'y avais passées étaient largement antérieures à la notation qui clôturait la scolarité bordelaise. Mais, depuis lors, le directeur de l'École avait été remplacé ; la pusillanimité fit le reste. Ma note de stage à Caen baissée, on diminua à proportion celle des trois autres auditeurs qui s'y trouvaient avec moi. Ce souci de cohérence m'indigna et je l'écrivis au nouveau directeur de l'École. Il ne répondit pas mais, lors de la publication du classement de ma promotion, je lui rappelai mon courrier. Désinvolte, il me répondit que telle était la vie judiciaire qui comportait des aléas. Son indifférence ne fut point ébranlée quand je fis valoir qu'il me semblait paradoxal de débuter ce métier par une injustice. Mais peut-être est-ce le meilleur moyen de prendre la mesure de celles dont on pourrait se rendre coupable à son tour...

II

LE CULTE DE L'IMPARTIALITÉ

Les leçons que j'avais déjà reçues ne me dissuadèrent pas de choisir le parquet. À l'extérieur comme au sein de l'institution, sa réputation n'est pas attractive. Une hiérarchie pusillanime et tatillonne y contribue, qui donne le sentiment que les procureurs de la République n'ont aucune indépendance décisionnelle. La fragilité des carrières et celle des hommes, leurs difficultés à juguler leurs appétits les plus sommaires pourraient le laisser croire, contre la réalité des textes. Ceux-ci offrent une autre évidence : le procureur a des supérieurs mais leurs attributions ni les siennes n'en font un subordonné, ni du procureur général, ni même du ministre de la Justice, le garde des Sceaux. L'un et l'autre peuvent le contraindre à engager des poursuites, ce qui n'est nullement anormal. Même si cela conduit à en user à des fins impures, par vindicte politique par exemple ; au moins un juge est-il saisi, qui peut exercer son contrôle et, le cas échéant, écarter une répression injuste. Au contraire, il serait contestable que le procureur ne puisse pas être obligé de poursuivre une infraction commise, pour la seule raison qu'il l'estimerait inopportun. Le juge n'étant pas saisi, il ne pourrait corriger la défaillance du Ministère public, ce qui peut être fâcheux. À dire vrai, cette hypothèse de contrainte légale se rencontre rarement. Pour moi, il s'en faut d'une seule main en plus de vingt années passées à la tête d'un parquet. Comme si la réalité du pouvoir s'incarnait davantage dans l'inertie que dans l'action. On en perçoit les conséquences pour l'égalité des citoyens devant la loi. Ainsi, le système permet-il des poursuites à géométrie variable, les uns condamnés, les autres ignorés, selon la place qu'ils occupent dans la société, le pouvoir qu'ils détiennent ou les relations qu'ils entretiennent.

Mais, si le procureur peut être légalement contraint de poursuivre, quand même il estimerait qu'il n'y a pas matière, il ne peut en revanche lui être imposé de classer sans suite un dossier. Mon passage au ministère de la Justice, de 1977 à 1985, me le fit bien voir lorsque, saisie d'un projet de poursuite pénale, la Chancellerie préférait qu'une affaire n'ait pas de suite, optant pour l'inertie. Il n'était pas question de l'exprimer brutalement. Une formule fleurie suggérait sans contraindre : « J'ai pris connaissance de vos propositions tendant à l'exercice de poursuites dans ce dossier. Votre projet n'appelle pas d'observations de ma part. Je ne puis toutefois que vous laisser le soin d'apprécier s'il ne conviendrait pas davantage de classer cette affaire sans suite. » Au cours des huit années passées au ministère, j'ai constaté qu'aucun de ceux, procureurs généraux ou procureurs de la République, qui envisageaient des poursuites n'avait persisté dans son projet initial. Comme souvent me revient en mémoire cette carte humoristique que j'avais achetée à Londres, l'année de mes dix-huit ans. Un petit bonhomme indiquait dans une bulle : « Je ne veux pas qu'on me parle de sexe ; je veux juste qu'on me le demande gentiment. »

Ces petits abandons ont installé dans l'esprit public la conviction que la magistrature était aux ordres. Sans doute la soumission fait-elle partie de sa culture, il n'en reste pas moins que son devoir devrait l'en écarter. Magistrat volontaire pour le service de la Justice au ministère, ma soumission ne pouvait qu'être totale. Elle faisait partie de mon statut qui excluait l'indépendance, si ce n'est celle de l'esprit. J'en pouvais faire usage dans la préparation des dossiers soumis à ma hiérarchie mais la décision m'échappait.

Ce qui est vrai pour le parquet l'est encore davantage pour le siège. Son statut est encore plus protecteur, sauf que rien ne protège le magistrat de ses appétits, sinon la volonté et la force de n'y pas succomber. Ainsi le juge est-il statutairement indépendant, sauf de lui-même. Sa capacité de résistance se peut forger dans l'histoire du corps judiciaire, au cours de l'occupation allemande par exemple. En se référant à cette période où les risques de perdre la vie étaient évidents pour ceux qui résistaient, il suffit, quand ils ne sont que de carrière, de s'interroger sur ce que l'on aurait fait alors. Il faut bien du courage pour s'avouer qu'on aurait pu être lâche. En outre, rien ne permet de supposer que ceux qui verraient leur propre pouvoir en danger du fait des magistrats pourraient être tentés de conforter l'indépendance de ceux-ci... L'état du système ne peut que résulter de cette conjonction de forces apparemment hostiles. J'en avais conclu qu'il était indifférent que l'on soit du siège ou du parquet. L'essentiel est d'être magistrat en écartant l'apostrophe de Barrès : « Plus que ta conscience, magistrat, crains le garde des Sceaux ! »

41

Plus significative me parut la différence qui tient au rôle de chacun. Même celui qu'on affirme le « plus puissant de France », le juge a peu d'initiative. Pour qu'il puisse en avoir, encore faut-il, généralement, qu'il ait été saisi par une partie, publique ou privée. Rares sont les contentieux dans lesquels le juge a la capacité de se saisir de ce qu'il devra juger. Cela semble de nature à garantir son impartialité. Il est, en quelque sorte, passif à l'action qui lui est soumise, ne pouvant pas même parfois excéder la demande qui lui est présentée. Ainsi, quoi qu'il en pense, le juge ne pourra-t-il allouer à la victime un montant de dommages-intérêts supérieur à celui qu'elle-même aura réclamé. Au contraire, beaucoup moins tenu par les contraintes procédurales, le parquetier dispose d'une marge de manœuvre qui l'inscrit plus largement dans la cité. Même si liberté n'est pas licence, le parquet recèle une capacité d'initiatives, voire d'innovations, qui rend la fonction particulièrement dynamique. La difficulté restera toujours d'engager des poursuites et de n'en pas être le maître, puisque, quand le procureur saisit le juge, c'est à celui-ci que revient le dernier mot. Ainsi, le dossier échappe au Ministère public alors même qu'il paraît en avoir l'initiative. Ceux qui aiment la Justice pour ce qu'elle doit être, non pour ce qu'ils en attendent, s'en réjouiront. La démocratie s'accommode mal de la confusion des pouvoirs. On sait qu'elle conduit facilement à l'abus.

À cet égard, le législateur fut bien inspiré de distinguer les différents organes qui contribuent à la répression pénale. Aux uns – les enquêteurs de la police et de la gendarmerie nationales – il revient de constater les infractions, d'en rechercher les auteurs et de rassembler les preuves. Pour sa part, autorité distincte, le Ministère public a pour charge de diriger l'activité judiciaire de ces différents services et unités en même temps qu'il contrôle les conditions dans lesquelles les procédures ont été établies puis, le cas échéant, d'en saisir le juge. À celui-ci de vérifier si l'infraction constatée l'a été conformément à nos lois et si la personne qui lui est déférée est susceptible d'être condamnée pour les faits qui lui sont reprochés. Le rôle politique et social de la Justice est déjà par trop développé pour prendre le risque de l'exposer à l'erreur. À trop tripoter la balance, on finirait par la fausser.

D'aussi loin que je me souvienne, le droit ne m'a jamais paru un but en soi. Il constitue pour moi le moyen d'une action, sans autre justification que de la conduire à son terme, dans le respect de normes légitimement définies. De ce point de vue, entre le juriste et le praticien du droit, il y a autant de différences qu'entre le marionnettiste et le véliplanchiste. Le premier pénètre le droit, s'y ébat et même s'y ébroue, le déformant parfois dans une voltige qui force l'admiration des intellectuels. L'autre se laisse porter par la règle, ne recherchant que le chemin sur lequel elle conduit, dans une soumission qu'il assume. L'excès de droit peut nuire à l'équité, laquelle procède d'un équilibre plus que de la science juridique. Ainsi, quand le juge n'est rien sans le droit, carcan rigide auquel il ne saurait normalement échapper, il n'est paradoxalement réputé « bon » que lorsqu'il s'en écarte au profit d'une décision plus juste que juridiquement correcte. Si, pour l'opinion publique, le « bon juge » est équitable, il l'est en revanche rarement pour les juristes. Quelques juges ont assis leur réputation, non par la qualité juridique de leurs décisions,

43

mais par leur humanité ou sur leur sens de l'équilibre. Que doit-on préférer ? Celui qui applique la loi ou celui qui la détourne sur la base de ses convictions ? Le juge qui absout le prévenu qui a volé du pain pour nourrir ses enfants sera encensé, comme saint Louis sous son chêne. Il faut pourtant redouter le juge lorsqu'il préfère sa conception à celle du législateur : nul ne saurait prédire où ce choix pourrait l'entraîner. Même pesante, l'application de la loi offre davantage de certitude.

De son côté, le magistrat du parquet n'est pas inféodé au droit. Sans doute ne peut-il y être indifférent, mais sa préférence l'oriente naturellement vers la paix sociale et la tranquillité publique, ses principales préoccupations. Sa première approche d'un dossier est de cet ordre et le droit n'intervient que comme support de son action, pourvu que celle-ci lui paraisse nécessaire. Telle est la portée du principe de l'opportunité des poursuites et je ne lui vois pas d'autre raison d'être. Toutefois le principe ne saurait conduire à privilégier les puissants en réservant ses foudres à ceux qui n'ont d'autre possibilité que de les subir. Il s'agit, cas par cas et non dans une approche globale d'un contentieux, de choisir la solution la plus adaptée. Les paramètres sont nombreux et pas toujours évidents. Peut-on encore poursuivre, comme le prévoit la loi, les consommateurs de cannabis quand, parmi les élus mêmes, ceux qui font la loi, on s'interroge ouvertement sur la légitimité de la répression ? Je ne me sens pas le droit, fût-ce au nom de la loi, de sanctionner une telle consommation depuis que quelques ministres, à défaut de prendre l'initiative d'une modification législative, n'ont pas craint de soutenir publiquement qu'un « pétard » ne pouvait pas faire de mal... Ils avaient dû beaucoup inhaler ce jour-là, au point de négliger la portée d'un tel discours, surtout pour des adolescents qui n'en espéraient pas tant! Mais s'il est saisi d'un dossier de cette nature, le juge devra condamner le consommateur de cannabis, parce que la loi en fait un délit. Au moins le procureur peut-il s'abstenir de le poursuivre, s'il estime qu'une sanction serait inappropriée.

Le choix n'est pas toujours facile et, lorsque éclata l'affaire Humbert, je me suis demandé ce que je ferais en pareille occurrence. Classer serait admettre la légitimité d'un assassinat, exacte qualification des faits au regard de notre droit, quand il a pour objet de mettre un terme à une vie que la souffrance a rendue insupportable. Poursuivre tendrait à faire prédominer aveuglément la loi, indépendamment des circonstances particulières du dossier. Bien que ma fonction s'incarne nécessairement dans l'humanité, je choisirais la poursuite, parce que je ne crois pas qu'il m'appartienne, dans un tel cas, d'opérer un choix qui ressortit au pouvoir législatif. À dire vrai, je ne puis ignorer que l'émotion qu'engendre ce genre d'affaire ne pourrait qu'inciter les politiques à mieux prendre leurs responsabilités...

Une telle faculté, qui inscrit l'intervention du procureur dans la rigueur et non pas dans la rigidité, ne pouvait que m'incliner au choix du Ministère public. Encore fallait-il que la répartition des postes au sein de notre promotion me le permette. La règle était le classement : selon son rang, chacun devait choisir à son tour sur la liste des postes proposés par la Chancellerie.

Bien avant cette échéance, dans un enthousiasme d'autant plus fort que la perspective était encore éloignée, nous avions, pour la plupart, opté pour une répartition amiable des postes, sous l'arbitrage d'une commission issue de nos rangs. Les critères étaient approximatifs mais chacun convenait de ce que les situations particulières devaient être privilégiées. C'était préparer la boîte de Pandore. On le vit bien quand le temps fut venu de confronter concepts et passions. Bel exercice pour entamer une carrière judiciaire! Les surprises du classement conduisirent certains à renier leur signature. Mieux placés qu'ils ne l'avaient prévu, ils jugèrent plus opportun d'exciper du système légal, beaucoup plus avantageux pour eux. D'autres firent venir leurs conjoints qui se chargèrent de pleurer pour eux. Mais l'honneur était sauf... Quelques-uns firent valoir des arguments mensongers, des situations conjugales qui auraient justifié un rapprochement, quand déjà elles avaient cessé. Un magistrat tenta de me convaincre de lui laisser la place que je convoitais; il m'exposa que, compte tenu de la réputation universitaire de la ville, son épouse envisageait d'y entamer des études de psychologie. Je fis valoir que la faculté de Lille était d'une qualité supérieure. Il n'insista pas et je repris la route de Normandie.

Connaissant les arcanes, je ne perdis pas de temps à les découvrir et m'engageai, à corps perdu, dans une fonction que j'avais voulue, plaignant ceux qui, spontanément ou contraints, avaient dû se rabattre sur un second choix. Ce métier auquel j'aspirais depuis si longtemps me paraissait ne pouvoir se passer d'enthousiasme. Le mien était intact, renforcé d'expériences diverses. Mon service en coopération aux portes du Sahara, au pied du grand erg occidental, n'était pas la moindre. Au Centre de formation administrative de Béchar, j'avais enseigné les futurs cadres de la fonction publique de la jeune République algérienne, dix ans après qu'elle fut devenue indépendante. Mes élèves m'en apprirent autant que je leur donnais, même si je dus parfois payer le prix de ma nationalité. Ainsi en fut-il un jour que, peu satisfait du travail fourni par un de mes élèves, je lui mis un zéro. Il vint me voir après mon cours pour me demander des explications. Il ne les admit pas.

— Je vois bien que vous êtes venu chez nous pour venger vos frères !

Je souris, voyant qu'il n'y avait rien à opposer à cet homme de quarante ans qui exerçait des responsabilités locales au sein du Front de libération nationale, le parti unique du pays. Il n'avait trouvé que cela pour se laver de l'humiliation subie.

Éternel comploteur aux yeux des puissants, j'ai fini par m'habituer à ce que, faute de pouvoir convaincre, ils s'en prennent à la personne de celui qui porte l'accusation. Sans doute le temps passé au nord de l'Afrique m'a-t-il principalement appris à combattre ce racisme que je portais alors, la forme la plus humiliante des supériorités auxquelles prétend l'ignorance. Je sus que les mots qu'on évite, comme par pudeur, ne révèlent que nos inhibitions. Un Arabe m'apprit que le noir n'est qu'une couleur, celle du café mais aussi celle d'un homme. Pour un Arabe, le mot n'est pas une insulte. Il ne le devient que dans une bouche impure. Rien n'est plus révélateur des difficultés à vivre nos différences que ces périphrases par lesquelles nous affectons de les réduire. Évoquer la confession musulmane quand on ne sait rien de la religion à laquelle adhère celui dont on parle ne peut masquer la gêne que l'on éprouve à se référer à ses origines ethniques, sans doute parce qu'elles n'ont aucun intérêt pour le débat.

Dans le sud algérien, je découvris aussi la misère et même la touchai du doigt dans les villages de boue séchée peuplés d'enfants au regard voilé par le trachome. Souvent, à deux pas, les besoins touristiques avaient édifié des hôtels somptueux. Cette richesse qui côtoyait la pauvreté me parut le comble de l'arrogance, quand même on serait convaincu de ce que la richesse a besoin de la pauvreté pour s'épanouir. Là était la véritable impudeur. Depuis, je sais qu'une telle coexistence est source de révolte, laquelle peut n'être pas sans rapport avec la délinquance. Enfin, je ne pus jamais oublier l'étrange impression qui me saisit sur le chemin du retour, en débarquant à Marseille. Il me fallut un moment pour comprendre. Ici, des vitrines gorgées de marchandises. Là-bas, des théories de cintres vides, des chaussures en carton. Le combat était par trop inégal et, chargé de la Justice, je ne pouvais y être indifférent, précisément en son nom. Le magistrat ne fait pas de politique quand il constate les réalités pour en tenir compte dans son appréciation de l'intérêt général. Il en fait en revanche quand il s'y refuse.

Généralement, les bagages alourdissent qui les porte. Les miens m'étaient indispensables, tant mon métier me contraignait à affronter de situations nouvelles. On pourrait croire que la modestie nous est nécessaire, dont Roland Dorgelès soutient plaisamment qu'elle est « l'apanage des médiocres ». On peut en discuter quand il s'agit de faire accepter une décision judiciaire. Elle passe souvent mal, et mieux vaut que le magistrat ne paraisse pas l'asséner du haut de sa toute-puissance. Mais, plus que tout, nous ne pouvons faire l'économie de l'humilité. Cette faculté est d'une autre nature et ne tient pas du paraître. Elle commande au magistrat, chaque fois qu'il décide, de se rappeler qu'il pourrait ne pas avoir raison.

À choisir, l'humilité me semble, de loin, préférable à la modestie, laquelle possède la capacité de se travestir. On pourrait croire que le doute n'a de sens que dans les situations extrêmes, lorsque, par exemple, les faits sont niés. Mais, quand même ils sont établis, l'approche doit être marquée de la plus grande circonspection, tant les éléments, factuels comme personnels, peuvent varier. Tout compte dans un procès. Si peu suffit pour faire de l'innocent un coupable ou, « simplement », majorer la culpabilité. « Il vaut mieux hasarder de sauver un coupable que de condamner un innocent. » À la formule de Voltaire répond celle de Goethe affirmant sa préférence pour une injustice contre un désordre.

Le combat est éternel, comme entre la lumière et l'obscurité. La procédure pénale a choisi la clarté, ce qui suscite bien des résistances. L'air du temps ne lui donne pas de prise. L'ambiance est sécuritaire, jusqu'au détail. Un jour qu'à Nice je parcourais à pied la Promenade des Anglais, un passant m'interpella. Me désignant à terre un étron canin, il me lança :

— Monsieur le procureur, il faut vous en occuper !

Je crus qu'il plaisantait, mais non. Comme tant d'autres, il estimait que cela relevait aussi de poursuites pénales, celles qu'incarnait ma présence. Le discours public ne pouvait que l'y inciter qui, chaque jour davantage, ramène la Justice à l'entrée de l'impasse sociale. Jusqu'à une date récente, elle en occupait le fond, dernier recours quand tout avait échoué pour contraindre nos concitoyens à vivre en paix, dans un respect mutuel. À tout prendre, l'objectif qu'il me désignait me paraissait préférable à prêter mon concours et le bras de la Justice à des combats moins honorables.

La traque des prostituées par exemple. Nos trottoirs en sont abondamment pourvus mais la loi ne prohibe qu'hypocritement leur activité. Il n'est pas interdit de se prostituer. Seulement de racoler, sans qu'on puisse toujours déterminer qui, de la prostituée ou du chaland, racole l'autre quand, par exemple, ce dernier, descendu de voiture, s'approche du réverbère... Mais qu'importe ! Ce n'est pas la prostitution que l'on combat, mais le bruit qu'elle fait et les inconvénients qu'elle engendre, pour l'environnement. Rien ne semble plus préoccupant, au risque de négliger ce que se prostituer peut comporter de misère et d'humiliation pour qui doit s'y résoudre. Car je ne crois pas qu'il y ait en ce domaine de vocation affirmée. Le législateur a paru plus attentif aux nuisances subies par des électeurs impatients. J'en sus quelque chose une nuit où, vers 3 heures, je fus réveillé par un appel téléphonique à mon domicile. Soucieux de me faire partager son agacement de ne pouvoir trouver le sommeil, ce à quoi je pouvais compatir ayant perdu le mien par sa faute, mon correspondant, plutôt vindicatif, m'intima de faire cesser les allées et venues qui troublaient sa quiétude.

Au-delà de ces péripéties électorales, l'appel public à la Justice auquel nombre de responsables politiques se livrent régulièrement ne peut qu'entraîner des dérives. La volupté de plaire pousse le juge à la faute. Peu informés des contraintes de principe et de procédure, nos concitoyens n'entendent plus que leur impatience. Qu'importe alors le moyen, pourvu qu'ils obtiennent satisfaction ! Ce dévoiement, je ne l'ai que trop rencontré, même là où je l'attendais le moins. Un juge d'instruction vint un jour m'exposer qu'il s'était rendu à la maison d'arrêt pour y rencontrer l'un de ses inculpés ; ainsi nommait-on alors ceux contre lesquels avaient été réunis des indices graves et concordants d'infraction. Pris d'un doute, je l'interrogeai :

— Votre greffier était avec vous ?

En l'espèce, la présence de ce fonctionnaire était en effet indispensable et aucun acte du juge ne pouvait être valable sans son assistance.

— Non !

Et comme je m'inquiétai de cette entorse à la règle, il répliqua :

— Qui veut la fin veut les moyens !

Forte maxime qui vous ouvrirait aussi bien les portes de l'enfer, celui dont Sartre soutient qu'il est pavé de bonnes intentions... Encore celles du juge ne m'avaient-elles pas paru des plus claires ! Si les magistrats s'en mêlent, il y a peu à espérer d'une opinion chauffée à blanc par des discours démagogues. Ils le sont parce qu'ils appellent moins à la Justice qu'à la vengeance, laquelle ne s'embarrasse d'aucune forme. On peut donc être le pays des droits de l'Homme et celui qui les viole ?

L'opinion publique mérite d'autant plus de précautions que ses variations peuvent inquiéter, tant elles l'entraînent à des positions opposées, voire incohérentes. Les agressions sexuelles commises sur des mineurs en constituent un exemple particulièrement topique. La première fois que j'ouvris un tel dossier, je ne parvins pas à y croire, bien que les tréfonds de la nature humaine déjà me parussent insondables. Dans une ferme reculée de la campagne savoyarde, un homme avait abusé successivement de tous ses enfants, filles et garçons. L'un d'eux l'avait dénoncé. L'horreur me parut si grande que je cherchai désespérément, non ce qui pouvait justifier ces crimes, mais bien les raisons d'en douter. Le thème est récurrent, qui expose les magistrats à trop en faire pour les uns, insuffisamment pour les autres, avec, en permanence, la terreur de se tromper. Les dossiers ne manquent pas de cette évidence et nul ne peut espérer que sa responsabilité fera l'objet d'un examen aussi précautionneux que celui auquel lui-même s'était livré.

Poser en une telle occasion le problème de la solitude du juge d'instruction, comme on le fit dans l'affaire d'Outreau, tristement exemplaire, relève de l'imposture. Elle est aisée dès lors que les apparences de la démocratie conduisent à trancher de tout sans rien en connaître. Pourtant, avant d'être un droit, la citoyenneté est une exigence qui comporte le devoir de s'informer. Notamment sur l'institution chargée de rendre la Justice. Ainsi est-on à même de comprendre que les décisions du juge d'instruction sont perpétuellement soumises à des mécanismes de contrôle. En cas de malfaçon avérée, sans doute la responsabilité du juge est-elle engagée, mais plus encore celle de la juridiction supérieure qui, saisie par l'une des parties, a confirmé la décision fautive en présence du Ministère public. Voilà bien des responsabilités conjuguées si l'on souhaite vraiment les rechercher. Sans doute paraît-il alors plus simple, dans l'émotion d'une opinion publique justement alarmée, de conclure qu'il convient de doubler d'un autre le juge d'instruction. Mais en fait, s'il s'agit de compenser l'insuffisance de l'un par la qualité de l'autre, on peut s'interroger sur l'utilité d'une telle addition...

Deux au lieu d'un seul, voici qui devrait faire l'affaire! Mais la panacée paraît bien éventée quand on sait que la chambre de l'instruction est déjà collégiale. Aux trois qui la composent faudra-t-il en ajouter trois autres? À ce compte, il faudra porter à vingt-quatre l'effectif de la cour d'assises qui doit, en appel, réexaminer le dossier soumis à douze magistrats et jurés en première instance. Je n'ose imaginer ce qu'il faudra prévoir pour la Cour de cassation, échelon suprême de notre système judiciaire, quand précisément, en raison de l'explosion des contentieux et des recours, la tendance est de soumettre les pourvois à un nombre réduit de conseillers. Les recettes d'épicier n'ont pas nécessairement vocation à améliorer l'exercice de la Justice. De celle-là on peut s'étonner d'autant plus que, depuis quelques années déjà, la mode est de faire statuer le juge seul quand la collégialité était la règle. Là où il en fallait trois, il faut se contenter d'un seul, en matière civile et pénale, faute d'un nombre de magistrats adapté à l'augmentation considérable des contentieux. *Juge unique, juge inique*, dit l'adage qui s'inspire du bon sens. On doit simplement s'interroger sur la cohérence qui conduit à multiplier les uns et à réduire les autres.

Pour tirer les leçons d'Outreau, il y faudra un peu plus d'imagination, peut-être le courage politique de faire prévaloir la Justice sur les intérêts particuliers, le corporatisme judiciaire par exemple. Au juge d'instruction on demande beaucoup, et d'abord d'être le juge de sa propre action. Il lui revient d'établir les charges susceptibles de confondre l'auteur de l'infraction dont il est saisi et, parallèlement, de les contester. Ceux qui éprouvent de la difficulté à admettre le dogme de l'infaillibilité pontificale ne devraient pas se sentir plus à l'aise devant celui de la confusion des genres. On peut respecter la Justice et ceux qui la rendent sans adhérer à cette inébranlable certitude de l'impartialité d'un juge, sauf à considérer qu'il procède d'une essence supérieure. L'évidence paraît dès lors imposer la solution. Elle substitue la procédure accusatoire à notre actuel système. Cette méthode consiste à limiter le rôle du juge : il se bornerait à trancher entre les arguments des parties, sans intervenir autrement dans leur discussion qu'en faisant préciser les points qui lui paraissent obscurs. Je suggère aux incrédules d'aller, à Londres, assister à une audience de la cour criminelle de l'Old Bailey. Sous sa perruque, le juge est impassible et se garde de toute opinion avant la fin du procès. Alors le juge prend naturellement de la distance par rapport au dossier qui lui est soumis : il en devient l'arbitre quand il en était l'acteur.

Outre l'instruction, cette modification essentielle trouverait sa place aux audiences de jugement. Le spectacle y est parfois affligeant d'un juge qui, par ses questions, manifeste déjà une opinion qu'il devrait réserver à sa décision. Alors celui qu'il condamne au cours d'un processus aussi engagé aura toute latitude de se prétendre victime d'une iniquité. Quand il importe que le juge soit impartial jusque dans l'apparence, les règles de procédure, au contraire, le conduisent à découvrir sa pensée, voire sa conviction. Il vaudrait mieux qu'à l'instar du juge britannique ses interventions, jusqu'à la décision, se limitent à la direction des débats, laissant aux parties le soin de les animer. La proposition n'est pas nouvelle mais, dans un pays où ceux qui font les lois redoutent ceux qui les appliquent, il faudrait aux premiers bien de la vertu pour braver ceux-ci. C'est la république des juges que l'on stigmatise mais c'est plutôt leur revanche que l'on craint. À cet égard, la commission d'enquête parlementaire sur le désastre d'Outreau laisse subsister quelques incertitudes. Nul ne songerait à braver la Représentation nationale. On peut toutefois s'interroger sur la raison d'être de cette commission quand le principe de la séparation des pouvoirs, inscrit dans la Constitution de 1958 paraît interdire au pouvoir législatif de demander des comptes au juge sur l'exercice de ses attributions juridictionnelles. Alors je n'aimerais pas croire que l'occasion était bonne pour les politiques, bien malmenés par la Justice depuis quelque temps, de prendre leur revanche sur les juges, en jouant de la juste émotion de l'opinion publique. Si au moins cela servait à quelque chose... Laissons le temps au temps. Il finira bien par nous répondre!

La pusillanimité des uns ne saurait toutefois légitimer le corporatisme des autres quand les lois ne doivent s'ordonner qu'à l'intérêt général. Encore faudrait-il que le législateur ait la conscience de ce qu'il vote. La commission d'enquête parlementaire sur le fonctionnement de l'institution judiciaire dans l'affaire d'Outreau n'en a pas fait la démonstration. Que son rapporteur, avocat de surcroît, paraisse s'émouvoir de ce que Fabrice Burgaud, le juge d'instruction du dossier d'Outreau, ait pu provoquer une détention provisoire sans être certain de la culpabilité du mis en examen laisse particulièrement rêveur. La simple lecture des dispositions du code de procédure pénale lui aurait permis de constater que le législateur n'a jamais exprimé une telle exigence. Il est loin d'en demander tant. Aux politiques, point aux juges, il reste à envisager pareille règle et, le cas échéant, à en porter la responsabilité devant l'opinion publique. Il n'est pas certain qu'elle admettrait volontiers que la détention provisoire devienne réellement l'exception que proclament nos principes. D'aussi loin que je me souvienne, les clameurs ont, pour l'essentiel, toujours appelé à la détention provisoire, pas à la liberté. Ce n'est pas nécessairement l'effet d'une pensée de droite. À Valenciennes, le syndicat CGT avait organisé une manifestation spontanée qui avait entravé la circulation en ville. Perdant son sang-froid, le conducteur d'un 4 × 4 tenta de forcer le passage. Les porteurs d'une banderole résistèrent. Il tua l'un d'eux en l'écrasant. La détention provisoire du responsable de cet homicide fut ordonnée. Pourtant elle n'était justifiée qu'au regard de la protection de l'ordre public. Il aurait été troublé si l'homme avait été laissé libre, parce que la plupart n'auraient pas admis, quelles que soient les circonstances et l'absence de volonté homicide, qu'un tel comportement ne soit pas aussitôt sanctionné. La vérité est là : dans bien des cas, la détention provisoire ne répond qu'à des préoccupations que ne retient pas la loi. Comment comprendre autrement la triste habitude qui consiste à faire figurer le nombre des mandats de dépôt dans les statistiques censées mesurer l'efficacité policière ?

Certes l'évolution nécessaire des règles de la détention provisoire a été largement freinée par les réticences des juges d'instruction, voire par les pressions qu'ils ont exercées, arguant du désastre qui allait s'ensuivre : eux seuls étaient à même de déterminer les mesures nécessaires dans les instructions qui leur étaient confiées, un magistrat tiers à la procédure n'en pourrait percevoir les enjeux, la sécurité publique en serait exposée, bref, le monde allait s'effondrer !

En réalité beaucoup voyaient d'un mauvais œil d'être écartés de ce contentieux, symbole le plus éclatant du pouvoir qui leur était consenti. Certains considéraient comme une dépossession de ne plus pouvoir placer un mis en examen à la maison d'arrêt. Quand se profilait la réforme qui allait confier à un autre que lui le soin de se prononcer sur une éventuelle détention provisoire, un juge d'instruction de Valenciennes avait réagi :

— Alors, cela ne vaut plus la peine d'être juge d'instruction !

Il est vrai que, privé de la détention, le juge d'instruction perd beaucoup de sa puissance et la célèbre formule qui la souligne de son sens. Tant mieux, car elle se forge dans le pouvoir plus que dans la Justice. De celle-ci, le juge n'est pas propriétaire, il n'en est que le serviteur. Le même esprit devrait d'ailleurs présider aux évolutions qui se rapportent à la présence d'un avocat en garde à vue. À l'instigation de Louis XVI, notre pays a renoncé à la torture. Elle était destinée à obtenir l'aveu du coupable, du moins de celui qui était considéré comme tel par le juge. C'était une facilité pour l'enquêteur qui trouvait dans l'aveu, aurait-il été extorqué par la violence, la preuve dont la Justice ne saurait faire l'économie. Pour le juge, l'aveu est confortable. Il lui permet d'assurer sa conviction quand manquent les preuves objectives. L'aveu est sécurisant en ce qu'il écarte le spectre de l'erreur judiciaire. Cela explique peut-être pour partie le développement des interceptions téléphoniques. Moyen commode de surprendre des propos accusateurs sans le concours de celui qui les tient, l'écoute téléphonique possède, sur la torture, le mérite, s'exerçant sans violence, d'authentifier les éléments ainsi recueillis.

Mais, ruineux pour les finances publiques, le procédé tend à se substituer à la recherche des preuves, laquelle contraint à un travail généralement plus soutenu. La garde à vue s'inscrit dans ce débat. Elle consiste à retenir dans des locaux de police les personnes contre lesquelles il existe une suspicion de crime ou de délit. Pendant vingt-quatre heures et, le plus souvent, jusqu'à quarante-huit heures avec l'autorisation du procureur de la République, ou plus pour des infractions particulières, le gardé à vue reste à la disposition de l'enquêteur, pour des interrogatoires, confrontations, perquisitions ou expertises. Pendant cette période, il est privé de liberté. Chacun peut concevoir que cette situation, exceptionnelle au regard des principes, doit comporter des garanties. Pour l'essentiel, elles ressortissent au parquet au cours de l'enquête, ce qui n'est pas sans poser un sérieux problème de principe. Il n'est d'ailleurs pas moindre quand la mesure s'exerce sous le contrôle du juge d'instruction qui a délivré la commission rogatoire, délégation donnée à l'enquêteur, dans laquelle s'inscrit la coercition.

Pour le procureur de la République, l'évidence est criante. Ce magistrat est aussi le maître de l'action publique, c'est lui qui organise les poursuites en cas d'infraction avérée. Dans l'apparence, en tant que partie à l'éventuel procès à venir, le procureur a donc un intérêt visible dans la procédure qu'il supervise. La nullité de cette procédure est de nature à interdire son action. Comment ne pas redouter alors la tentation d'un aveuglement volontaire sur des pratiques illicites? Elles ne sont pas inimaginables si l'on se réfère aux pressions exercées sur les enquêteurs pour qu'ils obtiennent des résultats. Sans doute est-ce le cas quand un ministre de l'Intérieur s'autorise à intervenir dans un dossier ou un contentieux particulier. On voit combien peu résistent à leurs pulsions politiciennes, devant un garde des Sceaux généralement muet. La solidarité gouvernementale semble une règle supérieure au principe de séparation des pouvoirs...

Les exemples fourmillent de ces propos publics de membres du gouvernement qui, le juge à peine saisi, exigent avant l'heure une condamnation. Mais peut-être s'agit-il, pour le ministre de la police, moins de flatter l'opinion publique que d'affirmer l'efficacité de ses services, voire la sienne. Il ne reste plus qu'à condamner : alors que font donc les juges? Tristesse d'une démocratie qu'aveugle la démagogie dans une logique exclusive de conquête du pouvoir !

La pression ne niche pas exclusivement dans les cas particuliers. Elle s'exprime dans les impératifs statistiques qui tendent à privilégier la quantité au détriment de la qualité. Saisi par un parlementaire, Robert Badinter avait appris qu'une circulaire de la direction centrale de la police judiciaire s'inscrivait dans une logique contraire au principe du caractère exceptionnel de la détention provisoire. Liant les moyens qui seraient attribués aux fonctionnaires de police à leurs résultats, ce texte interne établissait un barème progressif qui, partant d'une garde à vue en passant par une présentation devant le parquet, culminait avec une détention provisoire. Jackpot ! Le ministre me commanda de lui préparer une lettre « à cheval » pour son collègue de l'Intérieur et, pour une fois, la jugea trop tendre. Il la muscla mais, malgré un rappel incisif, n'obtint jamais de réponse. Les relations entre les deux ministères n'ont jamais été bonnes. Cela ne s'est pas amélioré. Rien d'étonnant à cela quand la place Vendôme et la place Beauvau incarnent deux logiques différentes qu'Alain Peyrefitte avait prétendu concilier dans la loi « Sécurité et Liberté ». Pour l'essentiel, il s'agissait d'ordonner la seconde à la première.

Il est vrai que, dans notre pays, les deux termes sont antagonistes, du moins généralement vécus comme tel. L'année 1981, quand une majorité réputée « de gauche » fut parvenue au pouvoir, ce conflit devint caricatural. La politique, qui ne fut jamais très éloignée des prétoires, envahit alors les palais de justice à proportion du discours public sur ce thème. Le phénomène n'a pas cessé depuis et nombre de carrières ont prospéré sur ce terreau démagogique. Du côté des magistrats sans doute, dont certains ne craignirent pas de laisser flotter leur hermine au gré de ce vent mauvais, mais particulièrement porteur.

S'il est un sujet où l'opinion publique tire volontiers le juge par la manche, c'est bien celui de la détention provisoire. Comment en serait-il autrement quand, toujours entre deux élections, ceux qui viennent de s'y présenter et aspirent au renouvellement de leur mandat « surfent » sans cesse sur les vagues de la peur ? Légitimement, nos concitoyens aspirent à la sécurité, s'égarant parfois à la confondre avec la tranquillité à laquelle aspire leur intolérance. Dès lors, chaque fois qu'il y est porté atteinte, leur sens critique s'émousse et l'incarcération leur semble la panacée. Quand tous se liguent pour le faire accroire, il faut au magistrat une réelle capacité de résistance pour imposer la loi. Elle est pourtant claire, elle qui, jamais remise en cause sur ce point, proclame que la détention provisoire est l'exception quand la liberté reste la règle. Mais la loi n'a que peu de poids devant l'instinct et celui-ci prime toujours. Le satisfaire ressortit au politique, point au juge, sauf à ordonner ses décisions à l'opportunité plus qu'à la loi.

Cent fois sur le métier remettez votre ouvrage, polissez-le sans cesse et le repolissez... Rien n'y fait et le parquet, moins protégé de la critique, doit constamment, pour se justifier, rappeler les principes qui s'imposent à l'ensemble de l'institution judiciaire. À dire vrai, ils sont à géométrie variable. L'un des procureurs généraux avec lesquels j'eus à travailler se déplaça un jour jusqu'à mon bureau, ce qui n'était pas dans ses habitudes, pour manifester discrètement son inquiétude de ce que les statistiques de la juridiction sur la détention provisoire étaient inférieures à la moyenne de la cour d'appel.

— Vous me trouvez laxiste ?
— Non, mais... un peu libéral !

Je fis valoir le droit en vigueur et les mises en garde répétées de la Chancellerie sur les excès de la détention provisoire. Rien n'y fit. Je ne parvins pas à le convaincre davantage en m'étonnant de ce que les suggestions qui m'étaient faites par ma hiérarchie en cette matière manquaient singulièrement de cohérence, du moins m'échappait-elle. Pour la plupart, les besogneux de la délinquance, je n'étais jamais assez rigoureux semble-t-il. Mais beaucoup trop pour d'autres, pour lesquels on m'aurait souhaité plus compréhensif. L'échelle sociale, ce mythe tristement réel, aurait sans doute dû me servir de frontière. Vérité au-delà des Pyrénées, erreur en deçà...

Je ne pouvais cependant espérer attendrir mon interlocuteur ni le ramener à la raison : nos conceptions divergeaient. Il me le fit bien voir un soir de réception au palais de justice. Il avait jugé utile de m'entretenir de mon avenir professionnel autour du buffet, prétendant me servir de modèle.

— Après ce parquet, on vous en confiera un autre, plus important. Puis vous deviendrez procureur général.

La gourmandise illumina ses traits avant qu'il ajoute :

— Faites le maquereau et tout ira bien.

Un tel conseil n'offre pas prise à la polémique. On le suit ou l'on s'en écarte, pour ne pas en être éclaboussé. Mon seul regret est que cet homme ait pu m'en juger « digne » et longtemps encore je devrais m'interroger sur ce qui, dans mon exercice professionnel, avait pu l'y autoriser. Plus tard, quand nos divergences prirent un tour assez vif, le même magistrat, dans l'une de ses évaluations périodiques, recommanda ma nomination, non à un poste de procureur de la République, mais comme avocat général dans une cour d'appel. Le message était clair et ma soumission insuffisante. Le système de la notation autorise à répondre à son auteur. Je le remerciai de sa formule piscicole, lui disant combien elle m'avait éclairé sur mon devoir.

Sans doute est-ce le principal avantage d'une pression, d'où qu'elle provienne et de quelque nature qu'elle soit. Qu'on y cède ou qu'on y résiste, cela passe par la réflexion. Chaque fois, ce fut pour moi l'occasion de m'interroger, sur la Justice que je voulais servir et sur le genre de magistrat que j'acceptais d'être. Les perspectives de carrière qui s'offrent à chacun constituent vraisemblablement la première des tentations. L'éducation des magistrats l'inclut qui rapidement se voient proposer la carotte.

— Continuez comme cela et vous serez procureur général !

Je n'avais pas deux années de fonction au parquet que, déjà, on faisait miroiter la récompense. De quoi m'alerter sur l'exercice de mes attributions... Mais il faudrait être d'une pâte surhumaine en début de carrière pour déjà flairer le piège. L'hypothèse est lointaine, mais bientôt entretenue par ces petits riens qui confortent l'espoir d'un avenir prometteur. Quand tintinnabulent les médailles – les décorations en font partie – qui donnent à nos audiences solennelles un parfum de rentrée d'alpage. À croire que notre existence serait en péril d'une boutonnière dégarnie ! Magistrat à la Chancellerie en 1978, je me vis proposer d'entrer, comme conseiller technique, au cabinet de Monique Pelletier, secrétaire d'État auprès d'Alain Peyrefitte, le garde des Sceaux. La proposition m'inspirait peu, jugeant qu'une telle appartenance est de nature à brouiller l'image d'un magistrat, alors considéré, à tort ou à raison, comme politiquement engagé. J'acceptai cependant de rencontrer le directeur du cabinet de Mme Pelletier. Il était magistrat et me reçut cordialement. Lorsque l'entretien fut terminé, il me retint un instant, pour une dernière précision que je n'avais pourtant pas sollicitée.

— Il y a quelque chose que je ne pourrai pas faire pour vous, c'est de vous faire obtenir la croix du Mérite national. Vous êtes trop jeune !

Je m'étonnai, ce qu'il remarqua et lui fit ajouter :

— Le magistrat auquel vous succéderiez l'a exigée pour partir !

Le hochet me parut humiliant et accrut mes réticences. Avant de prendre une décision, je consultai cependant mon directeur.

— N'acceptez pas ! La secrétaire d'État n'a d'autres attributions que celles que veut bien lui laisser le ministre ;

et comme il n'y est pas naturellement porté, vous n'aurez rien à faire...

Passe encore d'être décoré, mais l'être sans l'avoir mérité autrement qu'en figurant dans un cabinet ministériel, il me sembla que cela passait permission... et je retournai à mes dossiers.

Comme je m'étonnais, un jour, de cette propension de notre corps à rechercher les décorations, il est vrai largement partagée dans une société qui prône pourtant les vertus révolutionnaires, à distinguer l'ancienneté plus que le mérite, un de mes collègues répondit :

— Si vous n'aimez pas cela, n'en dégoûtez pas les autres !

C'était faire peu de cas de la réflexion. Elle pouvait justifier une autre approche et s'inscrire dans le regard que ses usagers portent sur la Justice et qui la leur rend. Sur cette institution si souvent brocardée, déjà, le regard est cruel. Il ne peut que l'être davantage de la part de ceux qui la subissent. Quand la décision rendue leur est défavorable, il n'y a plus rien à espérer d'objectif. Tout alors fait ventre et tout signe peut être exploité. L'essentiel, faute de pouvoir nier la décision, est de parvenir à l'expliquer par celui qui l'a rendue. Le moindre bout d'étoffe peut alors compter et justifier le doute. Celui-là a dû rendre bien des services pour l'obtenir et mon adversaire en bénéficie... Quoi qu'il en soit, nos robes portent notre impartialité et les décorer n'apporte rien, sinon des interrogations inutiles. C'est oublier ce qu'elles représentent que de les transformer en y ajoutant des médailles. Ainsi, parmi ces trois qui me jugent, il y en aurait un plus méritant que les deux autres ? Plus

64

compétent peut-être ? Que de risques on fait courir à la Justice pour de si médiocres satisfactions !

**

Ce qui vaut pour ces brimborions s'applique plus encore à nos appartenances. Le risque consiste alors à sortir de notre tour d'ivoire pour nous frotter à une société que, pour bien juger, nous devons bien connaître. Jusqu'où nous est-il permis d'aller ? Sans doute pas au-delà de ce qui est nécessaire. Mais quand même cela paraîtrait être le cas, encore faudrait-il ne point engendrer l'équivoque. En toutes choses le comportement du magistrat doit être convenable au bien de la Justice. À cet égard, sa vie privée l'expose autant que sa vie publique.

Les limites certes sont ténues et, comme n'importe qui, le magistrat peut revendiquer un jardin secret, pour reprendre l'expression d'un garde des Sceaux en faveur de ceux qui y incluent l'appartenance à l'une des obédiences de la franc-maçonnerie. Leur compatibilité a été soulevée dans le cadre du débat public provoqué par les dérives affairistes d'un magistrat, par ailleurs maçon. Ma préoccupation est autre tant il est évident que l'on n'avait plus affaire alors à des maçons, juste à ceux qui abusaient de la pénombre dont les autres s'entourent dans leur quête initiatique. Comme me l'écrivit un jour un maçon sincère, si tant est qu'il ne s'agisse pas d'un pléonasme, « Parmi nous, trop d'initiés sont restés des profanes ». Prenant conscience du fait, il reste sans doute beaucoup à faire pour que la franc-maçonnerie ne puisse plus être comparée au manteau de Noé, réputé pour bien dissimuler ce qui doit l'être.

Quand même la facilité pourrait y conduire, il faudrait ne point aimer la vérité pour soutenir qu'il n'y a que des maçons malhonnêtes... Pour en avoir connu plus d'un, et des plus estimables, je ne m'y aventurerai pas. Leurs mains sont propres et leurs tabliers le signe de leur goût pour l'apprentissage de l'excellence. Pour d'autres l'évidence est moindre... Mais la question est ailleurs. Elle tient à l'opportunité pour un magistrat d'être également maçon quand cette adhésion est de nature à compliquer l'exercice de ses attributions judiciaires. La contre-indication n'est pas dans la nature de l'adhésion, même s'il est parfois considéré que le serment prêté par le magistrat lors de son entrée en fonction est incompatible avec celui qui marque son admission parmi les « Fils de la Lumière ». Ce serment d'aide fraternelle ne saurait pourtant primer sur celui de se comporter en tout comme un digne et loyal magistrat. En se soustrayant à celui-ci, le maçon se rendrait également indigne du précédent. La difficulté provient plutôt, en dehors de toute suspicion tenant à la confusion des appartenances, de ce que l'une est publique tandis que l'autre reste au moins « discrète ».

Pourtant nul n'oblige le maçon à taire son appartenance. Les constitutions auxquelles son initiation le soumet ne lui interdisent que de dévoiler ses frères. Elles ne préservent que le secret de ses travaux en loge. Le vénérable maître de l'une d'elles m'expliqua un jour, lors du dîner qui suivit un colloque organisé par le Grand Orient de France en pays provençal, que le secret des travaux ne se justifiait plus guère que par les insuffisances de la démocratie parlementaire.

— Dans notre loge, précisa-t-il, nous avons un député à l'Assemblée nationale. La discipline de parti à laquelle il est contraint lui interdit de faire valoir une opinion dissidente dans le cadre de son mandat. Il lui reste nos travaux pour s'exprimer librement, sous la protection du secret qui les couvre.

Triste constat. Il s'écarte des principes démocratiques autant que de l'excuse si souvent avancée pour justifier le secret maçonnique, qui serait destiné à prévenir d'éventuelles persécutions...

S'il a paru justifié par l'Histoire, l'argument est désormais anachronique. Le parlementaire qui trouve refuge dans les loges pour exprimer ses opinions ne court pas le risque d'être persécuté. Tout au plus, à terme, celui de perdre un mandat en perdant une investiture. Le danger n'est pas tel qu'il conduise à protéger un responsable politique soucieux de préserver ses intérêts au détriment de la mission reçue de ses électeurs d'assurer ceux de la collectivité.

D'autres arguments me paraissent du même tonneau, qui s'inspirent de la médiocrité plus que de la raison. Ainsi du risque qu'il y aurait, par comparaison, pour le magistrat à dévoiler son homosexualité. L'évolution des mœurs ruine cette allégation qui n'a pas été dépourvue de crédit du temps que ce particularisme sexuel vous mettait au ban de la société. Mais la comparaison s'arrête là. Il semble hasardé de la soutenir quand les termes en sont différents. On ne choisit pas sa sexualité. Tel n'est pas le cas pour la maçonnerie. Au moins est-il permis d'y renoncer si l'on n'a pas le courage d'en affronter les contraintes. Dans un cas, à supposer que le risque soit réel, il est subi. Dans l'autre, il est consenti. Il est plus facile de renoncer à la maçonnerie qu'à l'homosexualité. La différence est évidente, au point de rendre illégitime la comparaison. Que dire alors quand des maçons, pour se justifier du secret, osent l'établir autour de l'antisémitisme ? La caricature est un genre qui nuit à la dialectique.

Nul ne saurait contester au magistrat le droit à une vie privée. Encore lui faut-il admettre que ses choix doivent être éclairés par les exigences d'une profession qui l'oblige. On a beau dire, il ne s'agit pas d'un simple métier qu'on pourrait dépouiller, le soir venu, et n'en conserver rien. Sous le regard de ceux que nous jugeons, nous devons être perpétuellement attentifs à leurs analyses, jusqu'à la frustration parfois. Si nul n'est contraint d'être maçon, nul ne l'est davantage d'être magistrat. Il vaut mieux renoncer à cumuler ces deux qualités dès lors que l'une nuirait à l'autre par une discrétion préjudiciable à la Justice. Il suffirait peut-être de publier cette double appartenance, au moins de ne la point cacher, pour ne pas la rendre nuisible. L'expérience de quelques dossiers médiatiques m'a enseigné les bienfaits de la lumière. Quand elle baigne le prétoire où se rend la Justice, le juge est moins tenté, pour peu qu'il y soit porté, de la dévoyer. C'est d'ailleurs sans doute ce qui, de mon point de vue, milite le mieux en faveur de la retransmission des procès.

Toujours l'ombre est propice à des comportements que nous rougirions d'adopter au grand jour. Encore n'est-il pas besoin qu'elle soit absolue. Les habitués des audiences correctionnelles savent bien qu'il est des heures plus favorables que d'autres à l'examen de certains dossiers, ceux que l'on souhaite soustraire à la curiosité du public et, pour tout dire, à la publicité de l'audience. Les heures tardives sont les meilleures, quand les bancs se vident et que les journalistes en sont écartés par les nécessités du bouclage. Alors on peut juger entre soi, sans crainte de l'opinion publique. Souvent il suffit que la presse soit absente tant sa capacité de rapporter ce qui se dit à l'audience est de nature à tenir en lisière les instincts. Je doute qu'il s'y serait abandonné en sa présence, ce président de tribunal correctionnel qui, jugeant un étranger, lui avait tout bonnement conseillé de retourner dans son pays, ou tel autre ironisant sur la victime d'une agression sexuelle, suggérant qu'elle pouvait l'avoir méritée...

Je ne puis me lasser de cette anecdote puisée dans *Le Palais indiscret*, un recueil dû à la plume d'un chroniqueur judiciaire, Jean-Paul Lacroix, publié en 1965. Une cartomancienne comparaissait devant le tribunal correctionnel et le président de lui demander, narquois, puisqu'elle faisait profession de prédire l'avenir, si elle savait à quelle peine il allait la condamner.

— Mais vous allez me relaxer, car je ne connais pas un magistrat digne de ce nom qui puisse se moquer de celle qu'il va condamner.

Belle leçon de morale judiciaire! La déontologie reste parfois une exigence en devenir et l'on doit espérer qu'elle inspirera la nouvelle procédure de comparution sur reconnaissance préalable de culpabilité, le plaider coupable. Elle se déroule pour partie portes closes, dans une discrétion condamnable qui donne à croire parfois que ses bénéficiaires jouissent d'une procédure sur mesure, hors la présence de la presse et du public.

Souvent les règles déontologiques prohibent l'évidence quand l'essentiel reste hors d'atteinte. Un matin, je fus averti de ce qu'un commando anti-IVG s'était enchaîné à l'hôpital de la ville où j'exerçais alors mes fonctions de procureur de la République. Une douzaine d'hommes et de femmes, attachés à préserver la vie jusque dans sa période fœtale, avaient décidé, par ce moyen qui ne respectait ni la loi ni le choix des femmes ayant opté pour l'avortement thérapeutique, d'empêcher ceux auxquels il devait être procédé ce matin-là. Mon devoir était de faire respecter la législation en vigueur. J'y pourvus en faisant cisailler leurs chaînes avant de les conduire au parquet pour les présenter aussitôt devant le tribunal correctionnel. Ils demandèrent un délai pour organiser leur défense et leur jugement fut reporté de quelques semaines. L'affaire faisait grand bruit. Elle divisa les magistrats de la juridiction au point que son président dut arbitrer les candidatures.

Le phénomène n'était pas fréquent et l'on vit qu'il trouvait sa source dans les conceptions de chacun quand l'un des magistrats indiqua au président qu'il voulait en être, à condition qu'un autre ne fasse pas partie du tribunal qui aurait à juger. « Car, expliqua-t-il, je sais qu'il est hostile à l'interruption volontaire de grossesse... » Plus que le procès où j'eus à requérir au nom de la loi dans un concert d'antagonismes militants, cette seule phrase me glaça. Elle donne à réfléchir sur l'humanité du juge et la nécessité qu'il exerce ses fonctions dans une réelle transparence. Elle m'incita aussi à entamer mon réquisitoire en rappelant que je ne m'adressais ni à la ville ni au monde. Peu comprirent cette évocation des bénédictions pontificales *Urbi et Orbi*. Elle symbolisait pour moi la laïcité dans laquelle s'inscrivait mon propos, seule référence à laquelle je puisse m'attacher. Il ne m'appartenait pas de faire état de mes convictions, mais d'une seule qui contraint le ministère public à demeurer le serviteur de la loi.

C'est au cours des huit années que je passai à la Chancellerie que cette neutralité m'apparut comme seule susceptible de garantir le respect des principes sur lesquels est fondée la Justice.

III

LE MINISTÈRE ET L'INJUSTICE

Au cours des deux années passées à Caen comme substitut du procureur de la République, j'avais acquis le surnom d'Éric-le-Rouge. Il semble que je l'avais mérité pour un réquisitoire dans une affaire d'homicide involontaire. Telle avait été la qualification retenue pour ce dossier ouvert contre le propriétaire d'un troupeau de moutons qui, le fusil à la main, avait intercepté un voleur alors que celui-ci, au cours de la nuit, s'apprêtait à dérober l'une de ses bêtes. Un coup était parti et le voleur avait été tué. « La propriété c'est bien ; la vie humaine c'est mieux », avais-je commencé, saisi par l'évidence. Cela avait suffi en cette période où l'on stigmatisait volontiers les magistrats qui ne se croyaient pas tenus de se conformer aux usages de la profession. Le temps n'était pas si éloigné, le début du siècle, où un premier président de cour d'appel avait pu publier qu'il convenait que les magistrats soient recrutés parmi les propriétaires car ils étaient ainsi mieux à même de défendre les intérêts de la classe à laquelle ils appartenaient.

Je m'étais également distingué par de fréquents contrôles des gardes à vue. La loi les ordonne et, magistrat pourtant d'une facture classique, le procureur de la République m'y avait incité. Au cours de l'été 1976, nombre d'incidents avaient émaillé celles de la gendarmerie nationale et je m'étais déplacé dans quelques brigades territoriales. Rentrant de congé, le commandant de la compagnie concernée l'avait appris et s'en était ému. Sanguin de tempérament, il eut l'idée saugrenue de m'en faire reproche.

— Si vous persistez, je m'en plaindrai au procureur général.

Quand même étonné de cette algarade, j'en rendis compte au procureur de la République.

— Ne vous inquiétez pas : c'est un con ! Faites-le venir au parquet, recevez-le puis appelez-moi, me dit-il.

Ainsi fis-je, prenant le temps d'exposer à l'officier de gendarmerie que je me bornais à appliquer le code de procédure pénale et à suivre les directives du procureur de la République, sans pour autant m'en sentir coupable. À l'invitation de ce dernier, nous le rejoignîmes dans son bureau. Il était guilleret et prêt à en découdre.

— Alors mon commandant, on rentre de vacances, on trouve tout un ensemble de choses qui vont mal et, bêtement, on s'énerve... Que voulez-vous, maintenant les gendarmes sont comme des homards sans carapace !

L'ironie porta plus que ne l'aurait fait une semonce. J'en fis mon profit, comme du juste soutien de mon supérieur hiérarchique.

Il m'aida dans une autre affaire qui concernait un artiste de variétés. Celui-ci avait eu, alors qu'il conduisait, un accident automobile dans lequel son épouse était décédée. Les constatations firent soupçonner que l'alcool n'y était pas étranger et une information fut ouverte. Comme elle progressait, je reçus un appel téléphonique d'un magistrat qui se présenta comme le chef de cabinet du directeur des Affaires Criminelles et des Grâces au ministère de la Justice. Le titre ronflait, propre à émouvoir un blanc-bec. J'aurais dû m'évanouir, à tout le moins me prosterner. Le propos était lénifiant, presque anodin. Il s'enquit de l'état du dossier, proche de sa clôture.

— Que comptez-vous requérir ?

— Un renvoi devant le tribunal correctionnel, bien entendu.

— Vous êtes libre de le faire...

— Je l'espère bien !

Plus tard, j'appris que ce magistrat était intervenu pour le compte d'un autre qui présentait la curiosité institutionnelle de réunir la qualité de procureur général près d'une importante cour d'appel et de conseiller du ministre de l'Intérieur. L'artiste de variétés honorait de son talent l'arbre de Noël de cette cour ! Rendant service, le chef de cabinet eut le front de se plaindre de moi auprès de ses collègues de la Chancellerie. Ainsi, par cette publicité, m'ouvrit-il les portes de la direction des Affaires Criminelles et des Grâces, la plus prestigieuse de mon point de vue et celle où je désirais le plus d'être affecté.

Encore que mon rang de classement à la sortie de l'École nationale de la magistrature m'en favorisât l'accès, j'avais hésité à postuler pour le ministère de la Justice. La crainte révérencielle qu'il inspire à beaucoup ne me le rendait pas plus désirable que le chaudron du diable. Il était réputé favoriser les carrières en abrégeant le parcours qui conduit aux plus hautes fonctions. Au début de la mienne et n'étant pas glouton, cela ne pouvait suffire. Curieusement, c'est en m'en approchant à l'occasion d'un stage que je ressentis les affres de la tentation. Elle me vint surtout d'un entretien avec un magistrat, responsable du bureau chargé de l'action publique à la direction des Affaires Criminelles et des Grâces. Il n'aimait guère la contradiction et, pour conclure une discussion un peu aigre, lança :

— Si vous n'aimez pas obéir, ne venez pas au parquet !

J'y étais et, dès cet instant, résolus de démontrer qu'on y pouvait rester sans se ployer à une obéissance servile. Les années passées à la Chancellerie me confirmèrent dans l'impression que cette résolution n'était point unanimement partagée. Je découvris aussi que ce ministère qui porte le nom d'une vertu pouvait en être l'instrument privilégié, comme son pire ennemi. Hormis mes incartades caennaises, je m'étais signalé par ma contribution à quelques dossiers économiques et financiers ; je fus aussitôt affecté au bureau de l'Action publique pour les Affaires Financières, Économiques et Sociales, où je fus chargé des dossiers relatifs au droit pénal des sociétés jusqu'en 1980, avant de recevoir la responsabilité de ce même bureau jusqu'en 1985.

Pour un corps hiérarchisé, le ministère incarne la toute-puissance. Inscrit par l'Histoire et la réalité dans une culture de soumission, le corps judiciaire n'y échappe pas, nonobstant les règles particulières qui le régissent et les garanties dont il bénéficie. Le mystère reste entier au regard d'un statut si attentif à l'indépendance de ceux qui le composent. Il ne suffit pas, pour l'élucider, de se référer au pouvoir de nomination détenu par le ministre. Entier à l'égard des magistrats du parquet, il n'est que relatif pour ceux du siège dont la nomination ne peut intervenir que sur l'avis conforme du Conseil supérieur de la magistrature. Placé par la Constitution sous l'autorité du président de la République, garant de l'indépendance de la magistrature, cet organe de contrôle à vocation disciplinaire comprend une majorité de membres élus au sein du corps judiciaire. Cependant la possibilité de passer du siège au parquet peut ouvrir la voie, pour celui qui y songerait, à une attitude compréhensive à l'égard des tenants du pouvoir exécutif. On ne saurait s'y tromper : une indépendance statutaire ne suffit pas à conférer une indépendance réelle. Le risque est tel qu'il conviendrait sans doute, pour mieux garantir celle des juges, d'interdire les allers et retours. Nommé juge, aucun magistrat ne pourrait plus prétendre à une affectation dans un emploi du parquet, dans quelque juridiction que ce soit. Cela devrait aider nos concitoyens à mieux s'orienter dans une institution qui semble avoir compliqué ses structures à l'envi.

Il est vrai que l'histoire de l'institution porte l'ambiguïté et le temps n'est pas si lointain où le procureur de la République notait les juges d'instruction. Nombreux sont ceux qui le croient encore et il n'est pas certain que des procureurs ne soient pas tentés de le laisser penser, quand déjà beaucoup sont persuadés de leur influence déterminante dans les affaires pénales. L'apparence du pouvoir tente plus encore que le pouvoir lui-même, peut-être parce qu'une certaine volonté de puissance s'accommode mieux des avantages que des inconvénients. Souvent les magistrats affirment, surtout au parquet, qu'il y aurait un risque de scission à mieux distinguer les fonctions, voire à les rendre irréversibles. Il faut espérer que ce discours n'est pas exclusivement fondé sur la crainte, en ne pouvant passer de l'une à l'autre, de voir se restreindre le champ des mutations et promotions. Ce serait oublier que la Justice n'a pas été créée pour les magistrats, mais les magistrats pour la rendre.

La proximité des fonctions au sein d'une même institution n'est pas négligeable par le péril qu'elle engendre pour les tiers. Les juges savent d'expérience combien il est difficile, lors d'une suspicion d'erreur médicale, d'obtenir des preuves contre un médecin, voire une infirmière. Le plus souvent, le corps se referme comme une huître, interdisant aux étrangers d'y pénétrer plus avant. Quand une expertise est nécessaire, la prudence commande même d'aller chercher un praticien au loin... Le corps judiciaire ne fait nullement exception à la règle et l'Indépendance lui sert de prétexte. Il s'agit surtout de cette connivence si redoutable qui resserre les rangs contre la prétention des tiers à la Justice. La confusion ne peut d'ailleurs qu'être aggravée des nominations sur place. Un magistrat passant du siège au parquet, ou inversement, dans la même juridiction, qui peut le comprendre ? Sans pour autant diviser le corps ni surtout fonctionnariser le Ministère public, tout incite à mieux distinguer les fonctions. Peut-être ainsi parviendrait-on à assainir les relations qui, au sein des juridictions, laissent trop de place à la connivence. Par commodité, un greffier commet-il un faux ? La tentation est forte de fermer les yeux. Il n'est pas si facile de résister à la promiscuité des palais quand, un délai de procédure ayant été oublié avec pour conséquence la libération immédiate d'un détenu, le juge d'instruction suggère au procureur de commettre un faux en antidatant ses réquisitions. Il faudrait être un bien mauvais collègue pour le lui refuser...

Ceux qui s'y risquent se voient bientôt qualifier de *psychorigides*, voire de *caractériels*. J'en sais le poids dans ce milieu de faux-semblants où la surface de l'étang ne saurait comporter la moindre ride. Malheur à celui par qui le scandale arrive ? Non, haro sur celui qui le révèle ! Rien n'y échappe, même pas l'antagonisme militant que sécrètent parfois les avocats à l'égard des juges. Souvent il prend sa force dans la distance. À domicile, l'avocat ferrailleur retrouve l'esprit de famille. Il n'est pas question de s'aliéner « ses » juges dont les impatiences mal maîtrisées pourraient affecter son gagne-pain. Le loup devient mouton, jusqu'à la caresse parfois, toujours dans le sens du poil. Le magistrat l'a rêche et sa hiérarchie est seule à savoir le coucher.

De même, naguère, pour préserver son crédit, l'avocat usait de ces formules qui donnent au justiciable le sentiment de voyager. La langue lui est inconnue. Il lui reste à admirer le paysage et son avocat qui, rejetant savamment une mèche rebelle, s'avance vers le juge, la toge batailleuse. On allait voir ce qu'on allait voir et le client de se tasser sur son banc, délicieusement inquiet.

— Je plaide corps présent !

Le client n'y comprenait goutte. Ce corps c'était pourtant le sien, dont son conseil ainsi signalait au juge la présence. Il allait falloir lui pardonner. L'avocat ne pourrait *faire court* et peut-être même devrait-il plaider n'importe quoi, client oblige. Que le tribunal veuille bien lui pardonner... L'habitude semble s'en être perdue. Reste un monde clos, dans lequel tous s'entendent, au détriment parfois de ceux pour lesquels devrait se rendre la Justice.

Un dossier m'était échu dans la perspective d'une audience correctionnelle. La préparant, je vis qu'il contenait l'une de ces imparables nullités qui mettent un terme à la procédure. Représentant de l'intérêt général, je rechignais à la dénoncer. Comparaissant détenu, le prévenu était étranger et il ne pouvait qu'être libéré sur-le-champ, alors que l'information avait établi sa culpabilité dans un important trafic de stupéfiants. Non sans lâcheté, je résolus de m'en ouvrir à son avocat. Il trancherait mon cas de conscience ; au moins m'en débarrasserait-il... Je lui exposai la difficulté :

— Monsieur le bâtonnier, il ne dépend que de vous que le prévenu quitte librement ce tribunal, sans que je puisse espérer l'y faire revenir.

— Monsieur le procureur, je ne mange pas de ce pain-là !

La vertu ayant triomphé du devoir, son client fut lourdement condamné et je porte le regret d'avoir compté qu'un autre ferait le mien.

Parfois la connivence se fait complice, jusqu'à l'humiliation, celle que l'on peut ressentir quand on vous croit capable de partager une ignominie. Avec le juge des libertés et son greffier, j'attendais que l'escorte fasse entrer l'inculpé. Ce fut son conseil qui d'abord entra. Ensemble nous évoquâmes le dossier, celui d'un pervers qui s'était livré à des attouchements sur un enfant. Son avocat n'eut pas de mots assez sévères pour pourfendre le comportement de celui qu'il allait défendre. Il évoqua même la peine de mort, regrettant qu'elle ait été abolie. Il fallut le calmer. Son client pénétra dans la pièce à son tour. Ayant requis une mesure de détention provisoire, je fus sèchement contré par le même avocat : il ne pouvait comprendre ma demande, tellement disproportionnée par rapport aux faits reprochés à son client... Longtemps après, j'en ai conservé un souvenir puissant, celui d'avoir participé à une mascarade judiciaire dont mon silence m'avait rendu complice.

Tous les avocats ne sont pas semblables, loin de là, et j'en ai côtoyé suffisamment pour me forger cette opinion. Parmi tous, mes années niçoises me permirent d'en distinguer un qui n'était pas d'une eau trouble. Il était au contraire de ceux qui, peu préoccupés de se mirer dans les reflets moirés de leur robe, ne s'attachent qu'à la défense, même quand cela doit leur coûter. Car une telle éthique vous vaut parfois de sordides inimitiés. Lui n'en a pas été privé et je gage que sa détermination lui en vaudra d'autres. La médiocrité se venge de ce qui la dépasse et déjà cela lui a valu la menace d'être tondu, le jour où j'aurai quitté Nice, comme d'autres qui n'avaient pas craint de s'exposer en m'aidant à accomplir ma tâche. Tondu ? Ayant le sens de l'humour autant que le cheveu ras, il affectait de ne pas s'en émouvoir. Un peu plus, un peu moins...

Cependant, la distance que l'on crée par rapport aux clo-portes n'assure pas toujours une protection suffisante, même si elle parvient à contenir, en la masquant, la souf-france que l'on éprouve de l'injustice qui vous frappe. Celle-ci était criante et la comparaison infamante qui, ten-tant de le salir, assimilait ce professionnel exigeant à celles qui, pour avoir été proches de l'Occupant, eurent la cheve-lure rasée lors de la Libération. Certains de ses confrères s'étaient compromis par d'étranges pratiques ; d'abord avocat, il n'avait pas hésité à les mettre à mal, autant du moins que le lui commandait l'intérêt de ses clients. Ses pairs ne pouvaient le lui pardonner, comme s'ils confondaient la confraternité avec l'esprit de famille, celui qu'on pratique au sud de la péninsule italienne. Lâches, ils attendaient l'heure de la revanche, révélant ainsi la curieuse conception qu'ils avaient de l'honneur, comme de leur métier. Suscitant mon admiration, le sien cet avocat le faisait autant qu'on doit le faire. Sans haine, mais sans crainte, ce qui toujours nous expose aux périls. Si la crainte pourtant l'habitait, au moins n'en laissait-il rien paraître. De sa peur, on ne saurait faire cadeau à ceux qui prétendent en jouir : ce serait déjà y céder. Pourtant les coups furent rudes qui répondaient aux siens. Ils étaient d'une nature différente, cherchant à l'atteindre par des biais misérables. La calomnie reste un atout pour celui qui n'a pas d'autres cartes... Aucun coup pourtant ne réussit à le désarmer, quand même son inquiétude m'était palpable. Elle ne l'atteignait qu'à travers ses proches, pour la souffrance qu'ils pouvaient éprouver de le voir en danger. Encore quelque chose que nous partagions, même si, l'âge en étant la cause, j'ai pris sur lui un peu d'avance. Je ne puis douter d'être bientôt rattrapé. Au pays des bonsaïs, tout paraît un chêne dont les branches offensent leur petite taille. Il faut donc les élaguer, mais, les plus hautes étant hors de portée, les coups sont assez bas. Ainsi les bonsaïs peuvent-ils prétendre survivre dans une pénombre végétale qui préserve leur médiocrité.

Qu'on la rencontre chez des magistrats ou des avocats, toujours la médiocrité me semble consternante. Même le bœuf le plus vaillant a besoin d'un aiguillon pour tracer correctement son sillon. Comme lui, la Justice ne peut se passer des précieux auxiliaires que sont les avocats. À cet égard, rien n'est plus affligeant qu'un de ces chevaliers du droit qui se tait, abandonnant son client aux incertitudes d'un débat qui n'est plus contradictoire. L'avocat c'est d'abord celui qui parle pour celui qui n'en a pas la capacité. Peu importe qu'il agace le juge, moins encore qu'il le contraigne à s'écarter de la route qu'il s'était tracée. Si le juge n'écoute pas, déjà dans l'apparence il cesse d'être impartial. Avec le risque de devoir affronter l'ironie de l'avocat. L'un d'eux, humoriste impénitent, avait entamé sa plaidoirie par une citation latine. Le président de la juridiction intervint.

— Je vous en prie, maître, le tribunal ne connaît pas le latin !

L'avocat se tut, attendant son heure. Elle vint au moment d'aborder les conclusions d'un rapport d'expertise. Il entreprit d'en faire une lecture intégrale. Le président tenta de l'interrompre mais, d'un geste de la main, il le pria de le laisser poursuivre. Lorsqu'il fut parvenu au terme de sa fastidieuse lecture, imperturbable il s'excusa :

— Que le tribunal me pardonne ! J'aurais pu abréger et, les premières pages passées, vous dire *et cætera, et cætera* mais puisque le tribunal ne connaît pas le latin, que pouvais-je faire d'autre ?

Pour faire taire un avocat, il vaut mieux avoir plus d'autorité qu'il n'a d'esprit. Encore n'est-il pas certain que cela suffise quand l'habite la conviction qu'il incarne les libertés.

Les avocats ont mauvaise presse car on les confond volontiers avec leurs clients, les entraînant dans la même réprobation. Défendant un criminel, ils profiteraient de l'argent du crime. Pas plus que le Trésor public qui perçoit sa part de la prostitution ou les magistrats dont les traitements s'approvisionnent aux mêmes sources... Piètre pensée, consternante approximation qui méconnaît à ce point les exigences de l'équilibre judiciaire. Rien pourtant ne me paraît plus regrettable, lorsqu'un crime odieux a été commis, que son auteur éprouve de la difficulté à trouver un défenseur. Ce fut le cas dans l'affaire Dutroux qui, à juste titre, émut si fort la Belgique ; ceux qui, en définitive, acceptèrent de l'assister incarnent l'honneur du barreau, beaucoup mieux que ceux qui s'y refusèrent. Pas plus que le magistrat ne peut substituer ses conceptions à celles du législateur, au moins quand elles sont clairement exprimées, ce qui est loin d'être la règle, l'avocat, pour libre qu'il doive être, ne saurait trahir son client. Affecter de les confondre, c'est pourtant exposer le premier à se détacher du second pour conserver sa réputation. On voit bien par là combien sont indissociables la profession d'avocat et l'état de magistrat.

C'est à se demander pourquoi, non content de les opposer, on distingue autant les voies pour accéder à ces métiers judiciaires. Sans doute la formation juridique est-elle commune, ce qui est bien le moins, mais, au-delà, chacun conserve ses filières, laissant croire à des fonctions d'importance différente. Tel n'est pas le cas, du moins pour ce qui concerne le barreau – l'ensemble des avocats – d'une part et, de l'autre, les magistrats du parquet. Pour l'essentiel, les premiers portent les intérêts des personnes privées, les autres ceux de la collectivité. Les intérêts qu'ils représentent sont différents, ils ne sont pas nécessairement divergents, moins encore antagonistes. Pourquoi dès lors ne pas soumettre ces différents praticiens à une formation commune ? Elle devrait être nourrie des techniques judiciaires certes, mais surtout d'une réflexion approfondie sur les principes déontologiques auxquels elles doivent rester soumises. Un service civil d'une année pourrait la compléter qui conduirait les futurs praticiens à une approche d'eux-mêmes autant que du service des autres Cette formation pratique autant que personnelle acquise, chacun choisirait selon sa préférence. Ceux qui opteraient pour la magistrature seraient affectés au parquet, les autres au barreau, tous dans des structures qui exclureaient les aventures individuelles. La solitude n'a jamais été bonne conseillère et, entre deux risques, il me semble préférable de privilégier la vérité plutôt que l'indépendance de celui auquel il incombe de la faire émerger. La collégialité n'y contribue pas peu et, magistrat du parquet depuis toujours, j'en puis témoigner.

À ce stade, point d'expérience, point de juge. L'âge ne fait sans doute rien à l'affaire, mais je doute que le risque judiciaire puisse s'accommoder de l'inexpérience, quand la nature, dont les méandres sont infinis, installe l'erreur en permanence. L'enseignement universitaire produit des juristes, ce qui suffit à la connaissance du droit, point à l'appliquer à des cas concrets. Puis, dix années s'étant écoulées, avocats et magistrats du parquet pourraient accéder à des fonctions juridictionnelles, selon un système de concours associé à une évaluation de leur comportement au cours de la période précédente. Les élus, nécessairement volontaires, deviendraient juges, sans possibilité de revenir au barreau comme au parquet. Le choix serait irréversible. Plus question de ces allers et retours qui, fondés sur le seul confort des magistrats, égarent nos concitoyens dans un système déjà par trop complexe. Une institution ne peut être véritablement considérée comme démocratique quand elle ne peut être comprise par ceux qui sont censés la contrôler. Rendue *Au nom du Peuple français*, ce serait bien le moins que la Justice puisse lui être accessible, au moins dans ses grandes lignes. Pour les autres, qu'ils l'aient choisi ou y aient été contraints, ils pourraient indifféremment rester avocats ou servir au parquet, sans que leur choix les y enferme définitivement. L'essentiel est que le juge jamais ne paraisse suspect d'une quelconque allégeance, si redoutable à ses décisions. En le choisissant parmi les meilleurs, en le contraignant à rester sur l'estrade où se rend la Justice, on ne peut que lui assurer une meilleure protection, contre lui-même et ses appétits, autant qu'il est nécessaire. La lumière n'est guère propice à l'ombre.

Encore faudrait-il que la lumière baigne également les procédures de nomination du juge, seul pilier de l'institution, en les inscrivant dans un schéma protecteur de sa qualité autant que de son indépendance. La structure du pouvoir politique ne lui permet pas d'y contribuer, sans qu'il soit suspecté de vouloir en profiter. Il y faut un organe qui en soit distinct, tout en puisant aux sources de la légitimité démocratique. Vaste problème qui confine à la quadrature du cercle. Pour y parvenir, le mieux serait sans doute de diversifier, en les multipliant, les autorités qui auront à désigner les membres d'un tel Conseil supérieur de la Justice, loin de l'actuel Conseil supérieur de la magistrature. Il ne comprend que trop d'élus du corps judiciaire, pas suffisamment d'esprits libres susceptibles de conduire celui-ci sur les voies que lui assigne sa mission. Il est vrai que les mêmes insuffisances affectent la composition du conseil d'administration de l'École nationale de la magistrature. Pourtant son rôle est essentiel dans la définition du paysage judiciaire comme des qualités que l'on peut exiger d'un magistrat.

Il n'est pas certain que la magistrature et l'université réunies suffisent à déterminer si les candidats offrent déjà, à ce stade de leur jeune existence, les garanties de cœur et d'esprit qui leur serviront à juger. Le brio, qu'il soit juridique ou d'expression, peut être indicatif, certainement pas déterminant. Si l'essentiel parfois se devine, les conditions du concours d'entrée n'apportent qu'une réponse aléatoire à la seule question qui vaille : Le candidat a-t-il la maturité suffisante pour s'affranchir de ses propres contraintes au bénéfice des seules nécessités collectives ? De ce point de vue, des psychologues auraient sans doute leur place dans le jury, pour mieux distinguer chez le candidat l'amour des autres de celui qu'il se porte. Narcisse n'était juge que de son propre reflet. On sait où cela l'a conduit. Il en mourut, ne laissant à la postérité qu'un adjectif redoutable.

Ceux qui, sur leur demande, sont affectés à la Chancellerie ont l'avantage d'un statut clarifié. S'ils restent magistrats, ils ne sont ni du siège ni du parquet. Ils servent l'exécutif dans ses attributions judiciaires. Souvent il m'a semblé que, dans ce rôle, je n'étais qu'un alibi, interface commode entre un pouvoir qui éprouve de la difficulté à s'afficher dans le domaine judiciaire et un corps qui ne supporterait pas une intrusion manifeste dans son fonctionnement. Le magistrat à l'administration centrale du ministère de la Justice (MACJ) constitue le meilleur moyen de respecter, dans l'apparence, la sacro-sainte indépendance de l'Autorité judiciaire. Sans lui la domination de l'exécutif sur le judiciaire apparaîtrait dans toute sa cruauté. Il ne s'agit pas seulement de préserver la sensibilité du corps judiciaire mais aussi de satisfaire une opinion publique qui, curieusement, proclame son goût pour l'indépendance de la Justice en même temps qu'elle y porte volontiers atteinte lorsqu'elle lui paraît dommageable.

Même les gardes des Sceaux les plus courageux savent bien qu'ils doivent sur ce point composer. Lorsque le *Canard enchaîné* eut publié des extraits du rapport de la Cour des comptes sur cette monumentale escroquerie que constituait l'affaire des Avions Renifleurs, je reçus commande du ministre, du soir au lendemain, de lui faire connaître mon avis sur la qualification pénale qui pouvait être retenue. Au moment où la France subissait les conséquences économiques du premier choc pétrolier, un génial inventeur avait réussi à persuader les plus hautes autorités de l'État, jusques à son chef, qu'il avait découvert le moyen, à partir d'un avion en vol, de détecter les champs pétrolifères. Des expérimentations sur site avaient emporté leur adhésion. Il aurait mieux valu qu'ils s'occupent de l'envers du décor et s'intéressent de plus près à l'appareil censé servir à la détection : le subterfuge était grossier. Il y aurait fallu moins d'aveuglement que d'intelligence. Ils sortaient pourtant de nos plus grandes écoles.

Je fis part au ministre de mes conclusions : l'ouverture d'une information judiciaire s'imposait en retenant une infraction qui, malgré l'ancienneté des faits, tardivement rapportés par la Cour des comptes, permettait encore d'engager des poursuites. Robert Badinter s'avisa de ce que l'opinion publique douterait de la légalité d'une procédure que ses services lui avaient recommandée. Il se tourna donc vers le procureur général de Paris qui m'appela aussitôt, sachant que j'avais déjà conclu dans ce dossier. Sur sa demande, je lui indiquai ce qu'il en était. Il me répondit qu'il adoptait mes conclusions et les ferait siennes pour le garde des Sceaux. Nous tournions en rond. Mais le ministre comprit que l'avis du procureur général sur lequel il envisageait de fonder publiquement ses instructions n'aurait pas plus de poids aux yeux de l'opinion publique que celui émané de ses services. Il me chargea de réunir une commission de sages pour lui donner un avis.

De hauts magistrats à la retraite et un éminent professeur de droit furent ainsi requis, pour l'après-midi. Je dus assurer le secrétariat. Participant aux travaux, j'avais cru comprendre que j'avais pour mission, dans le respect des apparences, de conduire ces sages jusqu'au point de départ, celui que j'avais dessiné. Ce furent de grands moments et nous passâmes toute une partie de ces deux journées à chercher le titre du rapport qui serait présenté au garde des Sceaux. L'appellation retenue par le *Canard enchaîné*, « L'affaire des avions renifleurs », paraissait la plus pertinente. Mais, *horresco referens*, il s'agissait d'un titre du *Canard enchaîné*. Cela n'était donc pas convenable. Après des heures de palabres, ils convinrent d'intituler leur rapport : « L'affaire dite des avions renifleurs ». Comme la pudeur, l'honneur était sauf !

Puis ils abordèrent le fond. Je leur suggérai la qualification pénale à laquelle je m'étais arrêté. L'un des magistrats avait présidé la chambre criminelle de la Cour de cassation ; il soutint que celle-ci ne l'accepterait jamais. Nous siégions dans la bibliothèque de la direction des Affaires Criminelles et des Grâces. Je tendis le bras vers un bulletin qui réunissait des arrêts de la chambre criminelle et, l'ayant préparé, l'ouvris sur celui qui m'avait servi à forger mon propre avis. Je le lus et le haut magistrat s'étonna.

— C'était sans doute un jour que je ne siégeais pas. Mais qui donc présidait la chambre ce jour-là ?

— Il me semble bien que c'était vous, monsieur le président.

Cette qualification pénale fut donc adoptée, en l'absence du professeur de droit qui nous avait quittés tout à trac pour se rendre jusqu'à l'Oratoire proche où devait être célébré le mariage de la fille d'un de ses collègues. Il revint à temps pour prendre le thé que le ministre leur devait bien pour les avoir si brutalement tirés de leur retraite. Ce temps servit à mettre en forme ce troisième avis, nécessairement identique aux précédents ; la plus grande part fut utilisée pour déterminer le rang de chaque signature. Le garde des Sceaux fit alors publier qu'après avoir pris l'avis de cette commission, il avait donné pour instructions de faire requérir l'ouverture d'une information. Entre *Le Canard enchaîné*, l'opinion publique et les importantes personnalités de droite qu'elle concernait, il fallait bien tout cela pour y parvenir. Qui sait aujourd'hui ce qu'elle est devenue, perdue dans les sables mouvants de la mémoire collective...

**

Au ministère, quand il n'est pas plaisant, le rôle des magistrats est ingrat. Devenus fonctionnaires, il leur revient de préparer les décisions et de les mettre en forme, voire de les assumer quand le pouvoir politique en décide. Le cabinet du garde des Sceaux est un organe politique par excellence, encore qu'il comprenne nombre de magistrats ; ce n'est d'ailleurs pas sans poser quelques problèmes d'interprétation quant à leur impartialité lorsqu'ils reviennent en juridiction. Souvent il m'est arrivé de proposer au cabinet des solutions qui me paraissaient conformes au droit comme aux principes qui doivent conduire l'action publique. Dans les affaires d'atteintes à la concurrence, nous avons maintes fois suggéré des inculpations de dirigeants économiques de première importance, toujours refusées. Nous n'étions guère aidés par les magistrats qui, en juridiction, auraient eu le pouvoir de procéder spontanément à de telles inculpations.

À Paris notamment, une tradition dépourvue de fondement légal conduisait les juges d'instruction à solliciter du parquet ses réquisitions avant d'inculper les personnalités, celles de l'économie comme les autres. Parfois il suffisait de peu. L'un d'eux était même parvenu à se forger une réputation d'indépendance en se bornant, par un acte de pure forme, à interrompre la prescription quelques jours avant qu'elle ne fût acquise par rapport au dernier acte utile. S'il avait été réellement indépendant, il lui aurait suffi d'inculper ceux contre lesquels il détenait des charges suffisantes. Aucun texte n'exige en effet d'un juge d'instruction qu'il obtienne ne serait-ce que l'avis du parquet pour procéder ainsi. Il suffit que le juge d'instruction ait été saisi pour qu'il lui soit aussitôt permis de mettre en examen tous ceux qui sont susceptibles d'avoir commis une infraction qui s'y rapporte, au moins quand ils ne bénéficient d'aucune immunité légale. Mais il s'agissait de grands patrons dont les sociétés s'étaient entendues pour fixer les prix d'un même produit à un niveau qui permettait d'éliminer leurs concurrents les plus faibles...

L'exemple le plus célèbre, en l'espèce, est celui des ententes pétrolières qui conduisirent Étienne Ceccaldi, substitut à Marseille, au poste peu convoité de procureur de la République à Hazebrouck. Sans le souhaiter, le magistrat l'avait demandé dans une perspective d'avancement. Il l'obtint, ce qui avait le mérite de l'écarter d'un dossier qu'il lui tenait à cœur de conduire à son terme. Cela déclencha un scandale et donna à la petite ville du Nord une célébrité que, seule avant elle, pour des raisons comparables, Limoges avait conquise. L'affolement gagna la Chancellerie où le garde des Sceaux, Jean Lecanuet, battit en retraite. À gauche, l'opposition avait fait de ce dossier un cheval de bataille, au point que la loi votée en 1981, juste après qu'elle eut pris le pouvoir, avait expressément exclu les condamnations pour pratiques anticoncurrentielles du bénéfice de l'amnistie. Il paraît que Gaston Defferre, le tout-puissant maire de Marseille et ministre de l'Intérieur, y avait veillé. C'était oublier la date des faits : quand la condamnation tomba, elle était amnistiée, du fait de la loi votée en 1974 à l'occasion de l'avènement de Valéry Giscard d'Estaing, notre nouveau monarque. La surprise fut totale, autant que la discrétion qui accompagna cette victoire à la Pyrrhus.

Sans doute est-il aisé de se faire passer pour ce que l'on n'est pas quand ceux qui vous regardent ignorent tout de ce que vous auriez dû faire. Tel était le cas de ces juges d'instruction qui plaçaient la prudence au-dessus de leur devoir. Cela donne de curieux dossiers mais de bien belles carrières ! Le dossier lui ayant été communiqué par le juge qui lui laissait la gloire de prendre les initiatives les plus dangereuses, le parquet pouvait encore prendre les responsabilités qu'il tient de la loi. Il lui aurait suffi soit de requérir le juge d'instruction de procéder aux inculpations nécessaires, soit de renvoyer ce magistrat à un exercice normal de ses attributions. Le plus souvent, toujours quand l'affaire était délicate, le procureur transmettait à son tour le dossier au procureur général, en lui indiquant qu'il se soumettrait aux directives que celui-ci voudrait bien lui donner. Comme au jeu du mistigri, parfois appelé celui de la patate chaude, le haut magistrat, pour obtenir des instructions qui le mettraient à couvert, se tournait vers la Chancellerie, en des termes semblables à ceux qu'avait utilisés le procureur de la République. Nous héritions du dossier et il fallait alors persuader le cabinet, et sans doute au-delà, qu'une inculpation devait être prononcée. Le plus souvent en vain. Aux yeux des tiers, le juge d'instruction préservait sa réputation et nous devions assumer la nôtre. La vérité était ailleurs, dans une chaîne de lâchetés successives, indignes de magistrats, du moins du sens qu'on donne à cette qualité.

En juridiction, nos collègues ne comprenaient pas nécessairement que nous tentions de servir la Justice plus que les volontés du pouvoir exécutif dont, pour beaucoup, notre proximité n'était que territoriale. Il fallait même parfois y insister. Les parlementaires écrivaient fréquemment et le garde des Sceaux estimait devoir leur répondre, au moins quand ils appartenaient à la majorité gouvernementale.

Souvent il s'agissait d'entraver l'exercice de l'action publique. En faveur d'un proche ou d'un électeur, rarement pour l'amour du droit, ces élus demandaient au ministre d'intervenir afin que le procureur local classe un dossier. Les politiques n'étaient pas seuls sur ce créneau. Plus curieusement, des avocats influents les y rejoignaient parfois, plus soucieux de résultats que d'exposer leur talent. Ainsi ai-je pu assister au siège que livrèrent quelques-uns au directeur des Affaires Criminelles et des Grâces. Dans la région parisienne, une opération immobilière fructueuse avait suscité une « contribution » de l'ordre de dix millions de francs en faveur d'un candidat à l'élection présidentielle. Particulièrement convaincants, les avocats emportèrent qu'on ne ferait rien. Je ne fus pas consulté et n'eus plus qu'à refermer le dossier.

Quand même ils l'avaient perdue, les candidats à l'élection présidentielle étaient souvent bien traités. L'un d'eux obtint par intrigue ce que le droit ne pouvait lui accorder. Son intervention m'exposa à une passe d'armes avec mon supérieur pour la note qu'il m'avait demandée en sa faveur. La commande était claire ; je ne crus pas devoir y satisfaire. Mes conclusions heurtèrent car ma note tendait à consacrer l'évidence. Elle me revint annotée. Traité d'« ami », j'étais invité à revoir ma copie. Cela ne pouvait se faire et, derechef, j'insistai. Mon insistance me valut un « cher ami », qui sentait la poudre. Avec la Justice, je dus m'incliner.

Quoi qu'ils en aient, les ministres sous lesquels j'ai exercé des attributions à la Chancellerie savaient ou avaient appris, que, le juge saisi, l'action publique était inexorablement engagée. Il suffisait dès lors, quand mon service était chargé de préparer une réponse à la signature ministérielle, d'appeler le procureur concerné en lui suggérant, s'il envisageait des poursuites, de les engager sans attendre. Nous pouvions ainsi faire répondre au ministre que, sans méconnaître l'intérêt de cette intervention, il se devait d'indiquer que, le juge pénal étant saisi, il ne pouvait que lui laisser le soin de statuer dans la plénitude de ses attributions. Généralement le garde des Sceaux n'y rechignait point, mais il fallut protester quand l'un d'eux, trop aimable ou trop politique, prétendit répondre au parlementaire qu'il regrettait de ne pouvoir lui accorder le passe-droit sollicité. Le ministre de la Justice pouvait-il regretter que la loi soit appliquée ? Les chefs de bureau de la direction indiquèrent au conseiller chargé des relations avec le Parlement qu'il ne pouvait en être question. Nous obtînmes gain de cause, non sans étonnement.

Parfois des formules malheureuses ont pu conduire des magistrats à se plier à des injonctions qui n'en étaient pas. Du temps que fleurissaient les dossiers relatifs aux bureaux d'études du parti socialiste, dont le gouvernement était pour l'essentiel issu, le cabinet me demanda de faire le point sur les procédures en cours. J'appelai le procureur général d'une grande cour d'appel du Sud-Ouest. Je l'invitai verbalement à me préciser où en étaient les deux ou trois dossiers instruits dans sa cour. Pour l'un d'eux, il me précisa qu'une information avait été ouverte. Je marquai ma surprise et, stupidement j'en conviens, au moins sans y réfléchir suffisamment, rétorquai :

— Le cabinet ne va pas être content.

— Je vous rappelle.

Peu après, il le fit pour m'indiquer qu'il n'y avait plus d'information. On pouvait en déduire que le juge d'instruction, magistrat indépendant qui avait été saisi, avait admis qu'il ne l'était plus. Singulière attitude dont je me sens pour partie responsable.

Il est vrai que certains n'avaient pas besoin de moi et prenaient facilement l'initiative de se compromettre. Dans une affaire de même nature, un conseiller de cour d'appel chargé d'instruire des malversations mettant en cause un élu socialiste du Sud-Est avait pris la peine d'informer le procureur général de ses intentions, plus d'un mois avant d'y pourvoir. Il projetait une perquisition dans les locaux du parti socialiste. L'annonçant ainsi au procureur général qui se crut obligé, par devoir, d'en informer la Chancellerie, ce conseiller ne pouvait que nuire à ses propres investigations. À mon tour, j'informai le cabinet. Un conseiller technique du ministre s'étonna du procédé utilisé par le magistrat du siège.

— Mais que veut-il donc ?

— Sans doute de l'avancement.

À de tels comportements, il n'y avait point de parade. Il est nécessaire de proclamer l'égalité des citoyens, tant il est vrai que les hommes et les femmes n'en disposent pas naturellement. Chacun trouve en soi ses ressources. Elles ne sont pas identiques d'un individu à l'autre et l'on ne peut espérer une réaction unanime à des situations comparables. Quand il s'agit de Justice, le risque est fort que les défaillances individuelles affectent la réputation de tous.

« Père gardez-vous à gauche. Père gardez-vous à droite ! » Ainsi l'un de ses fils mettait-il en garde Jean II le Bon à la bataille de Poitiers. L'avertissement valait pour les magistrats de la Chancellerie. D'un côté il fallait résister aux tentations impérialistes d'un pouvoir politique relayé par le cabinet, de l'autre nos collègues de juridiction, dont la méfiance était réelle, n'étaient pas non plus nécessairement les premiers auxiliaires de notre résistance. Les hiérarchies intermédiaires n'arrangeaient rien. Douées pour l'interposition, elles laissaient parfois croire à une neutralité qui n'était que de façade. Un jour, dans l'urgence, soucieux de faire le point sur un dossier qui me paraissait lamentablement se traîner, j'avais directement appelé un procureur de la République de l'Ouest pour m'enquérir de l'état de la procédure :

— Vous le savez mieux que moi, me répondit ce dernier, puisque c'est vous qui l'avez.

Comme je ne l'avais pas, je pus en déduire que le procureur général se l'était fait communiquer en excipant de directives qu'il n'avait pas reçues. Sous une apparence de perpétuelle obéissance, les procureurs généraux, désormais nommés en Conseil des ministres ce qui les soumet étroitement aux politiques, disposent pourtant d'un pouvoir réel. Si certains donnent l'impression de n'être que des courroies de transmission, des facteurs de luxe, l'équation personnelle de quelques-uns, qu'ils la doivent à la brigue ou à l'intelligence, leur confère une influence singulière. Il est des légitimités qui ne doivent rien à l'ordre judiciaire. Je m'en aperçus lorsque je fus nommé par le garde des Sceaux, en 1980, à la tête du bureau de l'action publique auquel j'appartenais.

*
**

Sur ce choix, je me suis toujours interrogé, n'ayant pas la réputation d'être particulièrement conciliant. Contrairement aux usages, je n'avais pas été inscrit sur la liste d'aptitude, bien que remplissant alors les conditions d'ancienneté requises. Il m'avait été rapporté que le directeur des Affaires Criminelles et des Grâces dont je dépendais avait fait valoir que mon impétuosité commandait qu'on attende encore. Le même devait donc me supporter comme chef d'un bureau de sa direction et il y a fort à parier qu'il ne l'avait pas souhaité... À dire vrai, je suppose qu'une circulaire que je fus appelé à rédiger à cette époque a pu jouer un rôle prépondérant dans ma désignation.

La Cour de justice de Luxembourg avait condamné la législation de notre pays sur la publicité des produits alcooliques, l'estimant contraire au traité de Rome en raison des discriminations qu'elle entraînait entre les pays producteurs. Les pastis, vins doux et rhums étaient nettement mieux traités que les whiskies. Nous approchions de l'élection présidentielle et cette condamnation avait semé la panique tant notre législation était effectivement favorable aux produits nationaux au détriment de ceux venus d'ailleurs, d'Écosse notamment. Mais il fallait se plier aux injonctions de la Cour européenne et organiser leur application. Je le fis en juriste, en invitant les procureurs de la République, par voie de circulaire, à saisir le juge pénal de réquisitions tendant à apprécier, cas par cas, si le produit considéré tombait effectivement sous la prohibition des produits équivalents, ainsi que l'avait considéré la Cour. Il s'agissait chaque fois de déterminer si la boisson alcoolique dont la publicité était interdite était ou non comparable à une autre pour laquelle la publicité était autorisée. On ne pouvait l'interdire en faveur des whiskies, et admettre celle qui encourageait à consommer du rhum ou un pastis.

Avant de soumettre mon projet au cabinet du garde des Sceaux, je le montrai à l'un de mes collègues chargé de la législation pénale. Il était d'une sensibilité politique antagoniste de la majorité au pouvoir et me complimenta curieusement :

— C'est bien. Peut-être trop...

Il faut croire que le droit sert parfois la politique, quand il ne la dessert pas. À chacun sa loupe.

En cette fin de septennat présidentiel, ces problèmes viticoles me donnèrent l'occasion de constater leur importance. Il me fut enjoint de me rendre dans les services du Premier ministre pour une réunion qui était organisée sur l'importation des vins italiens en France. Les viticulteurs de la région Midi-Pyrénées en étaient exaspérés et le préfet de la région était présent. Le thème, dont je n'étais pas avisé, fut abordé. Il s'agissait de déterminer comment il était possible de s'opposer à de telles importations. Les représentants du ministère des Finances firent valoir que la réglementation européenne l'interdisait et que, passant outre, la France serait condamnée.

— Qu'importe, répondit le préfet, l'essentiel est que le Président soit réélu. S'il faut payer, de toute manière ce sera après l'élection.

Je restai béant, interloqué de cette vision que pouvait donner l'appareil d'État en faveur de son chef, sous le portrait duquel nous étions réunis. Cela me convainquit que souvent la raison d'État n'est qu'un leurre. Le magistrat auquel on l'oppose doit, chaque fois, s'interroger sur ce qu'elle sert les intérêts du pays ou de ses gouvernants.

De telles expériences ne pouvaient que m'inciter à la plus grande circonspection à l'égard de ceux qui exercent le pouvoir au sein de l'appareil judiciaire. Manifestement leur méfiance était égale à la mienne et le rôle qui m'était dévolu à la tête du bureau chargé des Affaires Financières, Économiques et Sociales ne pouvait que l'exciter. Le jour même où je fus désigné, je reçus pour instruction d'aller me présenter au procureur général de Paris. Cette exigence était singulière et me fit penser qu'il s'agissait du prix à payer pour une nomination à laquelle ce haut magistrat s'était opposé. Directeur des services judiciaires à ma sortie de l'École nationale de la magistrature, l'homme avait prospéré. D'une habileté accrue d'une intelligence remarquable, il avait su, à la tête du parquet général de Paris, asseoir une autorité sans faille sur l'ensemble des parquets de la cour d'appel, la première de France. Rien ne pouvait se faire sans lui.

Tel l'empereur d'Allemagne auprès du pape Grégoire VII, mais toutes proportions gardées, je me rendis à Canossa, dans la forme mais non pas dans l'esprit. L'entretien se déroula dans les meilleures conditions et sans doute le procureur général apporta-t-il un brin de malice à me vanter les magistrats de son entourage qu'il me présenta comme de « solides pointures ». Sachant qui ils étaient et ce dont ils étaient capables, je les tenais plutôt pour des « godillots ». L'un d'eux m'en avait donné un aperçu lors d'un stage que j'avais effectué au parquet de Paris, réputé pour sa rigidité hiérarchique. Comme je lui demandais quelle était la marge dont il disposait dans le règlement de ses dossiers de violences policières, il me désigna le papillon qui ornait celui que ce substitut avait sur son bureau. Il portait succinctement l'indication d'un non-lieu, avec la mention « faire court ». Interloqué, j'interrogeai ce magistrat sur l'intérêt d'une fonction réduite à de tels ordres.

— Je mets mon point d'honneur à rédiger mon réquisitoire le mieux possible, répondit-il, non sans humour.

Mais cet humour ne pouvait dissimuler que nous ne faisions pas le même métier.

Un an plus tard, la même démarche fut exigée de moi, quand, François Mitterrand ayant succédé à Valéry Giscard d'Estaing, un nouveau procureur général, Pierre Arpaillange, succéda à celui que j'avais dû précédemment visiter. Cela augurait mal d'une majorité qu'au ministère, sans esprit de parti, nombre de magistrats appelaient de leurs vœux, dans l'espérance d'un changement devenu nécessaire. L'approche des élections avait amplifié une tendance naturelle du cabinet à mettre les dossiers sous le boisseau. Quand il s'inscrit dans la durée, tout pouvoir tend au déclin par l'incapacité qu'il acquiert de se soustraire aux mauvaises habitudes qui l'y ont porté.

Si souvent le vin nouveau se distingue de la cuvée précédente, cela n'était pas le cas du procureur général nouvellement installé. L'intelligence et l'habileté étaient comparables et je compris rapidement que ses objectifs l'étaient aussi.

Seule la manière différait. Quand le précédent était affable, celui-ci, plus que susceptible, manifesta sans rondeur excessive qu'il n'avait d'autre ambition que de reprendre les pantoufles de son prédécesseur dans la conduite des grands dossiers financiers, ceux portant notamment sur des atteintes à la concurrence industrielle dont mon service s'était obstiné à modifier la trajectoire pour la rapprocher du droit. Depuis longtemps j'admirais ce magistrat, pourtant politique, qu'une majorité de gauche avait ramené au pouvoir après que la droite l'en eut écarté. Pour lui, j'avais souffert du sort que lui avaient réservé quelques-uns de ses pairs au cours de sa traversée du désert. Véritable maître de la Chancellerie quand il dirigeait le cabinet du garde des Sceaux, il avait été nommé à la Cour de cassation, comme simple conseiller. Ceux qui tremblaient naguère devant lui n'avaient plus à le craindre. Ils le lui firent bien voir. Alors qu'avec d'autres jeunes magistrats j'étais en stage à la Cour suprême en 1976, j'en fus le témoin médusé. Pour chaque dossier soumis à l'une des chambres de la Cour, un rapporteur est désigné parmi les conseillers. Il lui appartient de soumettre à ses collègues un projet de décision. Pierre Arpaillange siégeait à la chambre sociale ; son président, qui ne pouvait ignorer notre présence, l'invita à prendre place à son côté.

— Alors, que vous a-t-on donné à rapporter ? Ah oui, c'est facile. D'ailleurs on ne vous donne jamais que des choses faciles !

Dans cet univers policé l'humiliation était de taille. Elle me parut pourtant atteindre celui qui en était l'auteur plus que celui qui en était l'objet. Il est vrai que la Cour de cassation constituait pour le novice une rude école.

Une autre fois, à la 1re chambre civile, on venait d'installer, comme conseiller, l'ancien procureur général de Lyon. Ce n'était pas un petit magistrat. Comme le voulait la règle, pour chaque dossier, après que le rapporteur eut présenté son projet d'arrêt, le président de la chambre donnait à chacun la parole pour opiner, en commençant par le dernier nommé. Il se tourna donc vers l'ex-procureur général, naguère si puissant dans sa cour d'appel, comme s'il allait lui donner la parole, puis se ravisa.

— Non, pas vous. Vous venez d'arriver : vous n'y connaissez rien.

Dans les années 70, un rapport prometteur avait été diffusé sous le nom de Pierre Arpaillange, enthousiasmant bien des magistrats et d'autres encore qui s'intéressaient à la Justice. Le document laissait présager ce qu'il était permis d'attendre de l'institution judiciaire. Encore à la faculté de droit, j'en avais pris connaissance et, bien que ma vocation soit déjà affirmée, le texte ne pouvait que l'enrichir. Au moins ce passage qui, douze ans plus tard, me fut imposé sous les fourches caudines de la vanité du nouveau procureur général de Paris m'apprit-il que les hommes n'ont pas toujours le poids de leurs idées. Seul de tous les chefs de bureau, j'avais dû m'y plier par deux fois sous des majorités différentes. J'en sortis persuadé de l'importance du rôle des services, moteur d'une action qui trouvait un frein à la fois du côté du pouvoir exécutif et de celui que beaucoup s'obstinent à qualifier de pouvoir judiciaire. Avec ou sans qualificatif, le pouvoir n'a qu'un visage et toujours il est double.

Les premiers mois qui suivirent le changement de majorité le firent bien voir, quand la continuité progressivement s'installa. Quelque temps auparavant, j'avais violemment contrarié celui qui était alors le procureur général de Paris. Il avait soumis à la Chancellerie un projet de réquisitoire définitif tendant au renvoi devant le tribunal correctionnel d'une dizaine d'inculpés poursuivis pour escroquerie. Ils avaient, sous le nom de « Cœur Assistance », proposé aux personnes atteintes d'une affection cardiaque une couverture médicale qui n'existait que sur le papier. Le renvoi de tous était envisagé devant le tribunal correctionnel, dont un qui devait acquérir plus tard une célébrité sulfureuse. Un seul était exclu des poursuites, un médecin pour lequel il nous était proposé une décision de non-lieu, sans qu'en soit véritablement exposée la raison. Interloqué, j'appelai directement le responsable de la section financière du parquet de Paris avec lequel j'entretenais des relations particulièrement confiantes.

Il m'expliqua avoir proposé le renvoi de *tous* les inculpés au procureur général, qui l'avait contraint à modifier ses réquisitions pour y introduire un non-lieu en faveur d'un seul des protagonistes. Ainsi informé, je fis connaître au procureur général, au nom du garde des Sceaux, que le non-lieu ne me paraissait pas justifié et qu'il y avait lieu, comme pour les autres inculpés, de requérir le renvoi de son bénéficiaire devant le tribunal correctionnel. Quelques jours plus tard, le procureur général m'appela, ce qui était inhabituel pour un magistrat de ce rang et du mien.

— Vous me demandez de poursuivre ce médecin ? Quand il le saura, le garde des Sceaux ne sera pas content...

— J'ignorais qu'il fût informé de ce dossier. Je ne doute pas, s'il le souhaite, qu'il me fasse connaître ses instructions et, bien entendu, je m'y plierai.

La rumeur du palais m'apprit peu après que la colère du procureur général avait franchi les murs de son bureau. J'acquis la réputation de l'avoir fait plier. C'était le genre d'exploit qui valait autant de plaisir que d'opprobre. J'avoue celui-là, quand celui-ci me paraissait un compliment.

*
* *

La Gauche survint. Entre l'élection présidentielle et les élections législatives dont on prédisait à coup sûr qu'elles engendreraient une majorité nouvelle, le cabinet s'employa à vider les placards. Ces jours-là nous quittâmes la Chancellerie sous une pluie de cendres. Conformément à la tradition républicaine, Alain Peyrefitte, ministre sortant, ne voulait rien laisser de ses dossiers à celui qui devait lui succéder. Ce carnage de papier laissait espérer des jours nouveaux et déjà nous ressortions les dossiers pour lesquels nous n'avions pu obtenir le feu vert ministériel. Peu de temps s'écoula avant qu'il ne fallût déchanter. Déjà j'aurais dû m'en aviser lors d'un incident lié à l'élection législative proche. Un de mes collègues de la direction vint me trouver. Il venait de la part d'un autre magistrat qui présentait sa candidature à l'Assemblée nationale. Ce dernier était candidat à un siège que guignait un politicien avéré d'une tendance point trop éloignée de la sienne. Or cet adversaire était impliqué dans un dossier où figuraient de nombreux maçons et je n'avais pu obtenir du cabinet qu'il m'autorise à approuver leur renvoi devant le tribunal correctionnel.

Mon visiteur, pourtant magistrat, venait tout simplement me demander mon aide pour faire élire notre collègue. Elle aurait consisté à lui remettre le dossier ouvert à la Chancellerie sur cette affaire financière. Je marquai mon indignation de ce que l'on m'ait cru capable de me prêter à cette opération de basse police.

— Pour qui me prends-tu ? Je me sens humilié de ce que tu aies pu penser que j'allais accepter !

Mon interlocuteur protesta de sa bonne foi. Je m'étais mépris. Il ne fallait pas le prendre comme cela...

Dans la foulée, je me rendis auprès du sous-directeur de la justice criminelle auquel je fis part de cette invraisemblable intervention, lui précisant que désormais je conserverais ce dossier si utile dans mon bureau sous clef. Comme il me le demandait, je l'autorisai à en informer le directeur.

À son tour, un samedi qui suivit, celui-ci me fit demander un dossier. Au fils du directeur, son parti avait promis son investiture. Finalement, on lui avait préféré un autre candidat, dont le fils était impliqué dans un scandale financier. Naturellement, cette affaire était suivie par la Chancellerie comme le lait sur le feu. On allait bien voir de quel bois allait se chauffer le père du candidat évincé. Mon étonnement dut se lire sur mon visage d'un procédé si semblable à celui que j'avais peu avant dénoncé.

— Vous me désapprouvez ?

— Vous êtes le directeur. Je ne puis qu'obéir.

Il me rendit le dossier dans la matinée et, s'il tenta de l'utiliser, cela ne servit à rien. Pour le magistrat, qui tablait sur les fautes de son adversaire plus que sur ses propres mérites, il fut élu. Peu après, je le croisai devant le porche de la Chancellerie. Il vint vers moi comme si de rien n'était. J'en profitai pour lui rappeler la démarche qu'il avait commandée.

— Ce n'était pas possible, tu comprends bien. C'est une question d'éthique !

Il bredouilla un assentiment. Depuis lors, je n'ai jamais pu, sans rire, l'entendre évoquer la morale au titre de la Représentation nationale.

Autre temps, mœurs semblables. L'année 1981 nous avait pourtant dotés d'un nouveau directeur particulièrement estimable. Il l'était notamment pour la manière dont, dès sa nomination, il avait su prendre du recul. Depuis le discours de Valence où Paul Quilès appelait à couper les têtes qui ne pensaient pas à gauche, la mode ne semblait pas à la tolérance. Membre du syndicat de la magistrature, un jeune magistrat, que je recevais lors d'un stage à la Chancellerie, m'avait lancé, après mon exposé sur notre activité, que toutes les têtes n'étaient pas tombées. J'affectai de le prendre pour un compliment. N'est pas girouette qui peut ! Même un avocat, dont j'avais refusé de soutenir les intérêts, écrivit à mon propos dans une lettre destinée à mes supérieurs : « Le changement reste à faire. » Quelle désillusion ! Pour sa part, le nouveau directeur resta magistrat plus qu'il n'était socialiste et ce fut à son honneur. Ainsi refusa-t-il de sacrifier au système des dépouilles au sein de la direction dont il avait reçu la charge : il y préféra les usages, quand même la compétence pouvait justifier qu'il y dérogeât.

Toutefois l'année 1981 ne s'était pas écoulée que ce magistrat dont je me sentais si proche me fit venir pour évoquer un dossier. Il s'agissait d'une affaire financière. Un conseiller à la présidence de la République s'y intéressait et souhaitait que la procédure fût classée. Le directeur me demanda de signer le courrier qui devait déterminer le parquet à décider en ce sens. Je m'en étonnai et fis valoir que le changement de majorité ne semblait guère propice à la Justice.

— C'est la première fois que je vous demande une chose pareille en six mois.

— Certes, mais je ne croyais pas que ce fût possible.

— Que voulez-vous ? Ne le répétez pas : le pouvoir corrompt.

Prononcée sans cynisme, la formule confirmait ce que quelques dossiers déjà m'avaient fait pressentir. Une autre, venant d'un magistrat proche du parti socialiste, sans même que son auteur paraisse en percevoir la portée, balaya plus tard mes derniers doutes. Nous procédions amicalement à une comparaison de ce qu'avait apporté la gauche par rapport à ce qu'avait laissé la droite en 1981.

— Nous ne faisons pas plus mal qu'eux.

Je dus lui rappeler que, dans un premier temps, aussitôt après l'élection présidentielle, il m'avait affirmé :

— Nous ferons mieux qu'eux.

... Avant de me soutenir, peu après :

— Nous faisons aussi bien qu'eux.

Cette progression inversée ne pouvait que me conduire à un réalisme teinté de pessimisme. Il est vrai que d'autres exemples m'apportèrent la conviction que l'opposition offre plus d'occasions d'honnêteté que le pouvoir. Il s'agit moins de circonstances que d'opportunités.

Avant 1981, un célèbre avocat fréquentait parfois mon bureau, le seul dont l'occupant acceptait de le recevoir. Marqué à gauche, il était alors *persona non grata*. Nous échangions des propos sympathiques et je me régalais de ses bons mots dont la causticité ne l'épargnait pas même.

— Je suis la gauche en poil de chameau.

Côtoyant désormais le pouvoir, il prit de la distance. Je m'en rendis bien compte le jour où mon directeur m'appela pour me dire, sans aucune acidité, que cet avocat s'étonnait de mon opposition à une mesure qu'il souhaitait en faveur d'une société dont il était le conseil. À la qualification pénale d'abus de biens sociaux, qui impliquait les dirigeants de l'entreprise dans le procédé critiqué, il aurait préféré celle d'escroquerie qui les laissait indemnes de suspicion. D'auteurs, ils devenaient victimes de la disparition des fonds et cela changeait tout... L'enjeu était de taille mais le droit ne s'y prêtait pas, pas plus qu'un arrêt récemment rendu par la cour d'appel de Paris sur un autre aspect du dossier.

Saisi par le parquet général d'Aix-en-Provence d'un projet tendant à retenir la qualification d'escroquerie, j'avais conservé le dossier sous le coude. Cet avocat s'impatientait et l'avait fait savoir. Au directeur des Affaires Criminelles et des Grâces, je donnai mes raisons. Ce juriste le comprit mais, pour la forme, insista, me rapportant l'argument suprême qu'avait utilisé son interlocuteur pour le persuader :

— À quoi sert que le parti socialiste ait gagné les élections si je ne puis pas en profiter ?

Pantois, car j'avais de l'estime pour cet avocat, je refusai néanmoins de céder. J'acceptai seulement d'approuver la proposition du parquet général d'Aix-en-Provence en lui indiquant néanmoins mes réticences d'un point de vue juridique. Les liens qui m'unissaient au procureur général, le plus remarquable des magistrats que j'ai eu l'occasion de connaître, me permirent de décrypter verbalement les directives – comme parfois sibyllines – que j'allais lui adresser. Complètement informé et partageant mon analyse, le procureur général les répercuta sur le parquet concerné, qui finalement retint la qualification d'abus de biens sociaux. La manœuvre ne fut pas du goût de l'intéressé qui jugea utile de s'en plaindre directement au ministre. Mon directeur ayant quitté la Chancellerie, son successeur me fit appeler pour me raconter, hilare, la scène qu'il venait de vivre. L'avocat présent, le ministre l'avait interrogé, manifestement aiguillonné par celui-là. Ce fut sa dernière tentative. Il n'en sortit rien et l'affaire suivit un cours normal.

IV

UNE CULTURE DE SOUMISSION

De ses échecs, on se souvient davantage que de ses réus-
sites. Quelques-unes ont émaillé ces huit années passées au
ministère de la Justice, dans une subordination que j'avais
acceptée. Par respect du serment que j'avais prêté en qualité de magistrat et ne pouvais mettre entre parenthèses,
cette tutelle n'empêchait nullement que je m'insurge
contre les décisions qui me paraissaient à la fois contraires
au droit et aux nécessités démocratiques. Ainsi, sans trop y
croire, je tentais obstinément de faire obstacle à des volontés que même l'apparence ne pouvait justifier. Se soumettre ou se démettre, l'alternative exige plus de
détermination que je n'en disposais alors dans la fonction
que j'exerçais. La lâcheté trouve toujours le courage d'espérer et l'on reste parce que l'on se croit indispensable. Mais
notre présence ne sert que de caution et, le cas échéant,
nous range aux côtés des bourreaux. Sans aller jusque-là,
ma conscience n'est pas restée indemne de quelques renie-
ments.

En ce temps-là, il apparaissait déjà que la lutte contre la
corruption et tout ce qui lui ressemblait ou s'en inspirait

devait être intensifiée. L'affaire Boulin avait constitué un semblant d'avertissement. Qu'un ministre en exercice pût être conduit au suicide pour échapper au juge avait marqué l'opinion publique. Si le contexte politique engendrait un certain flou autour du dossier, il n'en reste pas moins qu'il était important qu'il ait été ouvert et conduit à son terme. Le garde des Sceaux sembla alors comprendre que son ministère recelait des explosifs. À chaque direction, il demanda d'établir la liste des dossiers les plus sensibles. Par nature, mon bureau en détenait un grand nombre. J'en choisis les plus sulfureux, au nombre de huit, exposant de la manière la plus synthétique la nature des faits et les noms des personnalités politiques qui y étaient exposées. Ces noms n'étaient inconnus de personne et la plupart avaient occupé d'importantes fonctions publiques, parmi les plus éminentes parfois. À ce que me raconta plus tard l'un de ses conseillers, le ministre fit des bonds.

— Encore faut-il le prouver !

J'ai regretté qu'il ne m'en ait point donné l'ordre qu'en vain j'avais déjà sollicité. Il aurait alors suffi que je puisse faire ouvrir les informations auxquelles son cabinet s'était opposé, sans que je puisse douter que le garde des Sceaux avait été consulté.

De droite à gauche la lecture est la même. Dans le Nord, un dossier de fraude fiscale éprouvait quelque peine à émerger. Les auteurs de l'infraction menaçaient, s'ils étaient poursuivis, de révéler les noms de tous ceux auxquels leur société avait fait des cadeaux. Je vis la liste. Elle était assez longue et touchait tous les partis. L'activité même de l'entreprise favorisait son éclectisme. Le change-

ment de majorité me fit découvrir ce dossier dont le parquet général s'était bien gardé de nous informer. J'en fis le
tour et soumis à mon directeur une note proposant au
cabinet l'ouverture d'une information sur ce qui paraissait
au moins pouvoir être qualifié de recel d'abus de biens
sociaux. Le directeur du cabinet me reçut, comme pour me
consoler par cette démarche tout à fait inhabituelle. Il
m'expliqua que des poursuites n'étaient pas possibles, suggérant que la décision était remontée jusqu'au Premier
ministre. Je dus m'incliner avec le sentiment que nous
avions perdu là une occasion d'enrayer un phénomène qui
ne pouvait que s'accroître. Au moins n'avais-je pas été
écarté du dossier. Ce ne fut pas toujours le cas. Par
exemple, un jour que je me rendais chez mon directeur, sa
secrétaire, pour me faire patienter, poussa vers moi quelques feuillets. Ils comportaient une facture d'imprimerie et
quelques pièces qui laissaient penser que, dans cette ville
du Sud-Ouest, un député avait eu recours à de fausses fac-
tures. Il était de si haute lignée que le dossier m'avait
échappé. Je n'en fus pas meurtri : à tout prendre, je préférais ne pas être mêlé à cette nouvelle turpitude. La procédure n'avait aucune chance d'aboutir et je trouvais
confortable de ne point m'y salir les mains.

Faute d'équilibrer la répression, le mieux était encore
d'installer une prévention efficace. En tous domaines, il
me semble que celle-ci est préférable à celle-là. Quand le
mal est fait, le préjudice est acquis et rien ne permettra
jamais de le réparer totalement. La prévention présente un
autre avantage, celui de légitimer la répression. Il est aisé de

condamner au nom de la loi mais si l'on veut que la décision soit également juste, encore faut-il que celui qui la subit ait reçu de la société tout ce qui, donné à d'autres, aurait pu l'écarter de la délinquance. Au rythme des alternances politiques, prévention et répression ont été considérées comme antagonistes. Elles sont complémentaires et la Justice ne peut trouver son équilibre que dans leur conjonction. Dans le domaine économique et financier, la prévention s'attache moins à l'auteur de l'infraction qu'aux mécanismes propres à décourager la tentation. À cet égard, l'institution des commissaires aux comptes semble particulièrement idoine.

À peine nommé à la Chancellerie, je fus chargé de préparer une circulaire sur la révélation des faits délictueux. Titulaire d'un mandat rémunéré donné par une entreprise pour garantir la régularité des comptes et leur sincérité, les commissaires aux comptes ont parallèlement, de par la loi, l'obligation de porter à la connaissance du parquet les faits délictueux dont ils ont pu se rendre compte dans le cadre de leur mission. Le risque est donc grand – et ne manque pas de se rencontrer – que le commissaire aux comptes doive dénoncer celui qui le paye ! Quelque ressource que l'on trouve en soi pour y résister, la tentation est forte, au moins pour quelques-uns, d'exercer un choix qui n'ira pas dans le sens de la loi. À cette résistance, l'obligation de révéler les faits délictueux pouvait aider, dès lors que sa violation était pénalement sanctionnée. Un questionnaire avait été adressé à l'ensemble des parquets, dont l'exploitation montra que la plupart ne s'y intéressaient guère. Répondant à la suggestion du président de la Compagnie nationale des commissaires aux comptes, ils se montrèrent favorables à une application complaisante de cette obligation, laissant pour l'essentiel aux intéressés le soin d'apprécier ce qu'il convenait de révéler. Je commençai de rédiger un projet de circulaire en ce sens. Au fur et à mesure que j'avançais, je compris que je m'égarais et privais ainsi la loi de toute chance d'efficacité.

Ce n'est pas le mandat qui fait le commissaire aux comptes mais bien la loi qui oblige un certain nombre d'entreprises ou d'associations à s'en doter. Par rapport à la loi, le mandat n'est que subsidiaire. Ils ne sauraient donc exciper de celui-ci pour se soustraire à une obligation légale qu'ils ont acceptée. Confiée à un praticien installé au cœur des comptes de l'entreprise, la révélation permet aux pouvoirs publics d'être informés en temps utile des risques économiques qu'elle court, comme de ceux qu'elle pourrait faire courir à ses fournisseurs. Les réactions économiques sont souvent en chaîne et il importe de rompre celle-ci aussi rapidement qu'il est possible. Il m'apparut dès lors qu'il n'y avait d'autre solution que de prescrire aux parquets d'engager activement des poursuites contre les commissaires aux comptes défaillants. Mon projet fut adopté et ce fut un tollé dans la profession.

Comme souvent, les directives données à un trop grand nombre de personnes engendrent une extrême rigidité. Obéissant, la plupart des procureurs s'engagèrent dans la voie qui leur avait été tracée avec d'autant plus de rigueur que beaucoup n'avaient jusque-là prêté que peu d'attention aux textes qu'il leur était demandé d'appliquer. Cela ne se fit pas sans accroc. Le responsable d'une section financière dans un parquet périphérique provoqua une large émotion au cours d'un colloque en s'écriant :

— Je suis la foudre et la foudre va s'abattre sur vous !

Traumatisés par les conséquences de ce qu'ils avaient imprudemment déclenché, les responsables de la profession n'étaient plus de taille à endiguer la marée. Le risque enflait que, tétanisés, les commissaires aux comptes ne se livrent à des révélations à tout va pour éviter des poursuites pénales. Une information insuffisante du Ministère public constitue un danger. Des révélations excessives en comportaient un autre : celui de les priver de sens.

Le président de la Compagnie régionale de Paris me demanda un rendez-vous. Il m'apprit plus tard qu'il était venu animé d'intentions belliqueuses, chauffé à blanc par ses confrères qui me présentaient habituellement comme assoiffé de leur sang. L'entretien se déroula dans les conditions les plus cordiales et nous convînmes de ce qu'il était sans doute nécessaire de calmer les esprits, de part et d'autre. Nous nous y employâmes pendant plusieurs mois, participant côte à côte à de multiples réunions. Le goût que nous avions d'une économie trouvant son équilibre hors de la fraude nous permit de défendre, chacun de son point de vue, un dispositif ramené à l'essentiel. Une profonde amitié naquit de cette vision partagée. Elle ne pouvait suffire – ni lui ni moi ne l'aurions voulu – à me faire renoncer à la circulaire qui suscitait tant d'émotion. Ce retrait n'aurait pas été compris, sinon comme l'abandon de fait d'une mesure qui restait indispensable à la lutte contre la délinquance dans l'entreprise. Un moyen terme fut adopté. Le Conseil national des commissaires aux comptes émit une recommandation qu'ensemble nous avions rédigée, en discutant chaque mot. Elle pondérait, en les précisant, les termes de l'obligation légale de révélation. Le texte fut soumis à la Chancellerie qui, par une simple lettre, fit connaître qu'elle l'approuvait. Toujours en vigueur, cette recommandation reste le point d'ancrage d'un dispositif qui tend à réduire la délinquance économique et financière. J'en tire quelque fierté.

*
* *

Un des travers du ministère est que les professions judiciaires sur lesquelles nous avons autorité y invitent beaucoup. Les lieux sont généralement bien choisis et offrent aux magistrats, nettement moins rémunérés que leurs commensaux, des découvertes gastronomiques dont ils n'auraient pas les moyens. À une époque où je poussais activement les feux pour que les malversations commises par les syndics chargés des procédures collectives soient poursuivies avec rigueur, je fus invité par leur association nationale à un congrès à Vienne. Tout était payé, il n'y manquait que de l'argent de poche. Ces journées d'études en Autriche étaient suivies d'un « post-congrès » en Hongrie. Je fus heureux de ne point avoir accepté lorsque j'appris que le directeur des Affaires Civiles et du Sceau, à peine débarqué, s'était entendu rappeler des aspirations tarifaires que les responsables de l'association avaient déjà formulées. Cette sorte d'élégance n'est pas si rare. Plus tard, l'un des directeurs des Affaires Civiles s'en était inquiété. Il posa comme règle que les magistrats de sa direction ne devraient accepter d'invitation que si leur présence dans les congrès était utile. Elle serait alors prise en charge par le ministère. C'était une règle de précaution. Elle n'était pas inutile quand les magistrats doivent, par obligation, se frotter à des professionnels aux yeux desquels leur traitement paraîtrait un pourboire. Devenu procureur de la république à Paris, cet ancien directeur des Affaires Criminelles avait été invité à dîner dans l'hôtel particulier du président du tribunal de commerce. Lui possédait un pavillon dans la région parisienne.

— Allez-vous lui rendre son invitation ?

— Bien entendu ! Il n'a pas craint de me montrer sa richesse ; je n'ai pas de raison de lui cacher ma pauvreté.

D'autres magistrats furent moins heureux dans leurs choix. Ils se brûlèrent les ailes aux lueurs des paillettes. En vérité, ils n'avaient pas choisi la fonction, seulement ce qu'elle pouvait apporter à celui qui l'exerce. Erreur de *casting* sans doute.

La même tentation se retrouve dans les juridictions. Les différentes professions placées sous l'autorité du Ministère public, du moins sous son contrôle, dépendent également des magistrats du siège qui peuvent être appelés à statuer dans des poursuites, disciplinaires ou pénales, les concernant. On pourrait en déduire que, pour éviter tout risque d'interprétation fallacieuse, les relations entre les unes et les autres sont réduites à des rapports institutionnels. Chaque année pourtant, des réceptions les réunissent dans des endroits qui ne suent pas la misère, autour de buffets qui n'ont rien de frugal. Sans compter divers congrès et colloques où se pressent en masse, à peu de frais, de nombreux représentants du monde judiciaire qui n'ont pas toujours le prétexte d'y apporter leur expérience. Cela nous vaut généralement une sordide réputation de pique-assiettes. Cela offre aussi de bons moments. Ainsi, lors du déjeuner annuel d'une importante chambre des notaires, me trouvai-je assis entre deux de ses responsables. Avant même que les hors-d'œuvre n'aient été servis, ils se lancèrent, dans un lamento propre à émouvoir les cœurs les plus coriaces, sur la misère de leur profession. Le premier plat marqua la différence. Je contemplai narquoisement la langouste, avant de me retourner vers eux :

— Sinon, que nous auriez-vous donné ?

Ce qui vaut globalement pour les professions judiciaires vaut aussi pour la nuée d'experts dont les listes sont chaque année renouvelées. La confusion est encore plus grande. Elle résulte de ce que les magistrats désignent « leurs » experts et arbitrent les émoluments qui leur sont payés sur fonds publics. L'importance des frais de justice exige que l'on ne puisse suspecter les magistrats qui les engagent d'en bénéficier par l'intermédiaire de ceux qui les perçoivent. Il est déjà bien suffisant que la rémunération de l'expert, dont on connaît l'importance dans le processus judiciaire, puisse dépendre du magistrat qui le désigne. Alors, indépendant par devoir, l'expert peut être conduit, s'il s'en écarte, à dévoyer ses conclusions pour plaire, sinon au juge, au moins à la conception que celui-ci s'est forgée du dossier qu'il instruit. Ainsi, dans une affaire de faux certificats médicaux, un expert fut désigné pour examiner l'ordinateur de celle qui paraissait en avoir bénéficié. La mesure n'était pas indispensable mais elle permit d'en extraire quelques photographies intimes. Reproduites dans le rapport de l'expert, elles étaient directement accessibles à l'ensemble des parties et permirent de discréditer dans la presse celle qui, dans un dossier parallèle, se posait en victime d'une agression sexuelle. Aux yeux des goujats, ces images ne pouvaient qu'affaiblir les accusations portées par une personne dont la vie privée n'était pas irréprochable... Je m'en étonnai auprès de l'expert : il se réfugia derrière le juge pour s'en justifier. Ses honoraires n'étaient pas minces. Rien à voir avec un salaire de femme de ménage mais, à sa différence, il ne laissait pas la place nette. À qui le reprocher ? À l'injustice sans doute. On préférerait s'en tenir là, sans soupçonner rien d'autre.

La Justice a toujours quelque chose à vendre et ce ne sont pas seulement des indulgences. C'est à la demande des banques que fut examinée l'opportunité de dépénaliser les émissions de chèques sans provision. À dire vrai, je croyais de prime abord qu'il n'y avait d'intérêt que pour l'autorité judiciaire qui succombait sous le nombre. Contentieux de masse par excellence, les chèques sans provision ne pouvaient plus être traités correctement. D'un point de vue politique, il paraissait difficile à un gouvernement issu d'une majorité de gauche de dépénaliser les chèques. Une fois de plus, on allait crier au laxisme. Aussi n'ai-je pu qu'être stupéfait de la virulence des représentants des grandes banques nationales à nos réunions quand elle tendait à retirer du code pénal cette infraction. Les débats mêmes furent houleux. Il me fallut quelque temps pour comprendre que l'inflation de chèques sans provision qui allait suivre préparait l'avènement de la carte bancaire. Souvent les plus belles fleurs poussent dans les cimetières...

Mon étonnement fut tout aussi grand sous le gouvernement d'Édith Cresson, lorsque je fus désigné pour réfléchir à l'allégement du code pénal des sociétés. Les chefs d'entreprise et les magistrats y étaient plutôt favorables, tant il est évident que bien des infractions n'avaient que peu d'intérêt. Il suffisait d'en conserver un petit nombre, celles servant à réprimer des comportements réellement frauduleux. Pour les autres, il pouvait être envisagé des sanctions civiles susceptibles d'être prononcées par les juridictions commerciales, éventuellement à la requête du Ministère public. Ainsi pouvait-on échafauder tout un système dans lequel le parquet aurait eu la possibilité de requérir que les dirigeants fautifs soient écartés de l'entreprise. L'hostilité à ce projet, puis son échec, vint d'abord de ceux qui cumulaient les fonctions de juge consulaire et la profession de banquier.

Pour être adaptée aux évolutions, notre législation devrait être régulièrement révisée. On peut même s'étonner de ce que, dans un pays où la primauté du suffrage universel ressortit au dogme, le juge conserve le pouvoir de créer la loi sans que le législateur intervienne. Lorsque la jurisprudence modifie sensiblement un texte ou même crée le droit à partir d'un fait, il me semble qu'il serait plus conforme à l'esprit de nos institutions que le Parlement en soit saisi pour avoir le dernier mot. Pour ne citer qu'elles, les avancées liées aux progrès de la science, en matière de procréation notamment, m'ont toujours paru nécessiter un débat législatif. Il est vrai que la faculté donnée au Conseil constitutionnel de censurer le législateur ouvre la porte au pouvoir des juges. Peut-être la Constitution mériterait-elle d'être modifiée sur ce point. Il suffirait d'y introduire une disposition conduisant le législateur à statuer, en dernière lecture, après avoir été informé de la décision du Conseil. Son vote l'emporterait sur celle-ci.

La question reste suspendue à la volonté du législateur d'accompagner les évolutions indispensables. On le voit bien en matière d'usage de stupéfiants, que condamne la loi de 1970. Il suffit d'ouvrir les yeux pour constater combien cet usage s'est répandu, dans les établissements scolaires notamment. Pourtant la loi n'a pas changé, en dépit des promesses faites d'en saisir le Parlement. Mais le danger est grand, car les élus ne savent pas ce que veut l'opinion publique. Alors ils préfèrent laisser au Ministère public le soin d'appliquer ou d'ignorer la loi. Pour des raisons identiques, longtemps l'euthanasie a paru loin des préoccupations politiques. Les élus ne s'en sont emparés que récemment, et plutôt timidement. Pour ce motif, un médecin fut naguère relaxé dans l'action disciplinaire dirigée contre lui. Une discussion publique s'ouvrit et l'on pouvait s'attendre à ce que le Parlement soit appelé à débattre d'un tel problème. Un ministre en exercice publia pourtant qu'il fallait laisser en l'état la décision du conseil régional de l'ordre des médecins.

De même, quand, contre la nature, une personne revendique que soit consacré le sexe qui lui convient, il ne lui reste que le juge pour y parvenir. Encore son intervention devra-t-elle se limiter à modifier le prénom de l'intéressé, le masculinisant ou le féminisant selon le cas, dès lors que le tribunal aura vérifié que cela correspond effectivement à sa personnalité. Changer un homme en femme? Il n'y a que le juge pour l'oser, dans l'indifférence prudente de ceux qui, ayant à faire la loi, préfèrent s'en tenir à des sujets moins brûlants.

L'expérience montre que bien peu suffit à écarter les évolutions qui paraissent indispensables. La réflexion qui avait été conduite, après 1981, sur le traitement de différents contentieux de masse en administre la preuve. Pour nombre d'infractions, le constat était fait que l'intervention de l'administration était prédominante, sinon préalable. Ainsi en était-il des fraudes fiscales, comme de l'urbanisme notamment. À l'initiative de la Chancellerie, un groupe de travail fut constitué sous la présidence d'un conseiller d'État. J'y fus désigné et nous réussîmes à nous mettre d'accord. Plutôt que de porter ces infractions devant le juge pénal, il serait demandé à l'administration compétente de sanctionner, par l'amende ou une mesure réelle, les manquements à la règle. Le juge ne serait saisi que sur recours de l'auteur de l'infraction contre la sanction imposée. Après tout, le système n'était guère différent de celui qui se pratique en matière de contravention aux règles du stationnement. Le paiement d'une amende forfaitaire éteint l'action publique sur la constatation effectuée par les services de police, à moins que le contrevenant ne s'y refuse et réclame de porter le dossier devant le juge. Une épineuse question subsistait : le cas échéant, qui serait le juge ? En tant que commissaire du gouvernement, je me rendis devant la section de l'Intérieur du Conseil d'État où j'eus à soutenir ce projet. Je plaidais que, s'agissant, par nature, d'un contentieux ressortissant au domaine pénal, le juge judiciaire était compétent. Tel ne fut point l'avis des magistrats administratifs. Ils estimèrent que, s'agissant d'un recours contre une décision de l'administration, il leur appartenait d'en connaître. Nul ne voulut céder et l'on en resta là, à mon profond regret.

J'avais été plus heureux lorsque j'avais été appelé à participer aux travaux que le Conseil de l'Europe avait consacrés aux enlèvements avec demande de rançon. Ma désignation était liée à l'approche qui avait été privilégiée pour tenter d'enrayer un phénomène qui, dans les années soixante-quinze, tendait à se développer, surtout en Italie. L'hypothèse était que l'on pouvait y parvenir en s'attaquant aux facilités dont pouvaient bénéficier les ravisseurs pour blanchir la rançon. Notre groupe de travail réunissait les représentants de quelques États dont le système bancaire offrait de grandes facilités, la Suisse et le Luxembourg notamment. Il était présidé par un magistrat italien de talent qui fut malheureusement appelé à de hautes fonctions à Rome peu après. La qualité du travail s'en ressentit quand nous dûmes aborder la douloureuse question de l'ouverture des coffres-forts. Représentant des pays qui n'y avaient aucun intérêt, sauf à prendre un risque économique, les experts se battirent bec et ongles, surtout ceux de la Confédération helvétique. En face, les intérêts des victimes d'enlèvement paraissaient avoir peu de poids. La diplomatie n'est pas mon fort et je menais parfois la charge avec une vigueur qui provoqua quelque émoi. Souvent les tensions furent fortes mais je tins bon. Des accrochages se produisirent, avec l'expert suisse notamment, arc-bouté sur son secret bancaire, la légendaire inviolabilité de ses coffres-forts. Le président italien lui-même s'agaça de mes interventions répétées et le manifesta. J'affectai de m'en offusquer et, pendant deux bonnes heures, m'absorbai dans la contemplation du plafond, mon oreille restant toutefois attentive. Il n'y résista pas.

— Qu'en pense le représentant français ?

— Parce que cela vous intéresse, maintenant ?

Dans ces sortes de réunion, les pauses présentent un intérêt majeur et ceux qui, en séance, s'opposaient fermement à mes propositions, venaient parfois me conforter dans ma résistance. Plus mièvre que je ne l'avais souhaitée, la résolution qui fut adoptée me consola. Elle conduisit à entrebâiller les coffres-forts, singulière avancée au regard des enjeux considérés. Elle consistait à obliger les banquiers à vérifier l'identité des déposants. Les ravisseurs pouvaient trembler.

*
* *

La richesse de ces expériences ne pouvait me lasser du travail qui m'était confié mais j'avais atteint le seuil, et même l'avais dépassé, où je pouvais prétendre à franchir la première étape de ma carrière professionnelle. Le paradoxe était que je pouvais, au nom du garde des Sceaux, donner des directives à des procureurs généraux d'un grade que j'étais loin d'avoir atteint. Il semble que quelques-uns s'en soient plaints. Ils jugeaient ma férule un peu lourde, ce qui ne les empêchait nullement, s'exagérant mon pouvoir, de venir pleurer dans mon giron de ce qu'ils n'avaient pas obtenu le poste qu'ils souhaitaient. Moment grandiose que celui où, affecté outre-mer, un procureur général vint, lors de ses congés d'été, m'expliquer que son éloignement lui coûtait cher. Il avait une propriété en Bourgogne qu'il devait faire garder par deux chiens et ces bêtes-là mangeaient beaucoup. La simple humanité me conduisit à compatir, répondant que, si j'avais eu quelque influence, c'est bien volontiers que je l'aurais utilisée pour l'aider. En mon for intérieur, je songeai surtout que ce magistrat manquait de pudeur de s'adresser à moi qui n'en pouvais mais.

Faute de pouvoir obtenir une promotion sur place, dont je sentais bien que nul ne songeait à me l'offrir, il était

123

temps que je regagne la province et ses juridictions. Peut-être avais-je par trop négligé la maxime de François de La Rochefoucauld : « Il faut que les jeunes gens qui entrent dans le monde soient honteux ou étourdis : un air capable et composé se tourne d'ordinaire en impertinence. »

Il est vrai que j'avais beaucoup résisté et pas seulement aux tentatives d'enterrement des dossiers. Il est toujours plus délicat de se battre afin d'éviter que ceux qui le peuvent ne se servent pas de la Justice à des fins particulières. Par exemple, pour mettre à mal une personne à laquelle ils sont opposés. Le droit n'est alors qu'un prétexte. Un parquet suggéra que soient exercées des poursuites contre un parlementaire qui, dans le cadre d'une chronique hebdomadaire, ne négligeait guère les occasions de tremper sa plume dans le vinaigre contre le gouvernement en place. Il lui était reproché d'avoir abusé des biens de l'entreprise familiale dont il était le gérant. Sitôt découverte, l'infraction avait été régularisée par celui qui en était responsable. Je m'étonnai de ce qu'on nous proposât des poursuites et appelai le magistrat qui semblait en porter l'initiative au parquet. Il m'informa de ce qu'il avait envisagé un classement de la procédure mais avait reçu du procureur général l'ordre de conclure au renvoi devant le tribunal correctionnel. Je préparai néanmoins une note pour le cabinet en faisant valoir que, dans de telles conditions, la pratique portait à ne pas poursuivre, précisant que, s'agissant d'un homme politique hostile au gouvernement, la décision pourrait être considérée comme partisane. Je recommandai donc un classement sans suite mais ne fus pas suivi par le cabinet. Cette sorte d'occasion n'est pas la meilleure pour se faire apprécier.

Une autre me fut donnée, que je ne sus pas mieux saisir. Cette fois-là il ne s'agissait pas d'opportunité mais, plus simplement, de la conviction que les charges n'étaient pas suffisantes. À la personne mise en cause, parlementaire qui avait appartenu à l'ancienne majorité, il était reproché d'avoir frauduleusement facilité, grâce à ses fonctions au sein de l'administration pénitentiaire, la libération médicale d'un dangereux condamné. Le sujet était manifestement « sensible » et je reçus l'ordre de rendre rapidement mes conclusions dans le dossier que me transmit le cabinet. Cela fut vite fait car le projet de réquisitoire définitif de renvoi devant le tribunal correctionnel me parut étrangement vide. Avant de conclure, le connaissant bien et le respectant, pour assurer mon jugement, j'appelai le procureur qui avait rédigé cet acte. Je lui indiquai qu'à mon sens il n'y avait de choix qu'entre une décision de non-lieu et le renvoi du dossier au juge d'instruction pour poursuivre ses recherches. Il me répondit que le procureur général tenait beaucoup à la solution proposée. Ce magistrat était en vacances et je ne pouvais le joindre. Peu de temps passa avant qu'il ne m'appelât lui-même d'une cabine téléphonique. Je lui fis valoir mes arguments ; il m'opposa les siens, qui ne pouvaient être de nature à me convaincre. Le tour fait, j'informai le conseiller du ministre de mes conclusions : le non-lieu ou la poursuite de l'information. Le conseiller demanda à me voir et pendant deux heures je lui détaillai ma vision du dossier. Le lendemain, il me fit connaître qu'il avait rapporté mes observations au ministre mais que le procureur général avait appelé celui-ci et emporté son approbation du réquisitoire reçu. Je préparai donc un courrier en ce sens, que je transmis au cabinet pour signature. La décision prise me semblait éminemment politique. Elle ne pouvait paraître émaner des services. Il revenait au cabinet de l'endosser. Le tribunal correctionnel ainsi saisi prononça une relaxe dont il ne fut pas interjeté appel. Il n'est pas nécessairement bon d'avoir raison, mais j'aurais rougi de prêter mon concours à ce qui me semblait ressortir à une injustice flagrante.

Parfois, des auditeurs de justice en stage juridictionnel me paraissent d'une telle qualité que je souffre pour eux, et l'avenir qu'ils représentent, de leur propension à se plier aux injonctions les plus discutables. Lorsque la réflexion s'écarte de l'exercice de nos fonctions, les conventions souvent tiennent lieu de règles. Encore que manifestement ils n'en pensent pas moins, je les vois faire le dos rond, acceptant sans frémir de suivre des indications dont le seul mérite est de leur être données par des magistrats qui vont les noter. Aux meilleurs je prêche la rébellion, au moins la résistancc, sans jamais le moindre succès.

— Le magistrat se caractérise d'abord par sa conscience, point par l'obéissance.

Le plus souvent l'excuse est la même, pauvre et affligeante. Rares sont ceux qui disposent de cette ossature morale chère à Saint-John Perse, le poète des *Vents*.

— Nous verrons quand j'aurai été nommé. Magistrat, je ferai comme je l'entendrai. En attendant...

Certes cette morale a ses mérites. J'ai beau leur remontrer que les habitudes acquises du temps de la jeunesse ne se perdent pas si facilement et que, entrés courbés dans la carrière ils ont peu d'espoir de s'y redresser, rien n'y fait. La carotte leur fait accepter le bâton.

Il est vrai qu'autour d'eux les exemples ne manquent pas de la rentabilité d'une telle ascèse, tant l'histoire de la magistrature paraît s'inscrire dans la soumission. Ce n'est pas nécessairement le fait des plus médiocres. Toujours celui des plus ambitieux, ceux dont l'appétit qu'ils ont d'eux-mêmes ne s'embarrasse d'aucune pudeur. Il ne s'agit pas même de faire semblant. L'un de ces magistrats fut un jour reçu par le directeur des Affaires Criminelles qui, peu auparavant, avait exprimé ses vues lors d'une session de formation organisée par l'École nationale de la magistrature. Ce Rastignac y avait assisté et, pénétrant dans le bureau, ne put s'empêcher de débiter quelques pâles flagorneries. Le directeur parut apprécier.

— Comme il est gentil !

Venant derrière lui, je me tournai vers son supérieur hiérarchique qui l'avait accompagné.

— Pourvu qu'il soit sincère !

La serviette qu'il tenait à la main et dans laquelle il plongea lui servit à dissimuler sa gêne. Elle ne pouvait en faire autant du rire qui nous secouait. Il est vrai que cette même intervention du directeur auprès de quelques magistrats du parquet lui avait valu d'autres manifestations d'admiration béate. L'un d'eux, à peine rentré dans sa province, avait rédigé un bristol sur lequel il avait couché la sienne, s'extasiant des propos recueillis, comme du profit qu'il en avait aussitôt retiré par des directives données aux officiers de police judiciaire de sa circonscription. Point dupe, le directeur me montra le poulet. À notre tour, nous fûmes saisis d'admiration. Il irait loin... Comme l'autre, il est devenu procureur général.

De tels exemples ne pouvaient m'en donner le goût. Au contraire, ils m'inscrivirent durablement dans la convic-

127

tion que l'essentiel était de servir, non de servir son ambition. Un tel culte ne peut que conduire à cette soumission
qu'il m'est publiquement arrivé de dénoncer comme la
culture dominante du corps judiciaire. La formule fit
mouche, sans emporter une adhésion unanime. À cette
époque, j'étais à Valenciennes. Le lendemain de l'émission
télévisée, « La Marche du siècle », où j'avais tenu ce propos, une de mes collègues s'approcha :

— Souvent je partage vos opinions, mais là, ce n'est pas
le cas. Il est faux de soutenir que nous ayons une culture de
soumission.

Je l'aimais bien. Elle paraissait sincère et ne constituait
sans doute pas le meilleur exemple de ce que j'avais soutenu. La conversation dériva sur une décision prise par le
premier président de la cour d'appel de Douai. Il avait été
nécessaire de déléguer un juge de Valenciennes à Avesnes-
sur-Helpe, autre juridiction du Nord, pour combler
momentanément un poste vacant. Ma collègue s'indignait
d'avoir été désignée quand il apparaissait qu'un autre juge,
résidant plus près d'Avesnes-sur-Helpe, aurait eu moins de
chemin à faire.

— Vous l'avez dit au premier président ?
— Non, bien sûr.
— Mais pourquoi ?
— C'est le premier président !

Il me fut inutile de conclure. Je vis dans ses yeux qu'elle-
même y avait pourvu. Si cela ne relevait pas d'une culture
de soumission, qu'était-ce donc ?

V

DES EAUX TROUBLES EN SAVOIE

Ce n'est rien d'avoir de l'ambition, encore faut-il disposer des moyens de la satisfaire. La mienne pouvait attendre.
Le poste de procureur de la République à Chambéry me
fut proposé. Je l'acceptai, ce qui me valut d'être pris à partie par une association professionnelle de magistrats. Elle
anticipait de peu le changement de majorité politique qui
se préparait. Ce syndicat d'intérêts suggéra, dans un article
intitulé « La course aux abris », que j'allais en chercher un
dans un poste rendu plaisant par la proximité des Alpes. Il
est rare que je réagisse à la stupidité, la considérant comme
un mal naturel. Là, je crus nécessaire d'écrire au directeur
de la publication de cet organe, lui rappelant combien sa
perception des nominations prévues était à géométrie
variable. Décidément, il n'y a que les vieilles putains pour
bien faire la morale. Peut-être nos robes facilitent-elles
l'amalgame.

Le corps judiciaire, qui aime à tout propos se draper
dans son indépendance, ne craint pas de l'aliéner. Au gré
des changements politiques, souvent il oscille et, comme la
girouette, tourne au gré du vent. L'année 1981 m'en parut

un triste exemple et l'on vit, après l'élection de François Mitterrand, renaître le syndicat de la magistrature. Progressivement, bien des adhérents l'avaient quitté. Il ne faisait pas bon être un juge rouge sous la Droite. Lorsqu'elle perdit le pouvoir, les prudents revinrent, les lâches les accompagnaient. À ma grande surprise, ce syndicat ne fit pas même mine de s'en émouvoir. Il accueillit les renégats. Tout fait nombre quand l'influence d'un syndicat se mesure moins à ses idées qu'à la profusion de ses adhérents. De celui-ci, j'avais toujours été proche et seul mon individualisme m'en avait écarté; je ne pouvais m'accommoder des principes de démocratie interne qui souvent brisent les élans en les enfermant dans une prudente médiocrité. Pour toujours je renonçai à soumettre mes convictions personnelles à la facilité du groupe. Il protège sans doute, en même temps qu'il étouffe. Je voulais être libre de remplir mes fonctions sans les inféoder à des approches politiciennes. La Justice ne saurait dépendre de l'instant.

Parisien depuis huit ans, je me réjouissais de transporter ma famille dans une région aussi belle de vallées enserrées entre les montagnes. Un paysage apaisant après ces années d'une vie trépidante. Le hasard avait voulu qu'une de mes dernières décisions à la Chancellerie ait concerné la juridiction dans laquelle j'allais être nommé. Le parquet général, relatant des détournements imputables à un avocat local, avait proposé de ne pas exercer de poursuites. Cela m'avait paru inadmissible et, en toute hypothèse, à rebours de la politique que nous avions arrêtée. Dès lors je donnai des instructions au procureur général, dont je savais déjà que j'allais me trouver sous son autorité, pour lui enjoindre de faire ouvrir une information contre cet auxiliaire de justice. Le bâtonnier de l'ordre des avocats à Chambéry fit, au ministère, une démarche singulière, en faveur de son confrère. Trop occupé pour le recevoir, le directeur des Affaires Criminelles le renvoya vers moi. Il tenta de me fléchir, suggérant notamment que les poursuites dont il était informé pourraient gêner la magistrature locale. Son confrère, qui faisait de la politique, recevait beaucoup, des magistrats notamment. L'insinuation était de taille. Peut-être avait-elle convaincu le procureur général. Le corps judiciaire déteste le scandale qui pourrait l'éclabousser, serait-ce sans véritable raison. Elle n'était point faite pour me dissuader de poursuivre cet avocat malhonnête. Lorsque ses détournements avaient été découverts, il avait pris la fuite. À l'entreprenant bâtonnier, j'indiquai qu'un classement de la procédure était exclu. En revanche, pour montrer ma considération à l'ordre qu'il représentait, je laisserais à son confrère l'initiative de se présenter spontanément avant qu'on aille le chercher. Lors de l'entrevue que j'eus avec le procureur auquel je succédai, je compris que nul n'avait songé à l'informer. Le dossier avait été exclusivement traité par le parquet général, auquel je fis valoir que je n'apprécierais pas que cela se reproduise avec moi. J'ai toujours été plutôt chatouilleux sur le respect de mes attributions, à l'intérieur comme à l'extérieur de l'institution. Le mieux était de le faire valoir d'entrée.

Le rapport des forces avait changé : en situation de donner des directives, j'étais en passe d'en recevoir. Il fallait donc que tout soit clair et je l'exprimai dans le discours que je fis lors de mon installation publique, rappelant quelles étaient les attributions respectives du procureur de la République et celles du procureur général. On me fit savoir que mon prédécesseur arpentait volontiers les couloirs pour se rendre, de l'autre côté du bâtiment, dans les bureaux occupés par le parquet général. L'allégeance n'est pas mon fort et je ne m'y rendais qu'autant que cela me paraissait nécessaire. On s'étonna même de ce que je n'ouvrais pas personnellement les courriers venus du parquet général, marque de dévotion que l'on aurait appréciée. La suffisance dans l'insuffisance... comme disait Talleyrand. Je répondis que ma secrétaire faisait parfaitement l'affaire.

Tous les deux ans, chaque magistrat est noté par son supérieur hiérarchique ; il revient à celui-ci de porter une appréciation, d'une part sur l'activité de son subordonné au cours de la période écoulée, en détaillant défauts et qualités, sur ses capacités à exercer des fonctions supérieures d'autre part. C'est l'heure terrible où tant de ceux qui font trembler les justiciables tremblent à leur tour. À cet exercice, souvent la hiérarchie épuise son talent. Un premier président de cour d'appel n'avait pas craint d'exposer le sien à propos d'une jeune collègue : « Bien que célibataire, écrivait-il, elle mène une vie privée irréprochable. » On voit bien que parfois les appréciations révèlent davantage celui qui les porte que celui qui les reçoit. Des observations peuvent être faites. Encore trop rares sont ceux qui l'osent. Culture de soumission...

À la première occasion, mes notes baissèrent et le procureur général m'expliqua qu'on ne notait pas en juridiction comme à la Chancellerie. Il est vrai que

132

je ne faisais pas de ski et refusais de participer à la tradi-
tionnelle descente des Trois Vallées organisée chaque
année. Un « *must* » judiciaire pourtant, qui vidait les parquets de leur substance et mobilisait les gendarmes... Un
autre procureur du ressort s'était même ouvertement
étonné de ce que le poste de Chambéry eût été donné à un
magistrat qui ne skiait pas ! Une période commençait où
chacun, campé sur ses positions, allait exercer ses attributions. Pour moi, je m'en tins aux miennes.

Cette période connut son apogée lorsque, recevant une
enquête ouverte sur un prétendu vol de clefs à la maison
d'arrêt de Chambéry, je décidai de la classer. Avant même
mon arrivée, lors du déjeuner annuel donné par le procureur général aux procureurs de la République de la cour,
ils avaient été informés d'un mouvement de détenus dans
l'établissement pénitentiaire du lieu. Rien de bien grave, si
ce n'est que tout le paraît facilement dans un tel endroit.
Quelque peu échauffés, des détenus qui entouraient un
surveillant avaient fait tomber ses clefs. Le procureur général s'était déplacé sans que sa présence ait ramené le calme.
Au contraire, les détenus s'en étaient gaussés. Ignorant
tout cela, j'avais seulement constaté que les meneurs, par
mesure de précaution, avaient aussitôt été éparpillés dans
différents établissements pénitentiaires. La nature des faits
ne me paraissait pas justifier d'envoyer des enquêteurs les
entendre là où ils étaient incarcérés désormais. Un classement sans suite me parut opportun et j'en fis rapport au
procureur général. Dès réception de celui-là, un de ses
substituts me téléphona.

— Le procureur général ne va pas être content !

— Si tel est le cas, il lui suffira de me donner des instructions contraires, mais écrites. Je m'y conformerai.

À son tour le procureur général m'appela, tenta de me fléchir mais n'eut pas d'autre réponse. Je reçus donc des instructions écrites. J'appelai alors le directeur de la maison d'arrêt pour l'inviter à me préciser l'établissement dans lequel chacun des « mutins » était détenu. Il comprit vite qu'à terme il faudrait, pour les juger, les faire tous revenir à Chambéry, reconstituant ainsi, le temps d'un procès, la bande que l'on avait voulu dissoudre. Il me fit part de son sentiment sur une telle opération et je lui indiquai qu'elle était voulue par le procureur général. Il persista pourtant dans son analyse et je lui demandai l'autorisation d'en faire part à mon supérieur. Il y consentit. Je me rendis donc jusqu'au bureau du procureur général pour lui rendre compte de cette conversation. Il le prit mal et, en ma présence, comme s'il en doutait, appela le directeur sur un ton peu amène. Ce fonctionnaire était honnête et lui répéta tout ce que je venais de lui dire et dont il avait paru douter.

— Vous voulez donc que l'on agresse vos surveillants... Bon ! Je vais réfléchir.

Le lendemain, sa réflexion se traduisit par un contre-ordre et je pus classer le dossier. De telles directives, je n'en reçus pas d'autres tant que dura ma présence à Chambéry.

Il y eut pourtant des dossiers pour lesquels je sentis bien poindre la tentation de m'en donner. Mais il s'agissait d'affaires dans lesquelles j'envisageais des poursuites et ce que, dès mon installation, j'avais affirmé ne pouvait laisser à quiconque l'espoir de me les faire classer contre mon gré.

Dans deux de ces dossiers, pour ne pas exercer l'action publique, il aurait fallu que j'oublie les intérêts en jeu, ou que je m'en inspire trop. Au-delà même de la qualification pénale d'un fait ou d'un comportement, c'est ce à quoi il porte atteinte qui doit être pris en considération pour engager des poursuites. Des thèmes majeurs constituent autant d'indications. L'Environnement en est un et j'eus ainsi, pour le défendre, à m'opposer au maintien d'un gigantesque relais hertzien qui défigurait un site classé, en bordure du lac du Bourget. Il me fallut même passer outre à l'opinion des services préfectoraux qui n'en souhaitaient pas la démolition. La politique du conseil général du département de la Savoie m'avait paru un moteur suffisant pour engager cette action et parvenir à ce que l'antenne soit démontée, même si l'État pensait différemment.

Si le préjudice esthétique peut constituer un mobile suffisant, dans un autre dossier des impératifs de santé publique m'incitèrent à des affrontements qui leur devaient tout. Il y avait à Aix-les-Bains un établissement thermal, le seul en France qui appartînt à l'État. Le dirigeait un énarque et le préfet de la Savoie présidait son conseil d'administration. La plainte d'un syndicat me fit m'intéresser à ces thermes, pour découvrir que les eaux servant aux soins transportaient un germe nocif, celui de la légionelle. Quelques années auparavant, ce germe avait connu quelque célébrité en décimant un congrès de légionnaires aux États-Unis. Il s'attaque aux poumons jusqu'à provoquer des pneumopathies mortelles et prend de préférence pour cible les personnes âgées. Il s'agissait précisément de la population qui, pour l'essentiel, fréquentait les thermes. J'ouvris une enquête au cours de laquelle j'interrogeai un expert de grande renommée sur le danger que présentaient les eaux thermales. Il me le confirma. Laisser faire me sembla impossible, quand

135

même je pressentais le scandale qui s'ensuivrait dès lors que mon enquête serait connue. Elle l'était mais, curieusement, rien ne bougeait. Il est vrai qu'autour de ces curistes prospérait un commerce important, entre les commerçants locaux, les hôtels et les loueurs de meublés, sans compter le corps médical, largement honoré.

L'essentiel n'était pas de sanctionner les personnes responsables d'une situation sanitaire dangereuse, mais bien d'y mettre un terme. Je me tournai donc vers le directeur de l'établissement, homme honnête et conscient de l'ampleur du problème. Je lui proposai de classer la procédure qui révélait que des curistes avaient été victimes de blessures involontaires, à condition que les candidats à la prochaine saison thermale soient prévenus du danger qu'ils pouvaient courir. C'était le moins, me semblait-il. Mon offre fut acceptée mais, un peu plus tard, lorsque je lus le courrier adressé aux amateurs, je vis que la condition que j'avais posée n'avait pas été respectée. Tout danger à venir avait été nié. Plus qu'un avertissement, il s'agissait d'un encouragement à s'inscrire. Une véritable tromperie.

Dans son bureau qui dominait la ville, j'indiquai au directeur des thermes que j'allais donc ouvrir une information. Il sursauta, faisant valoir que cela signifiait la mort des thermes. Pour ma part, compte tenu du poids politique que représentaient ces curistes plutôt âgés, je fis le pari que l'État ne prendrait pas le risque d'abandonner le seul établissement qui lui appartenait. Il n'aurait d'autre solution que de le rénover. Je ne souhaitais pas la mort des thermes ni de la richesse qu'ils produisaient mais ne pouvais accepter que des vies y soient sacrifiées. La pression judiciaire me paraissait pouvoir conduire à une solution qui concilierait tous les enjeux.

L'information fut ouverte, sans qu'elle parût intéresser d'autres organes de presse qu'un hebdomadaire local, attaché à la vérité autant qu'aux valeurs savoyardes. La presse quotidienne régionale ne disait mot. Jusqu'alors, dans mes fonctions au ministère, en dépit de la tentation et par loyauté envers le garde des Sceaux, je m'étais gardé d'informer *Le Canard enchaîné* de dossiers que, en les évoquant, il aurait contribué à faire sortir. Procureur de la République, il m'importait d'abord de préserver la vie. Dès lors que les poursuites engagées restaient discrètes, cet objectif ne pouvait être atteint. Il fallait que le plus grand nombre soit informé pour que chacun, en connaissance de cause, pût au moins prendre la décision qui lui appartenait. Un samedi matin, à l'heure du marché, j'acceptai l'invitation d'un journaliste de prendre une tasse de café. Je m'étonnai du silence de son journal alors qu'il paraissait informé de l'affaire qui concernait les thermes.

— Peu importe, ajoutai-je, j'ai reçu un appel du *Canard enchaîné* – ce qui était exact , il en parlera mercredi.

Le lundi suivant, le journal local en parla. Je fus la cible de quelques attaques. Un député qui rêvait de devenir maire d'Aix-les-Bains et ne redoutait pas d'en payer le prix me prit à partie un jour que nous nous étions rencontrés dans une réunion associative.

— Compte tenu de ce que vous avez fait, je ne sais pas si je vais vous serrer la main !

— Faites donc comme bon vous semble.

Le préfet de Savoie lui-même, me croisant dans les rues de Chambéry le 24 décembre alors que j'effectuais mes derniers achats de Noël, m'interpella gentiment.

— Si vous continuez à vous intéresser à cette affaire, le ministre de la Santé en parlera au garde des Sceaux et vous devrez fournir des explications...

— Si tel devait être le cas et que le garde des Sceaux m'interroge, je lui répondrai.

Je ne suis pas de ceux qui répugnent à expliquer leur action, à mes supérieurs comme à tous ceux auxquels je les dois. Ainsi la presse, quand elle pouvait servir la justice et ceux pour lesquels elle est rendue, m'a toujours paru utile. Nombre de magistrats, sans doute, en sont convaincus, autant que de la relativité d'un tel instrument dans leur fonction. Il leur reste à vaincre leur peur, celle de s'exposer à la critique et, plus encore, celle d'affronter un corps qui ne peut se résoudre à rendre publiquement des comptes.

Le préfet connaissait le pouvoir de la presse. M'ayant invité à déjeuner avec le procureur général et le procureur de la République à Albertville, il nous avait lancé au cours du repas :

— Vous les magistrats, vous êtes les seuls à pouvoir museler la presse.

Bien qu'il ne fût pas le principal décideur dans cette affaire, le directeur des thermes eut à en répondre devant la juridiction pénale ; toutefois je gagnai mon pari. Des travaux furent entrepris et de nouvelles sources découvertes. Les thermes nationaux furent sauvés de la fermeture après qu'ils eurent été rénovés. Plus que tout, ce résultat parvint à me donner un sentiment d'efficacité.

Vecteur démocratique, la presse, quand elle le souhaite, détient la capacité de contraindre la vérité à émerger. Chacun sait que c'est à elle qu'Alfred Dreyfus dut de quitter l'île du Diable, son innocence enfin reconnue. Encore faut-il qu'elle veuille se comporter ainsi sans craindre de s'opposer à l'opinion publique. Un journal, c'est d'abord une entreprise commerciale dont les revenus dépendent pour beaucoup de la publicité et il est des circonstances où la vérité pèse peu au regard de ce qu'elle coûte. Une fin d'année, après la période des fêtes, nombre de procédures parvinrent au parquet qui montraient que, dans bien des grandes surfaces, les droits des consommateurs étaient bafoués. Ici des balances tarées à leur détriment, là des étiquettes destinées à les égarer. Dans la frénésie consommatrice de Noël et du jour de l'an, l'attention sans doute était moindre. De telles fraudes devaient être réprimées. Il importait cependant davantage que, pour l'année suivante, les consommateurs en soient informés. Je fis donc mettre de côté l'ensemble de ces dossiers, arrêtant au mois de novembre l'audience au cours de laquelle ils seraient publiquement examinés par le tribunal correctionnel.

Le jour dit, les responsables des principales grandes surfaces du ressort étaient à la barre. Des journalistes étaient présents. L'audience s'étant achevée tardivement, il était normal que le journal du lendemain n'y fît aucune référence. Ce fut identique le jour suivant, ce qui paraissait beaucoup plus étrange. Un jour plus tard, le journaliste qui avait suivi cette audience vint me voir au parquet, pour tout autre chose. Je m'inquiétai de son silence :

— Une panne de stylo peut-être ?

Plutôt gêné, il me fit comprendre que le directeur départemental n'avait point laissé passer son papier. En revanche, dans l'édition du lendemain, parut une importante publicité en faveur de l'une des grandes surfaces dont le responsable avait été poursuivi. Je la découpai et la mis sous enveloppe avec un petit mot pour le responsable départemental du journal, par lequel je me félicitai de la contribution apportée par la Justice à la prospérité de son quotidien. Enfin un article parut, plutôt sommaire il est vrai, mais suffisant pour que les consommateurs soient informés en temps utile des risques particuliers que la proximité des fêtes leur faisait courir. Plus tard, j'ai su que la direction régionale du journal s'était émue de ma réaction et avait donné les ordres nécessaires.

Déjà, à cette époque, les accommodements auxquels se livrait la presse me paraissaient indécents. Je doute, dans le système économique qui est le nôtre, qu'on puisse espérer mieux. Entre argent et pouvoir, les hommes de presse subissent la tentation d'asservir leur plume. Il n'en reste pas moins que la liberté de la presse est un bien précieux et que, plutôt que de s'en passer, il vaut mieux subir ses approximations. Sans elle, sans la protection qu'elle assure à celui qui veut conduire la vérité vers la lumière, je n'aurais peut-être pas pu faire condamner les responsables d'un enfouissement dangereux pour la sécurité de mes concitoyens savoyards.

Il y avait à Chambéry une filiale d'un groupe important dont les déchets, loin d'être inertes, posaient un problème d'enfouissement. Un accord fut passé entre cette entreprise et une commune périphérique qui accepta de les recevoir. Ils constituèrent le fondement d'une zone d'aménagement concerté sur laquelle furent construits des immeubles. Lorsque la presse commença d'en parler, je m'en inquiétai et l'expert que je désignai me rendit compte de ce que ces déchets restaient dangereux. Ils contenaient des métaux toxiques, alors qu'ils avaient été accumulés sur une épaisseur considérable, à proximité de la nappe phréatique qui constituait, pour les Chambériens, la principale source d'alimentation en eau potable. Je convoquai les élus qui, penauds, tentèrent de rejeter la responsabilité sur le préfet, suggérant qu'ils avaient cédé à ses objurgations.

— Voulez-vous me le déclarer par procès-verbal ?

L'aventure ne les tenta pas et, sur ce point, nous en restâmes là. Je requis une information pour ouverture illicite d'une décharge.

Avec ce sens aigu de la solidarité qui caractérise les élus dès qu'il s'agit des leurs, ceux de Chambéry, réunis autour de Louis Besson, leur maire qui n'était autre que le ministre de l'Équipement, votèrent une motion de soutien à ceux qui s'étaient ainsi affranchis des lois de la République. Peu après, un mouvement national de grève organisé par les syndicats de magistrats pour protester contre le sort fait à la Justice me donna, l'occasion de leur répondre. Ce jour-là, dans l'une des salles d'audience du palais de justice, nous exprimâmes à ceux qui avaient répondu à cet appel combien les pressions paraissaient s'appesantir sur l'institution judiciaire. J'en donnai publiquement exemple pour ce dossier dans lequel des élus n'avaient pas craint de manifester avec éclat leur soutien à d'autres qui s'étaient compromis. Le lendemain, le maire de Chambéry publia que je n'avais rien compris et, jamais en retard d'une occasion, le procureur général me demanda des explications. Je les lui donnai dans un rapport où je lui rappelai, parmi les pressions subies, celle dont il avait lui-même pris l'initiative. Lorsque la presse avait publié qu'une information était ouverte, il m'avait convoqué pour s'en étonner :

— Vous avez de la chance que le préfet soit respectueux de la Justice !

141

— Ah bon... Que se serait-il donc passé s'il ne l'avait point été ?

Quelques jours plus tard, un journal local publia un long entretien me concernant, dans lequel il relatait notamment l'affaire de la décharge sauvage, rappelant la réaction publique des élus chambériens. Il publiait aussi les notes que venait de m'attribuer le procureur général. L'article s'achevait sur une question : « Qu'est-ce qui a changé ? Les notes du procureur de la République ont baissé. » Le même procureur général qui, dans l'euphorie d'une réception, me voyait un destin professionnel proche du sien, recommandait ma nomination à un poste d'avocat général. Les initiés savent que le titre n'en vaut pas la fonction. Le matin de la publication de cet article, le maire de Chambéry m'appela et m'exprima ses regrets.

Si le procureur général conserva le silence, j'appris en revanche qu'il avait dû fournir quelques explications à la Chancellerie, lasse des manifestations répétées de son acrimonie à mon égard. Nos rencontres, pour épisodiques qu'elles fussent, manquaient rarement de piment. Le jour de la grève nationale en faveur de la Justice, certains d'entre nous avaient cru judicieux de faire pendre une banderole au fronton du palais de justice que le tribunal partageait avec la cour d'appel. Juste au-dessus de l'entrée principale, sur un calicot blanc pour lequel quelques-uns avaient cotisé, figurait la mention « Justice en grève ». À l'issue de la réunion où nous avions exposé ce qu'étaient les pressions dont nous nous affligions, l'un d'entre nous suggéra d'aller nous faire photographier sous la banderole.

Ma réticence était grande mais je n'eus pas à l'exprimer : on nous apprit que le procureur général l'avait fait enlever par son chauffeur.

— Allons la chercher! dit un fonctionnaire.

Il m'aurait paru lâche de ne point l'accompagner. À plus de vingt, la plupart en robe, nous marchâmes vers le bureau du procureur général. Au passage, je pris par le bras un journaliste qui traînait par là et l'entraînai en lui promettant qu'il ne perdrait pas son temps. La porte du bureau était ouverte, le procureur général écrivait. Il blêmit en nous voyant.

— J'étais en train de vous écrire. On ne peut mettre une banderole sur le palais de justice sans l'autorisation du premier président.

— Maintenant il faut nous la rendre.

Sur cette injonction du délégué local du syndicat de la magistrature, le procureur général se dirigea vers un meuble et en sortit le précieux tissu. Il le tendit au magistrat qui l'avait réclamé. Je me trouvai à côté d'eux et, nonobstant mes préventions contre cette banderole, précisai qu'il n'y avait plus qu'à la remettre en place. Mon supérieur sursauta et tira à lui la banderole déjà partiellement remise entre les mains de notre collègue. Je plaçai les miennes de part et d'autre et tirai de mon côté. Rageant, il dut nous l'abandonner.

— Cette fois-ci, on va au disciplinaire!

Je lui fis alors remarquer qu'en ce cas il ne me resterait plus qu'à saisir la chambre criminelle de la Cour de cassation pour qu'elle désigne la juridiction qui serait appelée à le juger, pour vol.

Il me faudrait être d'une singulière mauvaise foi pour ne point convenir de ce que ma résistance à une autorité qui se croyait par nature incontestable ait vrillé les nerfs de ce hiérarque. Cela finissait par devenir une sorte de jeu entre

nous, ce qui me permettait de prendre à la légère des propos qui auraient mérité des réactions plus violentes. Lors
de la réception qui suivit une audience solennelle de rentrée du conseil des prud'hommes, en présence du président
de cette juridiction et de l'un de ses substituts généraux, il
ne craignit pas, badin, d'affirmer :

— Si je le voulais, je pourrais vous pousser au suicide.

— Si vous y parveniez, ma femme vous tuerait !

Interloqué mais prudent, le président du conseil des
prud'hommes s'écarta. Affectant d'en rire, le substitut
général s'offrit un commentaire.

— Ce serait amusant de voir la femme du procureur devant la cour d'assises pour avoir tué le procureur
général.

— Pardon ? Vous ignorez donc ce qu'est la légitime
défense ?

Une autre fois, un conseiller à la cour d'appel m'avisa
d'un dialogue dont il venait d'être témoin, le procureur
général s'adressant au bâtonnier :

— Je m'inquiète pour le procureur. Je me demande s'il
ne se drogue pas...

Parfois épuisantes, dans un métier où les occasions ne
manquent pas de se battre contre la délinquance, ces passes
d'armes avaient le mérite d'enrichir mon expérience. Après
avoir vu des procureurs généraux si pitoyables à la Chancellerie, leur arrogance, loin des yeux du maître, ne pouvait
que m'aider à ajuster leur fonction à ce qu'elle était. Un de
mes amis m'avait rapporté que, tourmenté par le procureur général qui voulait le contraindre lui, procureur de
la République, à classer un dossier, il n'avait eu de repos

qu'après lui avoir lancé : « Vous êtes mon supérieur mais je ne suis pas votre subordonné. » La formule donne l'exacte mesure du rapport qui doit s'instaurer entre des fonctions fondamentalement distinctes. L'un décide et l'autre contrôle. Si ce dernier estime que les décisions du procureur de la République s'écartent de la loi, il a le pouvoir de l'y ramener, dès lors du moins qu'un juge n'aurait pas été saisi.

Le plus admirable est que, devenu procureur général à Douai, ce magistrat n'a rien renié de ses principes. Je m'en rendis bien compte lorsque, vers la fin de l'année 1992, je fus nommé, après Chambéry, dans les fonctions de procureur de la République à Valenciennes. Je fus alors placé sous son autorité. Des expériences malheureuses avaient fini par me persuader de ce que cet antagonisme sur fond hiérarchique était naturel et je redoutais que notre amitié n'en pâtisse. Elle était sincère autant que ce magistrat en était un. À travailler ensemble, je n'ai cessé de m'enrichir.

Pourtant il s'en fallut de peu que cette réunion n'ait pas lieu. Nous approchions du moment où le gouvernement en place allait sans doute, à la faveur des élections générales, devoir la céder à un autre, issu d'une majorité différente. Une seconde cohabitation était prévisible. Le président de la République allait se trouver isolé au cœur du pouvoir. Il redoutait d'être coupé d'informations utiles ou nécessaires, et les judiciaires n'étaient pas les moindres qui pouvaient concerner ses amis. Pour remplacer un directeur des Affaires Criminelles et des Grâces dont la tête ne pourrait résister au changement, Michel Vauzelle, alors garde des Sceaux, cherchait un magistrat qui soit « cohabitable ». À l'occasion d'un entretien avec le ministre, le courant de sympathie qui nous unit fit penser à celui-ci que je pouvais l'être, même si mon patronyme paraissait l'inquiéter :

145

— Ce monsieur de Montgolfier, est-il bien républicain ?

À peine arrivé à Valenciennes, ma nomination fut sérieusement envisagée et je fus informé de sa progression. La décision était sur le point d'être prise quand celui que j'étais destiné à remplacer m'appela.

— L'Élysée s'interroge : Sauras-tu téléphoner ?

Je fis mine de ne pas comprendre. La suggestion, pourtant me parut claire : il importait que le président de la République dispose d'un relais complaisant au sein de la Chancellerie.

— Même à Valenciennes nous avons le téléphone. Cela ne devrait donc pas poser de problème.

— Tu sais très bien ce que je veux dire. Alors ?

— Alors, s'il s'agit de trahir quelqu'un, tu peux indiquer que je ne trahirai personne.

Ma seconde carrière à la Chancellerie s'arrêta net. Déjà, pour des raisons semblables, des postes m'avaient échappé, si j'en crois ce qui m'avait alors été rapporté. À Meaux, parce que, dans un article du *Monde*, j'en avais appelé à un Chérèque de la restructuration judiciaire, du nom de celui qui s'était illustré dans celle de la métallurgie. Le garde des Sceaux s'en croyait le talent. Il n'avait pas aimé que je paraisse publiquement en douter et renonça au projet qu'il avait formé pour moi. Pour le poste d'Angoulême, une auguste voix s'était élevée pour mettre un terme au processus ministériel de ma nomination. Il y avait là-bas un parlementaire en délicatesse et l'on semblait craindre que ma venue ne lui soit nuisible. Ainsi me retrouvai-je à Valenciennes, où je pus me consacrer à l'affaire VA-OM qui débuta quelques mois après mon installation au mois de novembre 1992.

VI

DE L'OR SOUS LA PELOUSE
DE VALENCIENNES

Depuis Pierre de Coubertin, l'essentiel n'est plus de participer. Il s'agit de gagner et l'argent que drainent certains sports engendre de curieuses dérives. Outre ce phénomène, l'attraction qu'emporte le football me paraissait déjà suspecte. Il ne suffit pas pour se dire sportif d'assister à un match, le verbe aussi haut que les fesses sont bien calées. On sait trop combien la passion des supporters peut les conduire à des extravagances parfois mortelles. Il me semblait que le génie d'un pays s'exprimait mieux dans les bibliothèques que sur les stades, n'en déplaise à ceux qui brûlèrent les unes quand ils prétendaient se servir des autres pour affirmer la suprématie de leur race. Le sport me semble un dérivatif, un besoin parfois, voire un admirable spectacle. De son caractère éducatif on peut douter quand la violence et l'argent y prennent tant de place. Mais moins que tout je ne puis admettre qu'il soit devenu le symbole de notre déclin. Du pain et des Bleus ? Rien de bien réjouissant pour une nation qui, au cours des siècles, a su manifester d'autres ambitions que celle de pousser un ballon dans les buts de ses adversaires.

Pour toutes ces raisons, il n'y en avait aucune pour que je me rende le 20 mai 1993 au stade Nungesser de Valenciennes. J'y étais d'autant moins porté que, dans cette région du Nord, si attachante, l'ampleur du sinistre économique, le taux de chômage, les friches industrielles et la misère qui souvent se peignait sur les visages me rendaient amer le poids qu'y avait pris le football, comme une compensation au désespoir ambiant. À mon arrivée à Valenciennes, il y avait une forte proportion de familles dans lesquelles les enfants n'avaient jamais vu leurs parents au travail. Alors, le match qui devait opposer l'équipe de l'Union sportive Valenciennes-Anzin (USVA) à l'Olympique de Marseille (OM) prenait valeur de symbole. L'une poursuivait son ascension quand l'autre était à son déclin. Pour peu que je m'intéresse à ce sport, ce match paraissait pour l'équipe locale celui de la dernière chance avant la relégation. Le perdre la conduirait dans la division inférieure, tandis que l'OM devait, six jours plus tard, affronter le club de Milan à Munich dans le cadre de la coupe d'Europe. On n'imaginait pas qu'elle pût perdre en pareille occurrence : le moral de ses joueurs en aurait pâti.

Ce fut en me rasant un matin que la radio m'apprit les rumeurs qui couraient autour de ce match perdu par l'équipe de Valenciennes. Elles suggéraient que certains de ses joueurs avaient reçu de l'argent pour faire gagner l'OM. Mon premier mouvement fut d'espérer que je n'aurais pas à intervenir. À dire vrai, tout cela ne m'intéressait guère. Le 8 juin suivant, la Ligue nationale de football déposait une plainte. J'emportai son dossier chez moi et le lus dans la soirée. Il était mince mais nourri de dépositions qui paraissaient corroborer la suspicion. À la réflexion, la corruption qui semblait en découler me parut mériter une réponse judiciaire. Quand tant de gens, même si cela ressemble aux jeux du cirque, vibrent à de telles rencontres, on ne peut se désintéresser de l'escroquerie qu'ils subissent. Passe encore qu'un club minable recoure à la corruption pour gagner! Du prestigieux club marseillais, il n'était pas permis de l'accepter. Ce ne pouvait être une tentation, plutôt un système. Le lendemain, je requis donc l'ouverture d'une information. Il fallait qu'un juge d'instruction soit désigné. L'un d'eux, réputé incontrôlable, n'avait aucune chance de l'être. Il faisait peur. Deux autres restaient en lice mais, pour l'un, la difficulté tenait à ce que sa nomination était programmée pour devenir mon substitut. Il ne fallait pas être grand clerc pour comprendre, s'il était désigné, combien cette perspective était de nature à peser sur la procédure. Celui qui aurait à instruire le dossier que j'avais ouvert était appelé à devenir mon subordonné! C'était prendre le risque d'engendrer le soupçon. Le président du tribunal le désigna pourtant. Bernard Beffy fut donc chargé du dossier et je ne devais pas le regretter, ce qui ne fut pas le cas pour tous les protagonistes de cette affaire.

Le seul élément immédiatement vérifiable dont il disposait pouvait être la trace d'un appel téléphonique qui aurait été passé entre l'hôtel Novotel de Valenciennes où séjournaient les joueurs et quelques-uns des dirigeants de l'OM, dont Jean-Pierre Bernès, son directeur général, et l'hôtel du Lac, à quelques kilomètres de là, qui abritait l'équipe de Valenciennes et Boro Primorac, son entraîneur. Le premier acte du juge fut de se rendre au Novotel où je l'accompagnai. Le directeur de l'hôtel auquel nous déclinâmes nos qualités demanda à les vérifier. Nos cartes professionnelles furent produites. Il s'en excusa en nous précisant que le listing des appels téléphoniques que nous recherchions en intéressait plus d'un. Il avait d'ailleurs reçu un appel de M. Bernès qui l'avait interrogé sur l'existence d'un procédé qui permettait de récapituler les appels passés du Novotel, chambre par chambre. Nous comprîmes que notre intuition était bonne et repartîmes avec le listing. Pour la soirée qui précédait le match, celui-ci révélait un appel de la chambre attribuée à Jean-Pierre Bernès vers l'hôtel du Lac. Cette première découverte donnait du corps à la procédure, en mobilisant les énergies, notamment celles du service régional de police judiciaire de Lille. Chacun connaît la suite, consacrée par des décisions judiciaires définitives...

L'entrée en lice de Bernard Tapie, le sémillant président de l'OM et ancien ministre de la République, avait été tonitruante, bien dans sa manière. Pourtant son intérêt commandait qu'il se fît discret. À dire vrai, il le tenta, le temps d'espérer qu'il pourrait parvenir à casser une mécanique qui commençait à l'effrayer. Peu après nos premières constatations, je me rendis dans le bureau du juge Beffy où je trouvai un avocat valenciennois. Il venait de proposer au juge une rencontre discrète avec Bernard Tapie. Le juge m'informa qu'il avait refusé, ce qui me parut une bonne chose. Dans une instruction, le juge n'a d'autre marge de manœuvre que celle octroyée par le code de procédure pénale. Il ne peut rencontrer, hors procédure, une personne qui lui en parle avec quelque chance d'y être impliquée. Le conseil de Bernard Tapie se tourna vers moi, suggérant, devant le refus du juge, que je pourrais recevoir le président de l'OM. Un procureur, qui n'est que la partie principale au procès pénal, conserve, dans une certaine mesure, la possibilité de rencontrer une autre partie. J'en acceptai donc le principe, précisant qu'il s'agissait pour moi d'une curiosité sociologique.

Le temps de rendre compte à son client, Maître Debacker revint vers moi pour m'indiquer ses conditions. L'entretien devait avoir lieu à l'extérieur du palais, à une heure qui permettrait au président de l'OM de conserver quelques chances de n'être pas reconnu. Je refusai. Je n'étais en rien demandeur et n'envisageai pas un instant de le recevoir en dehors de mon bureau. C'était à prendre ou à laisser. Seule une heure discrète me paraissait acceptable. La date du 23 juin fut retenue, passé 20 heures. Bernard Tapie entrerait par l'arrière du palais. Le concierge s'en souvint longtemps car le président de l'OM, tentant de masquer son visage derrière sa main, vit sa progression ralentie par l'usage du Digicode qui commandait l'ouverture de la porte.

Le 23 juin fut une journée bien remplie. Elle commença par une visite inopinée de Boro Primorac, l'entraîneur de l'USVA. Il vint déclarer au juge Beffy qu'il avait été reçu, le 17 juin précédent, par Bernard Tapie dans ses locaux parisiens. Cela ressemblait fort à une subornation de témoin, d'autant que les conditions dans lesquelles il y avait été entraîné paraissaient bizarres, à en croire la relation qu'en fit l'entraîneur de l'USVA. N'étant pas saisi de ce nouvel aspect du dossier, Bernard Beffy conduisit Boro Primorac jusqu'à moi. Je pris son audition avant de saisir le juge de réquisitions supplémentaires, pour subornation de témoin.

Peu après, j'appris par les enquêteurs qu'ils venaient de découvrir, enfouie dans le jardin de la tante de Christophe Robert, dans le Périgord, la somme de 250 000 francs que ce joueur de Valenciennes, approché avec deux autres joueurs, Jorge Burruchaga et Jacques Glassmann, avait reçue de Jean-Jacques Eydelie. Ce joueur de l'OM, qui les avait connus dans son précédent club, avait servi d'intermédiaire à Jean-Pierre Bernès. Avec l'aplomb qui le caractérise, Bernard Tapie, plus tard, suggéra publiquement que Christophe Robert destinait cette somme à l'achat d'un restaurant. De la même manière, je m'étonnai de ce qu'il suffise d'enterrer de l'argent pour faire pousser cette sorte d'établissement. Mais, lors de sa visite, Bernard Tapie ne pouvait savoir ce que nous savions. Déjà notre entrevue ne s'annonçait pas en sa faveur. Je disposais de toutes les cartes, de quoi rester serein.

Son entrée ne me déçut pas. Il était semblable à ce que, de loin, j'imaginais, pour l'avoir plus d'une fois vu à la télévision. Accompagné de son avocat, il entra. Un taureau dans l'arène... mais son habituelle superbe me parut vacillante. Je le fis asseoir dans l'un des fauteuils que m'avait laissés mon prédécesseur. Ils étaient particulièrement bas et produisaient un effet de bascule, ce qui le surprit et même le déstabilisa. Mais Bernard Tapie est un homme de pouvoir et me le montra, s'excusant du retard pris par son avion, arguant d'une réception qui s'était prolongée à l'Élysée. Le décor était posé et le flamboyant président de l'OM suggéra rapidement que je valais mieux que le minable poste que j'occupais. J'écoutai sans commenter. Il fit également valoir que nous avions des amis communs ; ils lui avaient indiqué que nous pouvions nous entendre. Je ne sais à qui il songeait. L'un des miens m'avait appelé alors que déjà j'avais accepté de le recevoir.

— Tapie va te demander un rendez-vous...

Je coupai court.

— C'est déjà fait et accepté !

— Prends garde, c'est un salaud.

Cet interlocuteur était de mes amis. Je n'étais pas certain que Bernard Tapie ait été l'un des siens, en dépit des conseils qu'en service commandé il lui avait prodigués dans un dossier financier.

Après avoir plus que suggéré sa proximité avec le président de la République, ce qui n'était un mystère pour personne, le président de l'OM aborda le fond pour plaider que son club n'aurait eu aucun intérêt à corrompre les joueurs de la petite équipe de Valenciennes. À dire vrai, c'était là précisément le point qui m'intriguait le plus. Il m'en donna la clef.

— Les joueurs sont comme des enfants. Quand leur téléviseur est en panne, ils appellent le club plutôt que d'appeler un dépanneur.

Il broda sur ce thème de la fragilité des joueurs professionnels, me donnant à comprendre qu'elle trouvait également sa place sur le terrain. Je le trouvai humiliant à leur égard mais je tirai profit de cet éclairage. Sans doute pouvais-je en déduire que les joueurs de Valenciennes n'avaient rien à perdre. On pouvait donc craindre qu'en forçant leur jeu ils ne mettent en danger ceux de Marseille, à quelques jours de la finale de la coupe d'Europe, enjeu autrement important. Acheter ce match quand il paraissait aisément gagnable ne relevait que du principe de précaution. Je lui sus gré de m'avoir fourni l'explication que, depuis l'ouverture de ce dossier, je recherchais avidement. Je m'épargnai pourtant de l'en remercier. Son avocat, qui s'était absenté, revint et le tira par la manche au motif que l'heure avançait, où son avion devrait repartir.

— Je vois bien que je ne vous ai pas convaincu, me lança-t-il, en passant la porte.

— Non !

Plus tard, Francis Debacker me dit avoir rapidement compris que l'entretien ne servirait à rien.

— C'était comme un lion dont les griffes s'épuisent sur un mur.

En cherchant à me rencontrer pour me convaincre, Bernard Tapie avait commis un pas de clerc. Ce ne fut pas le seul. Il lui manquait parfois de réfléchir avant d'agir.

Un autre fut de publier ce rendez-vous, sans d'ailleurs m'en avertir. À la lecture de déclarations faites depuis l'Argentine à l'hebdomadaire *France Football* par le joueur Jorge Burruchaga, qui n'avait pas encore reconnu les faits, je me suis demandé si cette divulgation intempestive n'avait pas seulement pour but de faire croire aux différents protagonistes du dossier susceptibles de passer aux aveux qu'avec Bernard Tapie nous nous étions accordés pour que l'affaire n'ait pas de suite. Il était donc inutile qu'ils se mettent à table...

Ce fut une autre erreur qui ouvrit à deux battants la porte à la médiatisation d'un fait divers qui, sans cela, n'aurait peut-être pas suscité un intérêt qui s'est prolongé pendant des mois. Jusques alors, dans tous les cas où cela m'avait paru nécessaire, j'avais usé de la presse avec parcimonie, mais détermination. Nous n'étions pas formés à communiquer avec l'opinion publique et même, sans que cela soit clairement affirmé, nous n'y étions pas encouragés, pour le moins. Pour vivre heureux, vivons cachés ! Couchés, peut-être... Bernard Tapie est un personnage charismatique et ses talents de communicateur sont connus. Quand il commença de les utiliser pour tenter d'enrayer la progression du dossier en entraînant l'opinion publique dans une perception plus favorable aux intérêts de l'OM, je décidai de le suivre sur son terrain. Il me semblait que, la vérité me portant, je n'avais rien à craindre, pourvu que je m'y tienne. Ma détermination s'accrut quand j'appris que, pour me déconsidérer, on suggérait que, m'en prenant à Bernard Tapie, qui avait été ministre sous la Gauche, je ne pouvais qu'appartenir à l'extrême droite. L'argument étant pauvre et contraire à l'évidence, on répandit que j'étais au PSU. L'essai n'étant pas meilleur, il me fut rapporté qu'un proche de Bernard Tapie cherchait à savoir à quelle loge maçonnique j'appartenais. Au moins savais-je quelle serait la nature du combat auquel j'allais devoir faire face. Une fois de plus, je ne fus pas déçu.

Le plus significatif fut l'intérêt qu'il suscita. La pauvreté de l'actualité y contribua sans doute, comme le nombre de journalistes qui avaient été dépêchés sur place. Il fallait qu'ils s'occupent dans les moments où rien ne se passait vraiment. Leur disponibilité constituait un risque pour la procédure dans certaines de ses phases : il fallait trouver des astuces pour les écarter.

Le jour que le juge Beffy voulut se rendre à Paris par la route avec son greffier dans les locaux de Bernard Tapie Finances, il me demanda de lui organiser un départ discret. Si les journalistes se rendaient compte de celui-ci, le président de l'OM risquait d'en être informé avant même que le juge ne soit à Paris. Je sortis de mon bureau, entraînant les journalistes vers une salle d'audience, lieu habituel de mes conférences de presse. Je leur proposai un point sur la procédure, ce qu'ils acceptèrent goulûment. Pendant que je les entretenais de tout et de rien, le juge put s'éloigner subrepticement. Peu après, la première fois que j'intervins en direct au journal télévisé de France 2, je résumai cette stratégie dans une formule qui fut retenue, au moins partiellement : « Tandis que le juge travaille, j'affole la meute. » On en déduisit que j'excitais les journalistes contre le président de l'OM et celui-ci ne manqua pas de le laisser croire. Il s'agissait pour moi, sur une question portant sur notre méthode de travail, de préciser quelle était la répartition des tâches. Déjà fragilisé par un projet qui devait faire de lui, à court terme, mon substitut, le juge devait scrupuleusement se tenir à l'écart de la presse. Cette règle est d'ailleurs permanente pour tout juge soumis à une obligation d'impartialité objective.

Souvent dans cette affaire, puis dans d'autres plus tard, j'ai pu constater la difficulté qu'il y avait à faire respecter cette règle, même quand le parquet est décidé à préserver le juge. La relation institutionnelle entre les deux ne s'y prête guère, qui conduit nombre de magistrats du siège à refuser une telle protection qui leur paraît attenter à leur indépendance. « Le juge n'a pas à être protégé », assurait même un ancien premier président de la Cour de cassation. Cela lui éviterait pourtant la tentation de répondre, dans l'ombre, aux sollicitations de la presse. Le parquet a le dos large mais il semble contraire à la réalité de lui faire porter le poids de tout ce qui se dit en cours de procédure. Pour être disert, je reste souvent étonné de ce que l'on me prête dans les médias et plus encore de ce que l'on suggère que j'aurais pu dire. Les formules fleurissent qui, sans la préciser, orientent le lecteur vers une source. Il y a fort à parier dans la plupart des cas que la source est impure quand elle n'est pas divulguée. « De source judiciaire », ou « parmi les proches de l'enquête », indique-t-on. Ces formules sont à proscrire, ne serait-ce que parce qu'elles sont susceptibles d'égarer le lecteur. Il est concevable que l'on puisse parler *off* à des journalistes, c'est-à-dire en refusant d'être nommé. Le code pénal l'encourage, qui protège les sources auxquelles ils ont accès. Il est regrettable que cela puisse être le cas d'un magistrat tenu au secret de la procédure. C'est pourtant ce qui se produit fréquemment. Au journaliste qui a reçu des confidences en violation du secret de l'instruction, il ne reste plus qu'à se rendre chez le procureur qui, lui, pourra être cité en tant que source... et servir de couverture. Ainsi le rapprochement permettra-t-il, dans un flou artistique, de laisser entendre, quand il n'en est rien, que le procureur est effectivement l'auteur de ce qui est rapporté. Triste subterfuge qui accable celui qui en use autant que celui qui, dans l'ombre, en profite. Il ne grandit ni la Justice ni la presse.

L'engouement que suscitent les affaires pénales n'est pas près de mettre un terme à de tels procédés dans le système hypocrite que nous connaissons. Comme s'il était possible de conserver le secret sur le contenu d'un dossier ouvert à plus d'un intervenant ! Lors d'un stage que je fis à RTL dans le cadre de ma formation, je pus apprécier combien les relations étaient étroites entre les journalistes et les fonctionnaires de police, parfois au plus haut niveau. Une affaire de fausse monnaie passionnait le journaliste qui m'avait pris en charge. Les magistrats locaux, comme souvent alors, se refusaient à tout commentaire. Mon mentor compulsa un répertoire épais comme un annuaire téléphonique et appela... le ministre délégué auprès de celui de l'Intérieur. Peu après, nous nous retrouvâmes dans le bureau d'un haut fonctionnaire de la police judiciaire, quai des Orfèvres à Paris. J'étais alors à la Chancellerie. Au bénéfice de l'anonymat, confortablement installé dans un fauteuil en cuir, j'appris tout du dossier, sans que je puisse percevoir l'intérêt que présentait pour l'enquête que soient dévoilés à ce stade ses principaux développements.

Pour se prémunir du soupçon de divulgation intempestive, on raconte même qu'un juge d'instruction prenait la peine, dès qu'il avait procédé à une audition importante, d'en délivrer spontanément une copie à toutes les parties, comme la loi le lui permettait. Ainsi devenait-il impossible de savoir qui en avait pris l'initiative. Aucun de ces procédés n'est parfaitement clair. Tous donnent à soupçonner l'intérêt personnel de celui qui s'y prête, ne serait-ce que pour flatter le goût de la notoriété, laquelle, pour quelques-uns, les avocats surtout, peut être rentable. Sans doute est-ce parfois le cas, en raison du retour sur investissement qu'offre l'aide ainsi apportée à la presse. Elle sait en être reconnaissante et assurer, jusqu'à un certain point, la publicité de qui la sert. Souvent c'est un service qui en profite. Une fin d'après-midi que j'avais appelé un commissaire de police, celui-ci, m'ayant mal compris, me fit répéter qui j'étais.

— Pardon, monsieur le procureur, je vous avais pris pour un journaliste. C'est l'heure à laquelle ils appellent pour savoir ce qui s'est passé dans la journée...

Cela ne choque personne, pas plus que de retrouver le lendemain dans la presse, version police, les détails d'un dossier judiciaire, parfois encore inconnus du parquet. Il faudra bien choisir un jour entre le secret et une relative accessibilité aux pièces de la procédure. Autrement la violation du secret, que prohibe la loi dans son principe tout en l'autorisant dans les faits, ne restera qu'une arme du combat judiciaire. À double tranchant. L'opinion publique ne peut qu'en être égarée. Dans l'affaire VA-OM, pour écarter un élément essentiel sur lequel était fondée l'accusation – le listing des appels téléphoniques de l'hôtel Novotel – l'avocat de Jean-Jacques Eydelie fit venir les journalistes sous les murs de la prison où celui-ci était incarcéré, peu avant le journal télévisé de 20 heures. Au bénéfice d'une lecture apparemment raisonnable de cette pièce, il proclama qu'il s'agissait d'un faux. Cela laissait peu de temps pour trouver la parade. Je me bornai donc à déclarer que, si la pièce était fausse, elle serait aussitôt écartée des débats. Le lendemain, on découvrit, grâce à des journalistes, que le listing devait se lire de droite à gauche, ce qui lui rendait sa cohérence. Je pus dès lors faire litière de l'argument. Il avait fait long feu mais, dans la précipitation, il aurait pu porter. Nul reproche ne m'a paru pouvoir être formulé contre cet avocat. Il avait rempli sa fonction. Plus tard, il fut écarté de la procédure par un moyen que je jugeai déloyal, un de ceux qui interdisent aux magistrats de stigmatiser le comportement du barreau quand il procède de la même manière.

Le principe même du secret paraît d'autant plus déraisonnable que le législateur a fini par en dispenser le Ministère public dans des conditions fort imprécises. Ainsi le juge, qui est le garant de l'impartialité de la procédure, est tenu au secret quand la principale partie – le procureur – en est dispensée. Il y a là au moins un paradoxe qui pourrait être réduit en permettant au juge d'instruction d'intervenir publiquement pour redresser les faits si le Ministère public ou toute autre partie s'en écartait. Car les avocats ont eux-mêmes autant de raisons, sinon davantage, que le Ministère public de présenter les résultats obtenus sous leur meilleur jour. Il faut donc regretter que l'on n'ait pas résolument opté pour des audiences publiques devant la chambre de l'instruction. Comme les autres, cette juridiction statue au nom du peuple français et il n'y a guère de raisons qu'il en soit écarté, sinon pour celles qui commandent en général le huis clos. Ainsi en est-il généralement pour la protection des victimes et d'éventuelles atteintes à l'ordre public. Encore celui-ci doit-il être apprécié avec circonspection, comme le montre une anecdote du début du XXe siècle. Les mœurs alors étaient prudes et l'on jugeait une affaire qui pouvait les offenser. Paternel, le président se tourna vers le public.

— Nous allons évoquer des faits qui pourraient choquer leur pudeur : je prie donc les honnêtes femmes de sortir !

Aucune ne bougea. Alors le magistrat s'adressa aux gendarmes.

— Puisque les honnêtes femmes sont sorties, gardes, expulsez les autres.

Il ne s'agit pas seulement d'ouvrir des fenêtres sur la procédure, mais, chaque fois que la chambre de l'instruction est saisie, d'en suivre l'évolution à travers les éléments exposés. Cela amoindrirait les risques de manipulation, au moins judiciaire, voire le soupçon que toujours inspirent des portes que l'on veut obstinément closes. On a vu, à Outreau comme ailleurs, où pouvait conduire le système. On ne saurait y persévérer sans un risque majeur, celui d'égarer l'opinion publique, engluée dans des vérités qui peuvent n'être que des mensonges.

S'il s'agit vraiment de protéger la présomption d'innocence, on peut croire que le secret instauré n'est pas un moyen pertinent, si, loin de toute cohérence, le législateur permet dans le même temps aux journalistes de protéger leurs sources. Cela dit, le débat sur la présomption d'innocence me semble bien récent, quand celle-ci, depuis longtemps, est constamment violée, dans l'indifférence générale, au moins pour la plupart de ceux auxquels s'intéresse la Justice. Il a fallu que celle-ci élargisse le champ de son action à des notables qui n'en avaient guère l'habitude pour qu'enfin l'on s'intéresse aux droits des mis en cause. La lecture quotidienne d'un journal révèle que tout reste perfectible. On voit bien que certains seront toujours innocents, plus longtemps que d'autres, jusqu'à ce qu'ils soient condamnés. Un effet de la discrimination positive, peut-être.

Lors d'une intervention à l'Institut d'études politiques de Bordeaux, je pus mesurer combien, même parmi ses plus vigilants zélateurs, la présomption d'innocence restait dépendante des conceptions personnelles de ceux qui la prônaient. Ce jour-là venait de tomber le verdict de condamnation de Maurice Papon. La décision n'était donc pas définitive puisque l'intéressé disposait d'un délai de cinq jours pour former un pourvoi en cassation. Au moment qu'on débattait de la présomption d'innocence, je soutins qu'à l'heure où nous parlions Maurice Papon était encore innocent. Un froid glacial s'abattit sur l'assistance mais nul n'osa me contredire tant l'évidence était criante. Pourtant, à la sortie de la salle, une passionaria de la pensée judiciaire, plus philosophe que juriste, m'incendia. Elle me dit sa déception de m'avoir ainsi entendu m'élever contre la condamnation prononcée contre Maurice Papon. Le contresens était évident. Manifestement, elle approuvait ce verdict et ne pouvait comprendre qu'au-delà de sa propre conviction, le principe restait intangible. Il me fallut le secours d'un autre magistrat pour lui faire admettre que je n'avais pas pris position sur le fond et que, même s'il paraissait scandaleux, l'exemple donné restait pertinent.

Mais Maurice Papon sentait le soufre et il importait peu de le faire bénéficier d'une présomption qui devrait normalement s'appliquer à tous. L'un de ses conseils me rapporta qu'un parti politique avait cessé d'utiliser ses services après qu'il eut accepté de défendre l'ancien haut fonctionnaire de Vichy, devenu préfet de police avant d'accéder au gouvernement. Celui-ci paraissait d'autant moins défendable que l'on s'était aveuglé, pendant tant d'années, sur la part qu'il avait prise dans la déportation de certains de nos compatriotes. La mauvaise conscience collective a toujours recherché des boucs émissaires. Féru de libéralisme, au moins dans ses discours publics, le principal responsable de ce parti fit valoir à cet avocat que, désormais, il n'était plus possible de recourir à ses conseils. Rien de bien étonnant pour qui mesure, sans que cela soit exceptionnel, les ravages de la « pensée unique ». Ce libéral avait inventé l'avocat-Kleenex.

Pourtant la présomption d'innocence mériterait d'être mieux garantie, autrement que dans la proclamation. Il faudrait sans doute revoir pour partie la loi sur la presse et, quand celle-ci s'en écarte, permettre sa mise en cause dans des conditions plus aisées. Ainsi du droit de réponse si malmené par nombre de médias. Je m'en étonnai un jour auprès du responsable d'un hebdomadaire satirique qui, parmi d'autres, a pour habitude de faire suivre les droits de réponse qu'il publie d'un commentaire plus ravageur encore que l'article qui l'a provoqué. Il me répondit que le procédé n'avait d'autre but que d'être dissuasif. Ayant ouvert une procédure sur les comptes de l'USVA, à Valenciennes, *Le Monde* le rapporta en titrant abusivement que je soupçonnais Jean-Louis Borloo de blanchiment. Le contenu de l'article n'autorisait pas ce titre et le député-maire de Valenciennes usa de son droit de réponse. Il fut publié, mais assorti d'un commentaire qui permettait en réalité d'en rajouter encore. Jean-Louis Borloo m'appela pour me faire part de son désarroi et nous conclûmes ensemble qu'il n'y avait rien à faire. Ainsi est la presse qui, se jouant des mots, nuit aux réputations et refuse de reconnaître ses erreurs, ses fautes encore moins. L'affaire se solda par une décision de non-lieu qui passa sans doute inaperçue. Elle présentait, j'en conviens, moins d'intérêt que celle qui paraissait accabler cet élu. Justice, que de crimes l'on commet en ton nom !

Pour réparer le mal, il n'y a d'autre solution que de le corriger à bref délai. Il suffirait sans doute d'instaurer une procédure de référé qui conduirait le juge à dicter lui-même la réponse à publier, sans permettre au journal de la commenter, moins encore de la déformer. Encore faudrait-il que ceux qui font la loi conservent leur liberté à l'égard de ceux qui la subissent. Le spectacle est désolant, de ces relations ambiguës entre élus et journalistes. Comme elles le sont en général entre ceux qui détiennent des pouvoirs susceptibles de se mutuellement contrôler. L'élection ne se décide plus sous les préaux, mais dans les colonnes des journaux et plus encore à la télévision. La démocratie est devenue publicitaire et l'on en devine le coût. Quoi que l'on pense du résultat obtenu, il faudra longtemps conserver le souvenir du second tour de l'élection présidentielle de 2002 qui opposa Jacques Chirac à Jean-Marie Le Pen. L'exercice était fascinant de journalistes partisans qui, pour nous, avaient fait le choix du meilleur candidat. Le leur, bien entendu.

Les exemples sont multiples et l'on a vu, plus récemment encore, la presse suggérer au corps électoral le bulletin qu'il devait mettre dans l'urne lors du référendum sur le projet de traité constitutionnel européen. Alors qui peut douter que les relations entre journalistes et élus soient impures ? L'admettre, c'est aussi voir que ce ne sont pas les élus qui prendront le risque de contrarier les journalistes en leur imposant des règles plus draconiennes. La présomption d'innocence le mériterait pourtant. Au-delà des règles qui la portent, le mieux serait de l'installer dans les esprits. Nous en sommes loin quand chacun est affligé d'une tendance certaine à faire prévaloir ses intérêts sur ses conceptions. Établir la présomption d'innocence, cela ne consiste pas seulement à édicter que toute personne est innocente des faits dont on l'accuse tant que le contraire n'a pas été judiciairement et définitivement démontré. Il faut, quand nous recueillons une information, que nous cessions de l'analyser en considération de ce que nous voulons bien en croire. Qui veut noyer son chien l'accuse de la rage et nous sommes d'autant plus portés à croire le mal que l'on dit d'autrui que nous ne l'aimons pas. Museler la presse peut être une ambition. Il serait sans doute préférable de la conduire à n'être pas que le reflet de nos instincts.

En matière de presse, l'instinct du chasseur n'est pas le moindre. La démonstration en fut souvent faite dans l'affaire VA-OM. Ce furent des journalistes qui les premiers m'apprirent l'ordre de lecture des appels passés de l'hôtel Novotel. Eux encore qui firent émerger l'alibi de Bernard Tapie qui, pour se défendre de l'accusation de Boro Primorac, prétendait n'avoir pu rencontrer l'entraîneur de l'USVA le 17 juin 1993. Ce jour-là, à Paris, il recevait dans son bureau un personnage important, refusant toutefois de le nommer. Folle comme souvent, la rumeur courut et même le bruit se répandit qu'il pouvait s'agir de François Mitterrand. Plus astucieux que d'autres, un journaliste du *Point* usa du téléphone pour aller à la pêche à l'alibi. Après quelques essais infructueux, il appela sans trop y croire le député-maire de Béthune, où était implanté Testut, l'une des sociétés de Bernard Tapie. Surpris, Jacques Mellick se découvrit, alors que manifestement l'alibi n'était pas au point. Ce qui suivit n'est pas à l'honneur de la République. Deux anciens ministres y furent mêlés dans des conditions rocambolesques qui ont, pour longtemps, entamé le crédit de la classe politique. Somme toute, on lui pardonnera de receler quelques corrompus en son sein, beaucoup moins d'avoir affiché sa connivence avec ces deux-là qui l'avaient ridiculisée. Ainsi de Jack Lang entourant Bernard Tapie d'un bras protecteur sur les bancs de l'Assemblée au moment qu'on y débattait de la levée de son immunité parlementaire.

Paradoxalement, l'opinion publique semble mieux accepter l'absence de probité d'un élu condamné. La réélection ne lui est pas interdite ; on a même parfois le sentiment qu'elle en est favorisée. La prime au sortant, ou l'admiration canaille qu'au pays de Mandrin l'on porte aux brigands ? Cela donne à la démocratie un parfum redoutable qui lui permet d'être représentée par des personnes reconnues comme n'en étant pas dignes. Dans les jours qui ont précédé l'élection d'un candidat de la région parisienne, je fus sidéré d'entendre, à la radio, une auditrice, vraisemblablement âgée, à laquelle on demandait pourquoi elle s'apprêtait à voter pour celui qui avait été condamné pour corruption.

— Il a réussi à prendre des milliers de francs. Bon... Vous ne les auriez pas pris si vous l'aviez pu ?

On a bien raison d'interdire au juge de s'occuper de morale. Il vaut mieux la réserver à la politique. Elle n'en aura jamais trop.

Si je me suis opposé à Jacques Mellick pour avoir tenté d'apporter un témoignage mensonger à Bernard Tapie, je me suis en revanche toujours interrogé sur les raisons qui l'y avaient conduit. Un jour que cet élu avait publié qu'il ne se rendrait pas à la convocation du juge Beffy, je lui avais téléphoné pour faire valoir qu'une telle résistance était indigne d'un ancien ministre. Il ne protesta pas mais soupira presque :

— Si vous saviez comme il est compliqué d'être le maire d'une ville en grande difficulté...

On ne saurait réduire Jacques Mellick à l'épisode auquel il fut mêlé. Pour ceux qui ont connu le Béthunois à cette époque, ils ne peuvent ignorer combien le tissu économique avait de l'importance dans cette région sinistrée. Nombre de maires ont alors tenté, là comme ailleurs, de trouver des solutions, de bric et de broc. Elles passaient souvent par des facilités accordées à des entreprises pour qu'elles s'implantent localement et créent des emplois. Toute chose ayant un prix, il fallait à ces élus le payer. La petite phrase de Jacques Mellick m'a toujours laissé croire qu'en ce qui le concernait le sien était celui du maintien de Testut, la société de Bernard Tapie. Il n'empêche, le spectacle fut désolant qu'il donna à l'audience du tribunal correctionnel de Valenciennes, lorsque vola en éclats le témoignage dans lequel il s'était empêtré au profit du président de l'OM. Au cours de l'instruction, une collaboratrice immédiate de Jacques Mellick à la mairie de Béthune avait témoigné en sa faveur, avec insistance. Contre vents et marées, l'attachée parlementaire du maire de Béthune confortait l'alibi fourni à Bernard Tapie par son patron. Même on la vit un jour, convoquée par le juge Beffy, paraître au palais presque portée par ce qui semblait être du personnel municipal de Béthune. Des gros bras...

Sous influence devant le juge d'instruction, Corinne Krajewski recouvrit ses esprits à l'audience du tribunal correctionnel. Le témoin complaisant cessa de l'être, affirmant que Jacques Mellick avait fait pression sur elle pour obtenir de sa part des déclarations qui ne contredisent pas les siennes. Mais, lorsqu'il entra en scène à son tour, Jacques Mellick ignorait tout de ce revirement. De ceux qui ont assisté à la scène qui suivit, je gage que la mémoire restera longtemps fidèle, de cet ancien ministre pataugeant dans un alibi qu'avait anéanti le témoin précédent. Évoquant curieusement les valises portées pour le compte du FLN pendant la guerre d'Algérie, il s'écria :

— Je suis un révolutionnaire !

Le mot de Lénine me revint :

— Seule la vérité est révolutionnaire.

Sur ce registre, il poursuivit en suggérant qu'il faisait l'objet d'écoutes téléphoniques. Je risquai :

167

— L'Élysée peut-être?

Une ombre passa sur la salle d'audience qui fut dissipée, dans un éclat de rire, par l'intervention du président du tribunal. Soucieux de se distinguer, il me désigna de la main.

— Ce n'est moi qui l'ai dit; c'est lui!

Ce fut pitoyable et nous fûmes nombreux à quitter le prétoire, accablés de l'indécent spectacle.

Certes, Jacques Mellick avait joué de malchance en prétendant qu'il était présent dans les locaux de Bernard Tapie Finances le 17 juin alors qu'en fin d'après-midi des photographies le montraient dans une réception officielle à la mairie de Béthune. Un gros plan sur une montre permit d'en préciser l'heure. Elle était incompatible avec toutes celles qu'il avait données de sa présence à Paris, sauf à croire qu'il avait pu effectuer le parcours Paris-Béthune dans un délai qui aurait normalement pu valoir à son chauffeur sa place au palmarès des plus étonnants des records. Elle aurait été d'autant plus méritée que, des indications recueillies par le juge Beffy pour cette journée, il apparaissait que la circulation avait été rendue particulièrement difficile par des bouchons. C'était à pleurer, mais la France en a beaucoup ri et le nom de Mellick, de ce point de vue, devint proverbial.

Pour sa part, lorsqu'il le vit s'effondrer à l'audience, Bernard Tapie, avec un sens aigu de la pirouette, commença de s'en écarter. Ce n'était pas ce qu'il y avait de plus admirable chez cet homme. Cela se fit sur un palier du tribunal après que l'audience eut été suspendue. Les journalistes s'y étaient agglutinés et Bernard Tapie, dans une conférence de presse improvisée, face aux caméras et aux micros, entreprit de se désolidariser de celui sur lequel jusqu'alors il avait fondé sa défense contre les accusations de subornation. Me trouvant à proximité, je sus qu'il fallait saisir cette occasion de le prendre à son propre jeu. Peu à peu, je me rapprochai de lui. Lorsqu'ils se rendirent compte qu'en déplaçant leurs caméras, ils pouvaient nous comprendre tous deux dans leur champ, les cameramen modifièrent leur cadrage. Ce fut l'instant que je choisis pour interrompre Bernard Tapie, le prendre par le bras et le pousser vers la salle d'audience en le morigénant.

— Venez, monsieur Tapie. C'est au tribunal qu'il faut dire tout cela. La Justice ne se rend pas sur les paliers !

Pour une fois, le matamore prit une triste figure et me suivit sans protester. Il n'en avait pas l'habitude, lui qui, à chaque progression de la procédure en sa défaveur, se propageait dans les médias, se lançant dans des diatribes injurieuses, au mépris de toute vraisemblance.

Dans la presse, il trouvait parfois des consolations. Au début de l'affaire, un sujet de TF1 l'avait même présenté sous un jour si flatteur que, généralement peu soucieux de relever les commentaires hasardeux, j'avais le lendemain, dans mon bureau, demandé aux journalistes présents s'il s'en trouvait un qui appartienne à cette chaîne. Je fis valoir que la désinformation était inacceptable. Le commentaire fut sans doute rapporté car, dès le lendemain, je fus accueilli au tribunal par un journaliste de TF1 qui venait d'être dépêché sur place pour suivre cette affaire et le fit désormais, au moins pour ce qui le concernait, avec l'objectivité la plus acceptable. On me rapporta que Patrick Poivre d'Arvor avait mis son poids dans la balance pour mieux équilibrer le traitement de cette affaire. Mais ce perpétuel combat au cœur d'un dossier pour obtenir que passe la Justice dans des conditions convenables était épuisant.

Il l'était d'autant plus que la Chancellerie se gardait bien de prendre parti. Son jeu semblait étrange mais sans doute était-il inspiré par la cohabitation que connaissait alors l'État, François Mitterrand à l'Élysée, Edouard Balladur à Matignon. Les commentaires se multipliaient sur la manière que j'avais de communiquer avec la presse et le ministère, sans la désapprouver clairement, prenait garde de l'approuver. Cela me rappelait mes débuts à la Chancellerie. Ayant ouvert un de mes premiers dossiers relatif au renvoi d'un conseiller général devant le tribunal correctionnel, j'avais constaté qu'il avait été demandé verbalement au parquet de différer son examen en audience publique, le temps d'une élection à laquelle le prévenu devait se présenter. L'élection passée, il restait à le faire comparaître. Je préparai donc un courrier en ce sens pour le parquet général et le soumis à la signature. On m'expliqua que cela ne se faisait pas et qu'il convenait seulement de s'enquérir de l'état de la procédure, comme si de rien n'était. Il ne pouvait être question de laisser une trace écrite d'une recommandation qui n'avait pas existé.

Las de la stratégie pusillanime du ministère, je résolus un après-midi de la rompre. J'allai en prévenir le juge Beffy et, sortant de son bureau, comme je croisai des journalistes, j'indiquai par une mimique que mes lèvres désormais seraient closes. La suite ne tarda pas et différents journalistes vinrent me trouver pour en savoir plus. Je leur répondis que, compte tenu du silence hypocrite de la Chancellerie, j'avais décidé de garder le mien.

Le directeur des Affaires Criminelles et des Grâces m'appela dans les heures qui suivirent :

— Que fais-tu ? Il paraît que tu ne veux plus parler.

— J'en ai assez de m'exposer sans soutien, alors même que cela ne semble pas vous déplaire. Tant qu'il en sera ainsi, je me tairai.

Ce soutien ne se fit pas attendre et, le week-end passé, je pus reprendre la parole, pas fâché de ne pas laisser le champ libre aux outrances de Bernard Tapie. Par la suite j'appris que l'information était rapidement passée des journalistes du terrain à leurs rédactions, ce qui avait valu quelques coups de fil au ministère. Au point d'intérêt que suscitait désormais cette affaire, celui-ci pouvait craindre d'être considéré comme responsable de mon soudain mutisme. Devant l'opinion publique, il n'est pas sans danger de paraître museler un procureur.

À en croire les gazettes, bon nombre de responsables politiques auraient préféré que je me taise. Le premier d'entre eux tenta d'y parvenir. Quelques jours avant le 14 juillet, des journalistes du *Point* vinrent m'interroger pour leur prochain numéro. Au cours de l'entretien, ils me précisèrent que leur rédaction avait décidé, encore qu'elle restât hésitante, de me consacrer sa couverture. L'idée ne me parut pas excellente, ce que je fis valoir mais ils me firent comprendre que la décision ne pouvait dépendre de moi. Puis ils me demandèrent si je croyais que le président de la République allait évoquer l'affaire VA-OM au cours du traditionnel entretien télévisé auquel il se prêtait à l'occasion de la fête nationale.

— Il ne pourra le faire sans rabaisser la fonction présidentielle.

Vint le 14 juillet et, devant mon téléviseur, j'entendis François Mitterrand prendre clairement parti pour

171

Bernard Tapie contre les juges qui lui demandaient des comptes, s'interrogeant ouvertement sur l'intérêt que l'OM aurait eu à acheter le match qui l'avait opposé à l'USVA. En direct, dans des conditions qui ne pouvaient que donner plus de solennité à son intervention, le président de la République exerçait ainsi une pression manifeste sur l'institution judiciaire. Sa conduite lui était dictée ; elle connaissait désormais, à travers la pensée présidentielle, quelle décision on attendait d'elle. Cette intervention me parut dérisoire et je compris que je n'échapperais pas à la couverture du *Point*.

À cet instant, la sonnerie de la porte d'entrée retentit. Comme à mon habitude, je me mélangeai dans les boutons de l'interphone, si bien que je déclenchai l'ouverture de la porte de l'immeuble. Peu après, quand j'ouvris celle du palier, j'y trouvai quatre journalistes de radio. Avec des mines de chat devant une tasse de lait, ils m'exprimèrent leur compassion pour les propos du Président, suggérant un commentaire. Je répondis d'abord que je n'en ferais point. Ils insistèrent et j'en fis un :

— Décidément, l'Élysée n'est pas un bon observatoire pour la Justice !

Ils comprirent mon allusion à l'affaire de l'Observatoire dans laquelle le député Mitterrand s'était embourbé avant qu'un juge d'instruction – qui devint en 1981 directeur du cabinet du garde des Sceaux – ne rendît un non-lieu en sa faveur. Ils en demandèrent plus et, pour m'en débarrasser, je leur indiquai que je répondrais au président de la République le lendemain à 10 heures. Ils me quittèrent, se frottant déjà les mains à cette perspective.

Parmi les journalistes du palier, se trouvait celui de France Info. Cette radio n'eut alors de cesse, au fil des heures, de marteler l'annonce de ma future réponse au président de la République. L'émoi fut certain et l'on vit monter au créneau quelques grandes figures pour me rappeler, aux petites heures de la matinée, combien il serait inconvenant qu'un procureur répondît au Président. Avec la sérénité de Candide, il me paraissait qu'il l'avait bien cherché en s'aventurant sur un terrain où le garant de nos institutions n'aurait pas dû s'égarer.

Décidément je ne suis pas fait pour la politique car, ce matin-là, alors que je recevais dans mon bureau Jean-Louis Borloo, le maire de la ville, tout courbé par une sciatique, le directeur des Affaires Criminelles m'appela :

— Tu vas vraiment répondre au président de la République ?

— Puisque vous ne faites rien, il faut bien que je m'en charge.

Ce magistrat laissa bientôt la place à un autre que j'estimais fort. Le directeur du cabinet du garde des Sceaux m'appela et, avec l'urbanité qu'on lui connaît, Philippe Léger m'indiqua qu'il fallait que nous nous voyions.

— Dans la semaine ?

— Non, dans la journée.

Si courtoise que fût la formulation, elle ne laissait guère de place à l'indécision. Il me restait à prendre le prochain TGV.

Un appel du nouveau procureur général interrompit mes préparatifs. Son prédécesseur, sous lequel avait débuté l'affaire VA-OM, venait de partir à la retraite. Il s'était montré bienveillant, ne cherchant pas même, quand je lui avais rendu compte de ce que j'avais ouvert une information, à me faire reproche de ne pas l'avoir consulté. Quand j'avais commencé à parler à la presse, il m'avait appelé :

— Je ne vous demanderai pas de vous arrêter, vous ne le feriez pas. Un conseil cependant : ne parlez pas de démocratie, cela ne se fait pas.

Le propos me parut étrange, au point que je ne cherchai pas à en percer le sens.

Son successeur ne m'était pas inconnu. Depuis Caen, nous étions amis. Il quittait la direction des services judiciaires pour ce poste provincial qu'il avait souhaité, harassé de celui qu'il occupait. Ce jour-là, il se rendait à Douai pour rencontrer le premier président et découvrir ses futurs locaux. Un appel du cabinet du garde des Sceaux l'avait prié d'interrompre sa visite et de revenir à Paris, en passant par Valenciennes pour me prendre dans ses bagages. Un peu effaré du nombre de journalistes qui se trouvaient au pied de l'immeuble dans lequel je résidais, il vint m'y chercher et nous partîmes, sa voiture poursuivie par des journalistes en moto. Battant bientôt le record de Jacques Mellick, ce que facilitait un gyrophare et l'usage de la voie d'urgence sur le boulevard périphérique, nous entrâmes place Vendôme en passant par la rue Cambon. L'entrée des artistes. Le directeur du cabinet nous attendait, les journalistes aussi, du côté opposé.

L'entretien se déroula paisiblement. Quand déjà la presse annonçait que j'avais été convoqué dans des conditions qui paraissaient humiliantes, l'ambiance était tout autre. Plutôt décontractée. Elle était facilitée par le fait que Philippe Léger avait été sous-directeur de la justice criminelle pendant les premières années où j'avais appartenu à la direction des Affaires Criminelles et des Grâces. J'étais placé sous son autorité directe et nos rapports étaient excellents. Grand amateur de chasse, il avait relevé ce « j'affole la meute » qui avait marqué les esprits, trouvant quand même que j'y étais allé un peu fort. Il me fit connaître que le garde des Sceaux jugeait opportun que je renonce au mode de communication que j'avais adopté et que je m'en tienne désormais à des communiqués écrits, sauf à les lire.

Un projet de déclaration en ce sens avait été préparé et il me fut soumis. Après que quelques corrections y eurent été apportées à ma demande, le directeur du cabinet téléphona à Pierre Méhaignerie, le garde des Sceaux, pour obtenir son accord sur cette version définitive. Puis il me le passa, le ministre souhaitant me parler. Ses propos ne furent pas différents de ceux de Philippe Léger et j'en profitai pour lui demander de soutenir le juge Beffy contre les injures qu'avait à son égard proférées Bernard Tapie quelques jours plus tôt. Avec le sens de la mesure qu'on lui connaît, le président de l'OM avait en effet, dans un entretien accordé à *VSD*, comparé les méthodes du magistrat à celle de l'Inquisition et de la Gestapo, évoquant aussi les rafles de Juifs pendant la guerre. Même si Bernard Tapie n'était pas avare d'à-peu-près, celui-là dépassait les bornes. Pierre Méhaignerie me fit la promesse d'user de ses attributions pour mettre un terme à ces attaques. Il la tint car, dès le lendemain, il m'appela à Valenciennes pour me dire qu'il avait donné pour instruction au parquet de Paris d'engager des poursuites contre Bernard Tapie pour diffamation.

Après l'entretien téléphonique avec le ministre, je m'apprêtais à prendre congé. On me demanda comment je comptais sortir. « Par la porte, répondis-je, celle qui donne sur la place Vendôme. »

— Vous n'y pensez pas, les journalistes se sont massés devant la porte et vous y attendent!

Peu m'importait. Il parut pourtant préférable à mes interlocuteurs, tandis que le directeur du cabinet lirait son communiqué sur le perron de l'hôtel du ministre, que je reparte dans une voiture banalisée qui serait précédée d'une autre servant de leurre. Je trouvai cela plutôt ridicule mais m'y pliai. Nous franchîmes le porche du ministère tranquillement au milieu d'une haie de journalistes qui n'avaient d'yeux que pour le premier véhicule. Il n'y avait pas que moi pour affoler la meute !

Le retour fut pénible. Ce voyage précipité n'avait pas servi à grand-chose. Il ne s'agissait que d'une gesticulation médiatique à des fins politiciennes et j'avais bien conscience de ne pas en être le personnage principal, un faire-valoir tout au plus. Qu'y avait donc gagné la Justice ? Je parvins tard à Valenciennes où m'attendaient les journalistes devant ma résidence. Ils se firent insistants et je lançai, fourbu et désabusé :

— Je ne crois pas que je jouerai la troisième semaine.

Cela fit gloser. La journée du lendemain devait être encore rude car, à la demande du cabinet, il était convenu que je tienne une dernière conférence de presse au palais, ce qui fut fait, pour expliquer que j'avais consenti à ce qui m'était demandé pour le bien des institutions.

Agacé de voir publier que je m'étais fait tancer comme un gamin, je n'étais toutefois pas mécontent d'être ainsi condamné à un silence tout relatif. Certains journalistes me suggérèrent même, pour affecter de respecter les impératifs qui m'étaient dictés, de continuer à leur parler comme auparavant en me bornant à tenir une feuille vierge à la main. Peu doué pour les faux-semblants, je résolus quelque temps de m'écarter des micros et caméras. Jean-Pierre Bernès avait été placé en détention provisoire à l'issue d'un débat contradictoire dans lequel je m'étais contraint à justifier cette mesure, sachant que le juge d'instruction ne m'aurait pas pardonné de ne point le faire. Pourtant, il ne pouvait m'échapper que cette détention constituait une pression destinée à conduire le directeur général de l'OM aux aveux.

Sans doute est-ce, de toute cette affaire, l'épisode qui m'a le plus pesé. Je crus m'en laver, dans un entretien au journal *Le Monde*, en exposant ce que je pensais de la détention-pression. Cela fit croire que je la revendiquais. Ce n'était pourtant pas le cas : je m'étais borné à indiquer qu'une telle mesure n'était que le produit d'une mécanique dont les magistrats n'étaient pas entièrement les maîtres.

**

Jean-Pierre Bernès en prison, j'avais décidé de ne pas prendre de vacances tant qu'il serait détenu. La décision de la chambre d'accusation de Douai qui lui rendit la liberté ne me fit aucune peine, à plus d'un titre. Je pus enfin partir dans le massif du Lubéron pour rejoindre ma famille. Pour autant l'affaire n'était pas terminée et, de loin, j'en pouvais percevoir les secousses, non sans irritation parfois.

Même pour moi, ces vacances n'en furent pas totalement. J'eus à subir les effets secondaires de la notoriété que m'avait donnée ce dossier. Pour flatteuse qu'elle paraisse, au point que beaucoup sont persuadés qu'on la recherche et s'en nourrit, peut-être parce qu'eux-mêmes s'en seraient gorgés, une telle notoriété ne présente pas que des avantages. Outre les courriers malsains qu'elle peut valoir et je n'en fus pas privé, elle m'a exposé à la curiosité des médias, jusque dans ma vie privée. J'étais devenu un produit de consommation et il m'a fallu bien souvent être vigilant pour n'y pas succomber. Cela est allé des demandes d'autographes dans les supermarchés aux regards appuyés de ceux qui me croisaient et ne craignaient pas de claironner à leur entourage qu'ils m'avaient reconnu. Encore leur arrivait-il de se tromper et je me rappelle avec délectation cet homme qui, lors d'une visite familiale au château de Chambord, m'avait arrêté dans la chambre du roi, pointant vers moi un index autoritaire.

— Vous, je vous connais.

— Ce n'est pas impossible mais, pour ce qui me concerne, ce n'est pas le cas.

Je continuai la visite et le même me rattrapa deux salles plus loin.

— Ça y est, je sais qui vous êtes !

— Oui ?

— Renaud Van Ruymbeke !

J'aurais pu tomber plus mal. Le ton ne supportait pas la réplique. Il ne restait qu'à m'incliner. Je le fis de bonne grâce et m'écartai, tout auréolé d'une gloire qui n'était pas la mienne.

La notoriété a ses limites. Il vaut sans doute mieux pour celui qui en est affecté, tant les tentatives les plus étonnantes sont susceptibles de l'atteindre. À peine arrivé dans le Lubéron, le représentant d'un journal attaché au choc des photos autant qu'aux éclipses des stylos était parvenu à me localiser, juste avant, m'expliqua-t-il, d'envoyer un hélicoptère survoler la région dans l'espoir d'y parvenir. Je l'invitai à respecter ma tranquillité, ce qu'il fit de bonne grâce. Ce même journaliste m'avait auparavant proposé des

« photos volées ». Il s'agissait, m'avait-il précisé, de convenir d'une date et d'un lieu où, à distance et sans même que je paraisse poser, serait prise une photographie censée l'avoir été sans mon consentement. Plus curieusement encore, un autre me suggéra d'utiliser ce système, qui avait fait ses preuves, pendant que j'assisterais à l'office dominical.

— Je me cacherai derrière un pilier et vous ne me verrez même pas.

Un peu suffoqué par ce procédé de bateleur, je refusai tout net. Un troisième enfin faillit avoir, par surprise, un plus grand succès. Alors que je m'apprêtais à quitter le tribunal, il me tendit un livre qu'il venait d'écrire sur Bernard Tapie.

— On peut faire une photo, le livre à la main ?

Je ne compris pas aussitôt qu'il voulait m'utiliser comme enseigne mais me repris bientôt pour refuser. Il y fallait une vigilance permanente à laquelle contribuait grandement mon entourage. L'ironie mordante de ma femme et de mes filles me gardait plus encore que moi-même. Il n'y a que les yeux qui vous aiment pour bien vous montrer le chemin qu'il faut suivre.

La difficulté, cependant, tenait à ce que la notoriété donne à vos propos une ampleur qu'ils n'ont pas habituellement. Comme procureur de la République, l'expression de la vérité ne m'a jamais posé beaucoup de problèmes, même en sachant qu'elle m'exposait. Comme procureur médiatique, je ne pouvais ignorer que ma parole prenait une tout autre valeur, à double tranchant. Peu à peu, après le communiqué du 15 juillet, j'avais repris davantage de liberté, sans que ceux qui m'avaient invité à revenir à un mode plus traditionnel de communication paraissent s'en émouvoir. Il est vrai que, de son côté, personne n'avait interdit à Bernard Tapie de conserver sa virulence. Au fur et à mesure que nous progressions et que l'accusation se fortifiait, le président de l'OM, directement impliqué désormais, rugissait avec talent. Il appela un jour publiquement le garde des Sceaux à me faire taire. Je répondis dans un quotidien en citant Maurice Barrès. Le choix qu'il propose entre la conscience du magistrat et la crainte qu'il doit avoir du garde des Sceaux ne sembla pas plaire à celui-ci. Sur son ordre, je fus convoqué à Douai par le procureur général. Il m'avait été demandé de ne point évoquer cette convocation devant la presse ; écoutant la radio, je découvris en m'approchant de Douai qu'elle avait été informée. Difficile de croire que cela ne venait pas de la Chancellerie ! À défaut de me faire taire, au moins importait-il de démontrer, cohabitation oblige, qu'on s'y employait ardemment.

Au cours de cet entretien, différentes questions me furent posées et mes réponses couchées sur un procès-verbal. L'une d'elles était incongrue, au point qu'elle me paraissait être pour beaucoup à l'origine de ma convocation et de la soudaine publicité qui lui avait été donnée. Elle se référait à une intervention télévisée au cours d'une émission régionale de France 3. Je m'étais rendu dans les studios lillois pour, dans un « Face à la presse », répondre aux interrogations d'une brochette de journalistes. Ils ne manquèrent pas de me questionner sur des propos tenus peu avant par Charles Pasqua, alors ministre de l'Intérieur. Il avait fustigé les magistrats du Nord pour leur laxisme dans la lutte contre les trafiquants de stupéfiants. Nul n'ignorait que le procureur de Lille était principalement visé mais la politique d'action publique que je conduisais n'était pas différente et je m'étais senti solidaire.

Je répondis donc que cette intrusion du ministre de l'Intérieur dans une activité judiciaire était stupéfiante mais qu'il pouvait être rassuré : jamais les magistrats ne remettraient en liberté un terroriste. J'évoquais ainsi l'attitude du gouvernement français en réponse à la demande de la Suisse de lui livrer de présumés terroristes iraniens. L'émission à peine achevée, le représentant de l'Agence France Presse dictait sa dépêche et le journal télévisé de 13 heures s'ouvrit sur ma petite phrase. Publiquement, le ministre de l'Intérieur, manifestement excédé, indiqua toutefois qu'il ne polémiquerait pas avec moi.

Questionné par le procureur général sur cette déclaration, je fis valoir que les ministres de l'Intérieur successifs avaient pris l'habitude de commenter les décisions judiciaires sans que personne, notamment du côté de la Chancellerie, ne paraisse leur en faire grief. Cette habitude ne s'est pas perdue et semble désormais relever d'une sorte de tradition républicaine...

Cette affaire n'eut pas d'autre suite et le procès-verbal du procureur général pas davantage. Un souvenir commun de plus... Il valait mieux. À l'approche du procès VA-OM, je ne pouvais m'offrir le luxe d'un front supplémentaire. Il est vrai que l'intérêt de l'opinion publique ne faiblissait pas et que, quelques tentations que l'on ait pu avoir de me sanctionner, sa protection m'était assurée.

Cette bienveillance du public à mon égard était pourtant paradoxale car Bernard Tapie n'avait perdu ni de son audience, ni de l'admiration qu'il suscitait partout. Avec les journalistes, les sentiments étaient mitigés. Plus d'une fois, à les écouter, je compris que quelques-uns avaient été humiliés par le président de l'OM. Souvent il m'apparaissait que leur volonté d'informer n'était pas absolument impartiale. Divers incidents avaient au cours de l'affaire émaillé leurs relations : une caméra de télévision au fond du Vieux-Port, un journaliste ne devant son salut qu'à une borne de l'hôtel de la rue des Saints-Pères, résidence personnelle de Bernard Tapie. Tout un ensemble qui pouvait expliquer une animosité qui n'était pas mince. La Justice en a parfois profité, lorsque ces journalistes s'acharnaient à la découverte d'éléments qui pouvaient lui servir et le contrarier. Du côté de l'opinion publique, sans être nécessairement défavorables à l'action que nous menions, les réactions étaient différentes. À l'égard de Bernard Tapie, elle ne pouvait se départir d'un sentiment qui m'a toujours paru trouble, attachée à sa perte s'il était convaincu des faits qui lui étaient reprochés, mais amusée des difficultés qu'il nous donnait pour les établir.

Bernard Tapie avait été un ministre de la République flamboyant. Après s'être essayé aux variétés, il était parvenu à se vendre comme le symbole de l'entrepreneur idéal. Il présidait un club de football brillant et renommé. Tout jouait en sa faveur, si ce n'est que la roche Tarpéienne est proche du Capitole. Les paris étaient ouverts et je vis un jour entrer effaré dans mon bureau un journaliste qui croyait à la corruption du président de l'OM.

— Avez-vous vu ? Un sondage vient de sortir. Il donne Tapie gagnant !

Il s'agissait de rien de moins que de prédire qui de la Justice ou du président de l'OM l'emporterait. Qu'on pût ainsi faire un sondage sur une question de cet ordre me parut délirant. Que ce journaliste s'en inquiète me parut étonnant. Que pouvais-je y faire? Je sentais bien qu'il était anxieux de ce qu'une décision de non-lieu puisse intervenir. Sa crainte n'était pas la mienne et je ne me sentais nullement prêt à forcer la procédure pour parvenir, coûte que coûte, à une solution satisfaisante pour ceux qui l'avaient engagée. Il eût fallu une bien étrange conception de la Justice pour procéder autrement.

Les matériaux s'amoncelaient. Le temps du procès approchait. Le dossier me fut communiqué; il comportait neuf tomes et je disposais de trois semaines pour prendre mes réquisitions écrites. Il me fut demandé de les soumettre à la Chancellerie. Je les transmis donc au procureur général, lui indiquant la date à laquelle je considérerais que l'absence de réponse vaudrait approbation, étant bien décidé à ne point endosser des réquisitions de non-lieu. Certes je pouvais légalement y être contraint, certainement pas de laisser croire que j'en étais l'auteur. Un éventuel censeur ne pourrait s'en tirer à bon compte. Nul ne s'y risqua et, le moment venu, je remis mes réquisitions au juge d'instruction qui rendit une ordonnance de renvoi devant le tribunal correctionnel, conforme à ce dont je l'avais requis. Plusieurs semaines devaient encore s'écouler avant que les neuf tomes du dossier ne soient soumis aux trois juges qui le composeraient. Il comprenait essentiellement deux épisodes, l'un sur la corruption du match VA-OM, l'autre sur la subornation de témoin commise sur Boro Primorac.

Un tel procès ne s'improvise pas ; il promettait d'être suivi et le nombre des parties commandait qu'on le préparât. Il s'ouvrit au mois de mars 1995 au palais de justice de Valenciennes, peu adapté pour recevoir tous ceux qui s'y précipitèrent. Ce temps de préparation fut un temps d'accalmie. Mes réquisitions étaient prises et je n'éprouvais aucun besoin de les commenter. Il y a un temps ouvert au Ministère public pour communiquer sur une instruction qualifiée de secrète, un autre pour se taire. Je n'avais pas à reprendre la parole publiquement avant l'audience. Le caractère secret de la procédure peut rendre nécessaire les commentaires, à proportion de l'attitude adoptée par les autres parties. Sa phase publique ne le permet pas, pour le Ministère public mais aussi, à mon sens, pour tous les protagonistes. La publicité des débats devrait interdire de commenter à l'extérieur ce qui se dit à l'intérieur de la salle d'audience. Sans doute leur transmission dissuaderait-elle quiconque d'en être tenté. Elle éviterait au moins qu'au débat judiciaire, contradictoire par nature, ne se substitue un débat médiatique, qui ne présente pas le même avantage. Les journalistes ne sont pas des juges.

Quand le procès s'ouvrit, ceux-ci étaient nombreux dans la salle d'audience, laissant finalement peu de place au public. Une salle avait été aménagée dans les sous-sols où un nombre sensiblement égal de spectateurs pouvait suivre les débats qui étaient filmés, à usage strictement interne. Président et procureur étaient équipés de micros-cravate, ce qui permit au public du bas de savourer des commentaires qui n'étaient pas perceptibles dans la salle d'audience. Ainsi, sur un point concernant le football, j'avais proféré des inexactitudes qui firent sourire. Me tournant vers l'auditeur de justice qui m'accompagnait, je marmonnai, dans ma barbe mais surtout dans le micro, oubliant son existence :

— Dans ce domaine je me savais nul, mais pas à ce point !

D'autres commentaires suscitèrent moins de rires et le public parut médusé quand, procédant à l'interrogatoire d'identité de Bernard Tapie, le président s'excusa.

— Pardonnez-moi monsieur Tapie, mais je vais devoir lire votre casier judiciaire.

Pendant ces journées, l'ambiance était électrique et désagréable l'impression que ce qui se rapportait devant la presse sur les paliers n'était point nécessairement conforme au déroulement des débats. Pour le reste, ce fut un procès ordinaire, avec toutefois quelques rebondissements que j'espérais. La redoutable catharsis de l'audience.

Même si ses aveux furent partiels, le revirement de Jean-Pierre Bernès était annoncé. Il se produisit, mettant à mal la défense du président de l'OM. Son avocat, Gilbert Collard, perçut ma perplexité. Quel était donc l'intérêt pour l'ancien directeur général de l'OM, contre l'évidence, de retenir une partie de la vérité ? Lors de la suspension d'audience qui suivit, l'avocat me demanda un entretien en particulier et je ne pouvais douter qu'il avait l'accord de son client.

— Vous vous interrogez sur le sens de ses déclarations. Voulez-vous que je vous l'explique ?

Cette proposition valait toutes les explications. Ce n'était qu'une question de stratégie. Tout en accusant

Bernard Tapie, il fallait à Jean-Pierre Bernès assurer sa défense. Nous n'étions pas tout à fait du même côté.

— Merci, mais je crois que j'ai compris.

Hormis cela, les débats consacrés à la corruption manquèrent de piquant, si ce n'est quand les entraîneurs vinrent nous expliquer comment, avant un match, ils échangeaient des informations sur leurs équipes respectives. Plus roborative fut la partie de l'audience consacrée à la subornation sur Boro Primorac. Les faits étaient patents, le dossier plus facilement maîtrisable et le témoignage de Jacques Mellick particulièrement attendu. Chacun était persuadé de ce que la preuve de la subornation allait entraîner celle de la corruption, en dépit de toute logique judiciaire. Les débats avaient permis d'entrer dans presque tous les détails du dossier. Mes réquisitions orales ne pouvaient dès lors qu'être brèves. Elles me permirent de dire à chacun ce que je pensais de son comportement, mais aussi de souligner combien il me paraissait important que Jacques Glassmann soit réhabilité. Cela me fut publiquement promis. Mais chacun sait désormais que les promesses n'engagent que ceux qui les croient, au risque de ne plus jamais croire personne. Ce joueur de Valenciennes, qui faisait partie du trio approché par Jean-Jacques Eydelie pour le compte de l'OM, avait, s'étant repris, le premier dénoncé la corruption. Je reste persuadé de ce que sa femme avait été de bon conseil. Le dossier le laissait deviner. En outre, avant le procès, le hasard me l'avait fait rencontrer dans une grande surface où je faisais des emplettes. Elle vint vers moi et les propos échangés me convainquirent qu'elle avait été la femme de la situation, ce qui n'avait pas été le cas de toutes les autres. Dans une société bien formée, elle ou Jacques Glassmann pouvait en espérer au moins de la reconnaissance. Il fut honni et son nom traîné dans la boue. Les hommes du football ne lui surent pas gré de son initiative, comme s'il était coupable d'avoir révélé la fraude, plus que d'autres de l'avoir commise. Cela en dit beaucoup plus qu'on ne voudrait l'admettre sur l'état de la morale publique. De Bernard Tapie, je choisis de tracer un portrait nuancé, regrettant que des qualités intrinsèques aient été dévoyées.

— Vous eussiez pu être une constellation ; vous n'êtes qu'une nébuleuse.

Pendant que je parlais, il se gavait de pilules, puis resta un instant prostré dans la salle qui se vidait lorsque j'eus achevé mon réquisitoire. Le considérant comme l'instigateur principal, j'avais demandé une peine de six mois d'emprisonnement. Après un long délibéré, le tribunal en prononça douze que, l'année suivante, la cour d'appel de Douai ramena à huit. C'est assez montrer comme la Justice n'est pas une science exacte. Elle ne trouve d'apparentes certitudes que dans un processus hiérarchisé, sans que l'on puisse jamais être certain que la décision qui l'emporte corresponde à la vérité.

Souvent, depuis lors, il m'a été rapporté que Bernard Tapie développait à mon égard une forme d'estime. Une rencontre, la seule, postérieure au procès, ne m'en a pas donné l'impression. Pour faire publiquement la démonstration qu'un magistrat n'éprouvait point d'aversion à l'égard de celui qu'il avait fait condamner, j'avais accepté la proposition de Ruth Elkrief de participer, un dimanche en

187

fin d'après-midi, à son émission télévisée hebdomadaire, face à Bernard Tapie. Lorsque nous nous croisâmes dans les couloirs, ce fut à peine s'il me salua et, après l'émission, il partit si vite que nous ne pûmes échanger trois mots. Il était manifestement tendu et celle-ci devait lui paraître un enjeu. Sur le plateau, installés avec l'animatrice autour de la table, nous attendions que commence l'émission. Près de nous se tenaient quelques personnes, dont Étienne Mougeotte, l'un des principaux responsables de TF1. Bernard Tapie se tourna vers Ruth Elkrief.

— Vous savez que vos patrons ne vous aiment pas.

La ficelle était grosse. Il tentait de la déstabiliser avant même de passer à l'écran. Elle blêmit pourtant si fort que je jugeai devoir intervenir :

— Ne l'écoutez pas. Et puis qu'est-ce que cela peut faire...

Il insista :

— Si, si, je vous assure, ils ne vous aiment vraiment pas du tout.

Plus que tout ce que j'avais pu entendre ou voir de Bernard Tapie, ce comportement me parut significatif de sa personnalité à laquelle ne m'attache qu'un intérêt de nature anthropologique. Venu dans ce studio de télévision dans un état d'esprit favorable, j'en repartis doutant de l'efficacité de la condamnation qui avait été prononcée contre lui dans l'affaire VA-OM.

Si la prison ne me semble pas être une panacée, au moins pouvais-je espérer qu'elle avait changé ce grand fauve. Que n'aurais-je donné pour un tel résultat ? Un Tapie à la hauteur de ses seules qualités. Manifestement il n'en était rien et, comme bien souvent, je me pris à regretter que la Justice ne rende pas honnête, seulement intelligent, et encore...

VII

LE MARTEAU SANS L'ENCLUME

Pour époustouflante qu'ait été l'affaire VA-OM, elle ne saurait résumer mon activité pendant les quelque six années que je passai à Valenciennes. Par nature, les dossiers pénaux émergent plus que les autres. Ils ne constituent pas pour autant la seule réalité d'une juridiction. Personnage répressif, le magistrat du parquet est souvent réduit à la dimension de son activité principale. Il en est d'autres, moins évidentes, qui l'occupent sans toutefois qu'elles soient négligeables. Considéré par le Conseil constitutionnel comme garant des libertés fondamentales au même titre que le juge, le procureur doit veiller à ce qu'elles soient respectées partout où elles peuvent être menacées.

Déjà, à Chambéry, le sort des malades en milieu psychiatrique avait pris beaucoup de mon temps. L'établissement était important et la loi m'imposait de le visiter chaque trimestre. Ces visites devaient être inopinées, comme le prévoit le texte. Pourtant trop souvent elles sont annoncées, les privant ainsi de toute efficacité. Ce n'est point que ce qui s'y passe doive nécessairement appeler la suspicion mais, en y procédant de cette façon, le magistrat assure également la protection des médecins et du personnel hospitalier. Ainsi ils ne peuvent être suspectés d'avoir dissimulé quoi que ce soit. Pourtant beaucoup n'apprécient guère cette méthode, ni d'être surpris par un magistrat.

J'avais pris l'habitude de me rendre auprès du directeur de l'hôpital psychiatrique et de l'inviter à m'accompagner dans le service que j'avais choisi. Nous commencions aussitôt la visite. Un jour, le médecin responsable du service se précipita vers nous et prit à partie le directeur de l'établissement, lui reprochant sa venue dans « son service » sans l'en avoir averti. Il me fallut intervenir et rappeler sèchement à ce praticien que l'initiative venait de la loi. Le personnel hospitalier voyait les choses d'un autre œil. Mes visites ne respectaient pas nécessairement le rythme trimestriel qui m'était imposé et, quand il m'arrivait de rester plus de trois mois sans venir, la fois suivante les agents du bureau des entrées manifestaient parfois leur contentement. L'un d'eux me confia même que, soumis à cette contrainte, les médecins étaient plus attentifs au respect des prescriptions légales. Il est vrai que j'en ai connu quelques-uns pour lesquels la conception qu'ils avaient de l'intérêt du malade les conduisait à violer la loi.

Le pouvoir médical reste une réalité, même si, dans ce domaine, l'on doit constater une régression qui n'est pas négligeable. La multiplication des procédures en responsabilité l'ont beaucoup entamé, au point qu'il faut aujourd'hui s'inquiéter de la fragilité qu'elles ont provoquée chez nombre de médecins. Craignant de se voir reprocher jusqu'aux conséquences inéluctables de leurs actes, ils tendent à s'écarter du moindre risque. Cette situation n'est pas nécessairement favorable aux malades qui ont également à craindre d'un praticien frileux. Positivement, l'évolution est marquée par l'appellation d'usager qui a remplacé celle de « patient », celui qui souffre mais aussi celui qui subit. Dans un milieu hospitalier fermé, ce qui est le cas des hôpitaux psychiatriques, plus forte est la tentation de maintenir l'autorité du médecin, plus facile d'y parvenir.

Pour garantir la liberté individuelle du malade atteint d'une pathologie mentale, la loi prévoit deux formes de contrainte : il peut être hospitalisé avec son consentement, ou sans son consentement, soit d'office par décision administrative, soit à la demande d'un tiers. Trop souvent j'ai pu constater que des malades avaient été admis prétendument « avec leur consentement », alors qu'il n'en était rien. Il m'était généralement répondu qu'il était dans l'intérêt du malade, tel qu'il était apprécié par le médecin, qu'il puisse considérer son hospitalisation comme volontaire... C'était oublier qu'en procédant ainsi, le médecin privait le malade des garanties prévues par la loi en cas d'hospitalisation déclarée sous contrainte. Si l'hospitalisation est volontaire, elle ne fait pas l'objet d'un signalement au procureur de la République, ce qui interdit à celui-ci de procéder aux vérifications qu'il estimerait nécessaires pour en apprécier la légalité. L'hospitalisation sans contrainte ne fait pas davantage l'objet des contrôles prévus par les textes relatifs aux malades retenus contre leur volonté. La distinction est de taille et ses conséquences méritent l'attention du parquet.

À certains médecins psychiatres, il m'a toujours été difficile de faire admettre que la science à laquelle ils se référaient ne pouvait l'emporter sur la loi. Contre elle ils ne pouvaient avoir raison. Il fallut même parfois saisir le président du tribunal de grande instance pour qu'il constate l'inutilité de la mesure d'hospitalisation et ordonne la mise en liberté immédiate du malade. L'épreuve fut éprouvante pour le médecin qui, de bonne foi à n'en pas douter, avait procédé à cette hospitalisation.

Le registre de la loi consigne obligatoirement les principales étapes des hospitalisations sous contrainte, malade par malade. Son examen révélait souvent des défaillances. Par exemple, quant au respect des prescriptions qui imposent un examen régulier du malade, afin de s'assurer que son hospitalisation reste indispensable. Il me fallait, chaque fois, appeler officiellement l'attention de l'établissement sur celles-là. Le système en vigueur reste perfectible. Sa faille est de reposer pour beaucoup sur la volonté des magistrats. Non point qu'ils soient incapables de procéder aux visites prévues par la loi. On ne saurait toutefois mésestimer ce que représentent de telles visites dans le cadre de fonctions qui ne nous y ont nullement préparés.

La difficulté est grande, d'un point de vue humain, non pas d'affronter le corps médical quand il s'égare, mais de côtoyer de si près les manifestations d'une pathologie mentale, toujours éprouvante tant elle nous renvoie à nos propres angoisses. Dans un service, l'un des malades s'approcha au cours de ma visite et m'enserra le crâne de ses mains. Deux infirmiers s'empressèrent pour me dégager mais l'homme avait de la force et le temps me parut bien long avant qu'ils n'y parviennent. J'en ai conservé un souvenir auquel je me réfère quand je perçois chez mes collaborateurs une extrême réticence à se soumettre à l'obligation périodique que nous impose la loi. Généralistes du droit, il nous faudrait aussi, ce qui manque parfois aux médecins, une formation psychologique pour nous préparer à ces tâches. La simple humanité n'y suffit pas.

Cela vaut aussi dans le domaine pénitentiaire. On pourrait croire que la prison nous est familière par le nombre de personnes que nous y faisons entrer. Rien n'est moins vrai et c'est une chose d'ouvrir les portes de la prison, une autre de les franchir. Dans ce monde étrange soumis à des règles semblables à celles du monde extérieur, elles paraissent plus rudes encore, parce qu'on pourrait légitimement croire qu'elles ne sont pas applicables dans un établissement où les espaces de liberté sont si rares. Le magistrat comme l'homme ne peut qu'être désorienté. Si l'administration pénitentiaire est l'une des composantes du ministère de la Justice, elle possède une vie propre. Les conflits de pouvoir ne sont pas rares qui opposent les magistrats et ses agents, avec une touche de susceptibilité qui ne les rend que plus acerbes. Il faut parfois rappeler aux responsables de ces établissements que, lorsqu'ils reçoivent un détenu, c'est par décision judiciaire. À dire vrai, plus qu'à ceux-là, c'est à leur direction au sein de la Chancellerie qu'il faudrait le rappeler. Il fut un temps où elle ne craignait pas, quand sa responsabilité n'était qu'administrative, de convoquer les juges de l'application des peines pour leur expliquer la manière dont ils devaient procéder. À sa décharge, peu de ces magistrats regimbaient.

Cet antagonisme endémique explique peut-être la difficulté du corps judiciaire à reconnaître que notre système pénitentiaire doit être impérativement réformé. C'est peu à peu le cas et je ne puis que citer pour mémoire le temps où, lors de la réunion annuelle de la commission de surveillance de la maison d'arrêt de Chambéry, évoquant le paquetage remis à chacun lors de son incarcération, j'avais demandé s'il comprenait des préservatifs. Déjà flambait le sida et la question ne m'avait pas paru déplacée. Elle fut pourtant jugée telle et provoqua un haut-le-cœur du directeur régional de l'administration pénitentiaire.

— Vous n'y pensez pas ; ce serait reconnaître l'existence de relations homosexuelles entre les prisonniers !

On a fini par admettre que, même enfermés, les hommes et les femmes conservent l'essentiel de ce qu'ils sont et la sexualité en fait partie. Les agressions restent nombreuses, jusqu'aux viols qui se commettent dans les cellules et dans les douches. Leur nombre est régulièrement dénoncé, créant chaque fois l'émotion d'une opinion publique toujours à la recherche de sa bonne conscience. Il faut peu de temps pour qu'elle retombe, jusqu'au prochain scandale. Même si le discours officiel tend à le nier, ce monde ressemble au nôtre. On y trouve des délinquants comme des victimes et les témoins n'y sont pas nécessairement plus bavards qu'ils ne le sont en liberté. Rien d'étonnant à cela : le risque est encore plus grand de subir des mesures de rétorsion.

On y trouve aussi des fonctionnaires remarquables, capables de remplir de difficiles fonctions, soumis à un environnement pesant comme au mépris des « honnêtes gens » qui, à l'extérieur, oublient ce qu'ils leur doivent. L'appétit de prison, si souvent exprimé dans les cris d'une opinion publique exaspérée par les manifestations de la délinquance, ne saurait aller sans une plus grande considération pour ceux qui, dans l'intérêt général, acceptent d'y travailler. Sans doute les surveillants jouissent-ils de plus de liberté que les détenus et la retrouvent-ils leurs heures de travail accomplies. Il n'en reste pas moins que c'est en prison qu'ils passent le plus clair de leur temps, attentifs à ce qui, à chaque instant, pourrait se produire de fâcheux, de dangereux parfois. Ils y ont d'autant plus de mérite qu'en dehors de quelques-uns que l'on montre d'autant plus volontiers qu'ils masquent la réalité de l'ensemble, les établissements pénitentiaires ne correspondent guère aux « prisons quatre étoiles » que fait partout surgir la démagogie.

Une cellule, c'est d'abord quatre murs et une porte affligée d'un judas. Il autorise en permanence l'intrusion du surveillant, ne serait-ce que par le regard. Un jour un prisonnier m'expliqua sa préférence pour les établissements aménagés dans des locaux inadaptés, d'anciens couvents parfois. Au moins comportent-ils des recoins où l'œil du surveillant ne peut vous atteindre, alors que, dans les plus modernes, rien ne peut lui échapper. De quelque facture qu'il soit, l'espace y est toujours réduit et les sanitaires ne sont pas à l'extérieur. Bien plus, ils ne sont pas toujours clos, privant d'intimité les détenus qui partagent la même cellule, le cas le plus fréquent. L'emprisonnement individuel est une rareté dans les maisons d'arrêt où sont incarcérés pêle-mêle ceux que la loi présume innocents et ceux qui, déjà condamnés, attendent d'être transférés dans un établissement réservé à l'exécution des peines. Un président de la République, dans la phase la plus libérale de son septennat, avait justement proclamé que la prison, ce ne devait être que la privation de liberté et rien d'autre. Il serait bon que notre pays s'en souvienne, ou admette son indignité des conditions dans lesquelles il enferme, à bon droit, ceux qui ont porté atteinte à ses intérêts.

Cette ambiguïté affecte nombre de magistrats. En dehors des fonctions ou des attributions spécialisées, la fréquentation assidue des établissements pénitentiaires n'est pas leur fort. Leurs visites y sont rares, comme s'ils éprouvaient de la gêne à se trouver en face de ceux qu'ils y ont fait entrer. Pourtant, je sais d'expérience que la relation est différente avant la décision et lorsqu'elle est en cours d'exécution. Autant, bien souvent, les rapports sont tendus au sein du palais de justice, autant ils perdent de leur agressivité dans le cadre pénitentiaire. M'astreignant à m'y rendre au moins une fois par an pour m'y entretenir avec ceux qui le désirent, j'ai toujours été étonné de la manière dont les détenus, nécessairement volontaires, abordaient cet entretien, comme si je n'étais pour rien dans leur présence entre quatre murs. Institutionnelle, la mienne semblait leur donner comme du contentement et une certaine complicité parfois s'installait, à laquelle il me fallait prendre garde, ne serait-ce que vis-à-vis des surveillants. Il me semblait indispensable de ne pas donner à ceux-ci, par une trop grande familiarité avec ceux qu'ils surveillaient, l'impression que le représentant de l'Autorité judiciaire les tenait à l'écart. Ce sentiment, je l'avais déjà éprouvé pendant le mois passé à la maison centrale d'Ensisheim. La proximité qui, au fil des jours, s'était développée entre quelques détenus et l'auditeur de justice que j'étais en avait exaspéré plus d'un, bien que je n'aie témoigné aucune sorte de condescendance à l'égard des surveillants. L'univers carcéral est ainsi, qui fausse les perspectives et donne à tout, jusqu'aux faits les plus insignifiants, une résonance particulière. Il faut y pénétrer pour s'en rendre compte et, à plusieurs reprises, j'en ai provoqué l'occasion en y traînant ceux qui n'en avaient qu'une vision trop théorique.

À Valenciennes, mais aussi sur l'ensemble du territoire national, une journée « portes ouvertes » avait été organisée pour offrir aux responsables locaux l'opportunité de découvrir la prison. Les portes n'étaient qu'entrebâillées. Le programme ne prévoyait que des discours et une visite relativement sommaire de l'établissement. Avec l'accord du directeur, j'y introduisis inopinément des visites de cellules occupées. Il me souvient du maire de l'une des cités de l'arrondissement, plus opulente que d'autres et dont les habitants se plaignaient régulièrement des actes de délinquance qui les frappaient. Sans aucun recul, l'élue s'en faisait le relais et me réclamait toujours plus de sévérité, donc plus d'emprisonnement. Je la vis qui restait dans l'encadrement de la porte au lieu de pénétrer hardiment dans la cellule. Je la poussai vers l'intérieur en lui lançant :

— Au moins faut-il que vous sachiez à quoi cela ressemble !

Par la suite, ses revendications me parurent plus discrètes. Semblablement des juges au tribunal de commerce, dont les propos appelaient souvent à la répression, les tempérèrent après que je leur eus fait visiter la prison de leur ville. C'est l'un des maux de la prison : tous en parlent mais peu mesurent ce qu'elle représente, au point que la clameur fait négliger la réalité.

*\
**

Certes, mes fonctions consistaient en un combat permanent contre la délinquance, mais aussi les formes plus pernicieuses qu'elle peut revêtir. La prise illégale d'intérêt ne me paraissait pas la moindre car cette infraction est, par nature, celle des élus, de ceux donc qui doivent marquer le pays de leur exemple. Le code pénal réprime ainsi le fait de se servir d'une fonction publique pour satisfaire, directement ou indirectement, des intérêts qui profitent à celui qui l'exerce. Parfois l'intérêt est personnel. Un maire du Valenciennois partageait le logement dont bénéficiait son épouse en tant que directrice d'une école primaire. La réglementation ayant changé, il revenait au conseil municipal de fixer l'indemnité due par l'occupant. Elle fut identique à ce qu'elle était auparavant mais le maire n'avait pas craint de prendre part à la délibération qui concernait sa femme, et lui par conséquent. Informé, je fis entendre l'élu en l'invitant à régulariser la décision illégale, comme condition d'un classement sans suite. Il ne s'agissait pour lui que de faire délibérer à nouveau son conseil, mais hors sa présence. Pourtant il résista, faisant valoir tout ce qu'il avait apporté à ses concitoyens dans ses fonctions publiques comme au sein de son parti ; ainsi prétendait-il justifier qu'on ne l'embête pas davantage. Cela devenait une question de principe. J'écrivis donc au maire récalcitrant, en lui expliquant la loi qui avait guidé mon intervention, et conclus que, s'il persistait, il me resterait à le faire comparaître devant le tribunal correctionnel pour le convaincre. Maugréant sans doute, il finit par obtempérer. Encore que l'intérêt prohibé soit personnel, on ne comprend pas toujours que l'infraction puisse être à ce point formelle. Le législateur le veut ainsi qui, en réformant le code pénal en 1994, a refusé d'y introduire un critère de bonne foi. Peu importe que son auteur n'ait eu aucune intention frauduleuse en la commettant.

Ainsi, dans les montagnes du Massif central, le maire d'un village isolé était le seul à tenir commerce de charbon, celui dont la commune avait besoin pour chauffer ses bâtiments. Mais le maire n'avait pas le droit de passer un contrat avec sa propre municipalité. Afin d'éviter que l'édile ne se rende coupable d'une prise illégale d'intérêt, il aurait fallu se rendre dans le bourg le plus proche pour acheter ce charbon, à plus de vingt kilomètres en zone montagneuse. Il passa outre et fournit sa commune en charbon. Alors à la Chancellerie, je fus saisi de ce cas par le procureur général de Riom. Il ne manquerait pas de se conformer aux instructions qu'on voudrait bien lui donner... Je répondis qu'un classement paraissait s'imposer dès lors que les éléments factuels qui m'étaient communiqués ne révélaient aucune volonté de fraude. Ce disant, je m'écartais du droit. Le problème se présente plus souvent qu'on ne le croit, contraignant le procureur, contre la loi, à user du principe d'opportunité des poursuites pour classer sans suite.

Membres d'honneur d'une association, trop d'élus n'hésitent pas à participer aux délibérations qui accordent à celle-ci des subventions publiques. Cette double participation leur est interdite : ils doivent choisir entre leur mandat public et leur adhésion associative, serait-elle étroitement liée à celui-ci. Beaucoup peinent à le comprendre et l'autorité préfectorale, qui en est informée dans le cadre du contrôle de légalité, n'est pas toujours soucieuse d'en aviser le procureur de la République.

Pourtant l'article 40 du code de procédure pénale commande à toute autorité constituée de faire connaître au parquet les faits délictueux dont elle a pu avoir connaissance. Il est vrai que la violation de cette obligation n'est pas pénalement sanctionnée, ce qui est regrettable. Cela étonne même dans notre droit où sans cesse les pouvoirs publics ajoutent au code pénal. On se demande bien pourquoi le législateur qui pénalise l'abstention fautive d'un commissaire aux comptes coupable de ne pas avoir révélé des faits délictueux se montre timoré lorsqu'il s'agit d'une autorité publique. Serait-ce qu'il pourrait en pâtir ? Les conséquences en sont notables : la prise illégale d'intérêt prospère et finit par porter atteinte aux intérêts financiers de la collectivité. À Valenciennes, après un représentant de l'État passablement timoré sur ce point, il en vint un second avec lequel nous partagions cette évidence. Les informations qu'il me transmettait ou que j'obtenais par ailleurs me conduisirent, plus d'une fois, à ouvrir des enquêtes. Le plus souvent elles s'achevèrent sur un classement sans suite, après que la situation eut été régularisée avec le concours actif du sous-préfet. Il m'importait moins de poursuivre les élus que de leur faire admettre l'importance d'une législation qui garantissait jusqu'à leur propre image. La plupart l'ont compris et progressivement les élus s'écartèrent ostensiblement des délibérations dans lesquelles ils avaient un intérêt, de quelque nature qu'il puisse être. Comme toujours dans le domaine de la répression, les bonnes habitudes ne s'installent pas facilement et l'on m'a rapporté qu'après mon départ de Valenciennes, c'est son maire lui-même qui avait rappelé la règle à ses conseillers. J'avais à peine tourné les talons que quelques-uns revenaient au passé. Il les tança si bien qu'ils durent y renoncer, au moins pour un temps.

Le maire de Valenciennes, Jean-Louis Borloo, était un personnage étonnant. Avec cette volupté que donnent parfois les mots à ceux qui les emploient, il était souvent qualifié d'atypique. Son charisme était évident et il suffisait de le voir avec des étudiants pour comprendre l'emprise qu'il pouvait exercer sur les plus jeunes. Les autres étaient réticents, sur la forme plus que sur le fond. De loin j'avais suivi les méandres de son parcours politique. Il m'intriguait et je m'étais réjoui d'être nommé dans la ville dont il était le maire. Je ne fus pas déçu, même si nos relations furent chaotiques. Il était de ces élus qui, même frottés de Justice, comprennent mal qu'on puisse, si ce n'est parce qu'on les déteste, engager des poursuites contre eux, voire simplement s'interroger sur certaines de leurs décisions. Lui vouant de l'admiration, je me suis affligé de ce qu'il m'ait considéré comme un ayatollah quand j'ouvris des enquêtes qui le concernaient, directement ou non. Aucune n'a d'ailleurs abouti à des poursuites et il me dit un jour qu'un dossier lui avait enseigné que j'agissais sans esprit partisan. Un enfant était mort noyé dans la Rhonelle, une rivière qui traverse un parc de la ville. Sous la surveillance de ses parents, il glissa sur la berge et tomba dans l'eau. Entraîné par le flot, il périt. Je me rendis sur place et constatai qu'il n'y avait pas de protection particulière. Pour autant, je considérais que la présence des parents écartait toute autre responsabilité et je classai le dossier sans suite. Manifestement le maire avait cru sentir le vent du boulet. Il n'était que dans son préjugé.

Pourtant l'intelligence de Jean-Louis Borloo était particulièrement pétillante et le rendait séduisant. Il n'y eut pas

201

de réunion qu'il présidât sans que la cadence avec laquelle il émettait des idées ait constitué un régal pour l'esprit ; il lui manquait simplement des relais. Même si nos goûts vestimentaires nous distinguaient beaucoup, les miens étant des plus classiques, une réelle sympathie me portait vers lui et, en dépit de nos divergences, il me sembla parfois qu'elle était partagée. Arrivant un jour à mon bureau après déjeuner, je reçus de lui un appel. Il était au restaurant, m'avait vu passer et insistait pour que je le rejoigne. C'était un mauvais jour, de ceux où tout paraît vous écraser. Il se lamentait de ce que les bourgeois de Valenciennes ne l'aiment guère, malgré les efforts qu'il déployait pour leur plaire. Je lui conseillai ironiquement le coiffeur mais il me répondit qu'il ne s'y rendait que le jour où venait sa mère. Plus sérieusement, je lui fis valoir que la froideur dont il pâtissait n'avait rien dont il doive s'affliger :

— C'est le propre de la bourgeoisie de se défier de ceux auxquels elle a accordé sa confiance pour conduire son destin. De toute façon, ils voteront pour vous : ils n'ont pas de meilleur candidat et ils le savent.

Mais cet homme brillant a la faiblesse d'aimer qu'on l'aime, sans parvenir, en l'assumant, à en faire une force. Pourtant, si je n'avais eu à connaître que des maires semblables, nonobstant son extrême sensibilité, susceptibilité parfois, je me serais toujours accommodé des relations nécessaires que nous devons entretenir avec les élus, dans l'intérêt de nos concitoyens.

*
* *

Formé de l'élu, du préfet et du procureur, curieux attelage que celui qui localement décline le principe de séparation des pouvoirs. Pour le magistrat, le premier n'est pas un compagnon difficile. Il tente parfois d'obtenir de la Justice ce qu'elle ne peut lui donner, mais son ignorance des mécanismes judiciaires permet le plus souvent d'y mettre un terme. Il suffit de l'en informer. Quand sa méconnaissance de l'institution n'en est pas la cause, il reste aisé de rappeler à l'élu les principes de la République. Quand j'étais à Chambéry, un magistrat devenu parlementaire m'écrivit un jour en faveur d'un des ses administrés qui avait traversé ma circonscription à une vitesse excessive. Il souhaitait que je fasse preuve d'indulgence. Je le remerciai d'avoir appelé mon attention sur ce comportement et lui répondis que j'allais accélérer les poursuites.

Parfois, c'est à l'élu lui-même qu'il faut s'en prendre, lorsqu'il s'égare. Il m'était apparu qu'un maire du Valenciennois avait falsifié une délibération, ce dont l'un de ses adversaires m'avait informé. Je convoquai l'édile. Il finit par avouer qu'il ne s'agissait pas d'une seule délibération, mais de plusieurs dizaines. Ils ne les avaient pas seulement falsifiées. En fait, il les avait inventées et n'en paraissait pas autrement chagrin. Je m'en étonnai.

— Mais pourquoi?

— Nous avons la majorité dans le conseil municipal : cela ne servait à rien de se réunir pour prendre des décisions qui étaient acquises.

L'ai-je poursuivi? Je n'en suis pas certain, persuadé de ce qu'il n'appartient pas à la Justice de corriger la démocratie. C'est d'ailleurs pourquoi je me refuse, bien que la loi le permette pour différentes infractions, à requérir l'inéligibilité des élus poursuivis. Il s'agit alors, non seulement d'écarter celui qui a trahi ses électeurs par des pratiques illégales, mais aussi de lui interdire de se présenter à nouveau devant eux. On peut aisément concevoir qu'il appartienne au juge de sanctionner pénalement celui dont les agissements ont compromis la démocratie, il est contestable en revanche que, juge de l'élu, il devienne celui de l'électeur, ainsi empêché d'exercer librement son choix. Le principe de la souveraineté du suffrage universel me semble absolument l'exclure.

En revanche, quand le représentant de l'État dans le département s'écarte des principes qui régissent la Justice, il faut en rechercher la cause ailleurs que dans l'ignorance ; il s'agit plutôt de dédain. Il a si longtemps incarné sa toute-puissance que même les lois de décentralisation de 1982 ne sont pas parvenues à le rendre à l'humilité. Au contraire, son rôle limité par l'émergence du pouvoir local, le préfet s'est rabattu sur d'autres secteurs où sa prépondérance ne s'était point encore installée, à moins qu'un goût personnel ne l'y ait porté. Il en fut ainsi de la police d'abord, puis vint le tour de la Justice.

Avec elle, l'enjeu est différent mais aussi la manière. L'autorité préfectorale a naturellement barre sur les autorités de police qui relèvent du même ministère. Les directeurs départementaux de la sécurité publique, responsables des services de police dans le département, sont mal armés pour résister à ces empiétements. Ils se comportent aisément comme des chefs de service préfectoraux, à l'égal d'un directeur de l'Équipement ou du directeur des Affaires Sanitaires et Sociales. Le procureur de la République n'en est pas et, lorsqu'il ne s'en défend pas, sa sujétion ne peut être que volontaire. La formation des préfets ne semble pas comporter d'informations sur la Justice. À quoi cela pourrait-il donc leur servir ? Hormis quelques exceptions, j'en ai surtout rencontré qui auraient souhaité que mes décisions soient conformes à leurs volontés, qui n'étaient pas nécessairement celles de l'État qu'ils représentaient. Il y a des vassaux partout et l'on vit même, dans l'un des départements où j'ai exercé mes fonctions, le préfet se féliciter publiquement de l'élection du nouveau président du conseil général.

— Vous étiez mon candidat.

La proclamation était sans risque : l'élu était un proche du ministre de l'Intérieur.

Avec les préfets, ce furent des relations souvent distantes, voire antagonistes, et il me fallait rappeler sans cesse que la Justice obéit à la loi, non au gouvernement, à la politique moins encore. Avec un seul, je n'en eus pas besoin : il n'était pas issu du corps préfectoral mais du ministère de la Culture, et cela changea tout.

Comment le faire comprendre à des fonctionnaires qui sont statutairement condamnés à une étroite obéissance ? Ils ne peuvent que l'être quand leurs carrières sont dépendantes du pouvoir politique plus que celles des magistrats ne le furent jamais. Cette liberté que nous avons de refuser ce qui n'est pas conforme à la volonté de la loi, ils ne l'ont pas et souvent ne peuvent admettre cette indépendance qui est un pilier de la Justice, le plus précieux sans doute. Le recrutement des responsables nationaux parmi les élus locaux ne peut qu'accroître leur dépendance. Ainsi quand, par exemple, le ministre de l'Intérieur, celui qui propose la nomination des préfets au Conseil des ministres, est également, dans un département, le président du conseil général, celui précisément dont les décisions sont soumises au contrôle du préfet... La confusion des mandats et des fonctions, sauf goût pour le suicide administratif, ne laisse qu'une marge infime au préfet.

*
* *

Cette volonté affichée de compensation trouve à s'exercer sur des créneaux saugrenus. Lors du partage des meubles avec les présidents des conseils généraux par exemple. La décentralisation avait entraîné l'émergence légale des collectivités territoriales. Elle exigeait de faire de la place aux nouveaux arrivants sous les lambris. Autour des salons de réception et de l'argenterie de la République, la bataille fit rage. Souvent les préfets l'avaient perdue. Ils se rabattirent sur les Renseignements généraux, cette police politique que les gouvernements successifs ont utilisée sans jamais l'assumer, comme un bâtard des temps anciens, celui du Cabinet noir. Avec l'Autorité judiciaire cette police conservait des liens, ne serait-ce qu'en matière de courses et de jeux pour lesquels elle était compétente. Il fallait donc que ses fonctionnaires soient habilités au titre de la police judiciaire dont ils exerçaient occasionnellement les attributions. Jusques alors les magistrats y avaient directement accès sans que cela posât le moindre problème. L'arrogance préfectorale en souffrit et bientôt exigea que tout passât par *elle*. À la Chancellerie cette importantissime réforme m'avait échappé. Mon séjour savoyard m'offrit bientôt l'occasion d'en prendre la mesure.

Un jour, le chancelier de l'archevêché m'appela, un peu gêné. Un inconnu, manifestement hostile à l'archevêque, avait diffusé sous le manteau un faux, bâti à partir d'un mandement épiscopal bien réel. Irrévérencieux, le texte s'attaquait à la personne du prélat mais aussi à la doctrine qu'il rappelait, si bien que l'on pouvait suspecter qu'il provenait des milieux intégristes. Le chancelier ne souhaitait pas d'enquête, juste une intervention de ma part pour faire cesser le scandale, lequel n'avait d'ailleurs pas dépassé le niveau religieux. Il y avait un faux qui justifiait cette demande. Il me parut qu'aucun des services que j'utilisais habituellement n'était adapté pour procéder à des recherches que je voulais discrètes. En revanche, les Renseignements généraux pouvaient y suffire et je les avais saisis. Peu après, le directeur départemental me rendit compte des résultats obtenus et me communiqua l'identité d'un ecclésiastique qui pouvait avoir rédigé le faux injurieux. Je convoquai celui-ci, sans lui en préciser le motif. Un petit homme gris entra dans mon bureau. Son inquiétude transpirait. Sans ambages, je le priai de s'asseoir et poussai devant lui un crayon ainsi que du papier. Sans plus d'explications, je lui dictai les mots par lesquels commençait le libelle. Sa main se mit à trembler et il ne coucha que difficilement sur la feuille blanche les mots que je prononçais. En plus d'un prêtre, c'était un homme âgé ; rapidement j'interrompis l'exercice.

— La cause est entendue. J'en sais assez.

— Je vous jure que je n'y suis pour rien !

— Peu importe, encore que toute votre attitude exprime le contraire... L'essentiel est que vous sachiez, et le répétiez à ceux qui partagent vos opinions, que cet avertissement est le dernier. Vous êtes libres de contester votre archevêque mais je ne vous laisserai pas utiliser des procédés illégaux pour le faire. La prochaine fois, vous seriez poursuivis !

Son absence de commentaires me persuada que l'analyse du service auquel j'avais recouru était juste. L'absence de récidive me le confirma. On pouvait croire que la méthode recevrait l'assentiment de tous. Un courrier du préfet démontra le contraire. Il me reprocha âprement d'avoir saisi un service placé sous son autorité quand il aurait voulu que j'utilise son truchement. Désormais je voudrais bien m'en tenir à cette règle... Il me semblait que cette injonction passait permission et j'y répondis vertement, faisant valoir que, s'il devait en être ainsi, je préférerais renoncer à recourir aux Renseignements généraux, quel qu'en soit le prix, plutôt que de passer par son inter-médiaire pour les saisir, caractère secret de la procédure oblige. Des conséquences éventuelles, il porterait donc seul la responsabilité ! Il ne polémiqua pas mais m'avait trouvé fort susceptible. Plutôt conciliant pour ce qui me concerne personnellement, je ne le suis guère quand il s'agit d'empiéter sur mes attributions. Peu m'importe alors qu'on se réfugie derrière une prétendue susceptibilité. Il m'y fit une allusion plus tard, lors d'une courte insurrec-tion à la maison d'arrêt.

Encore que les établissements pénitentiaires échappent à l'autorité administrative quand il s'agit de l'exécution des peines et des mesures ordonnées par les juridictions, celle-là reste compétente sur bien d'autres points. Ainsi est-ce le préfet départemental qui préside la commission de surveillance de l'établissement et c'est lui toujours qui a autorité pour faire intervenir la force publique dans l'enceinte pénitentiaire en cas de besoin, d'émeute par exemple. Cette volonté de confier au représentant de l'État le soin de garantir l'ordre public n'est nullement cho-quante. Même elle présente pour l'Autorité judiciaire l'avantage d'une indication implicite sur la distance que son représentant doit adopter à l'égard d'un concept que nul n'a d'ailleurs bien su définir. Parallèlement, au moins par souci de cohérence, le législateur devrait sans doute renoncer à faire figurer l'ordre public parmi les motifs qui peuvent encore fonder une décision de placement en détention provisoire. En dépit de « toilettages » répétés, la référence demeure dans la loi et, dans la banalité du quotidien judiciaire, l'ordre public constitue la « tarte à la crème » des réquisitoires et des ordonnances d'incarcération provisoire. Il me semble qu'il serait plus conforme aux principes qui doivent animer la Justice de se priver d'y recourir. S'il n'y a que l'ordre public pour justifier une décision de cette nature, autant dire qu'elle n'est pas pertinente et, s'il y a de bonnes raisons, autant ne pas les pervertir par cet ersatz. Il faudra bien que juges et procureurs finissent par se pénétrer de l'idée que, si la répression appartient à la Justice, celle-ci doit s'en écarter quand elles n'ont plus rien de commun.

À Chambéry, avisé de ce que la force allait être utilisée pour contraindre des prisonniers récalcitrants à regagner leurs cellules, je me rendis à la prison. Le préfet s'y trouvait déjà pour commander le dispositif. C'était sa place et je ne songeai pas à la lui disputer. Pour ma part, je regardais attentivement la manière dont procédaient les forces de l'ordre. L'une des raisons qui me font applaudir à ce que l'Autorité judiciaire soit tenue à l'écart du maintien de l'ordre est qu'elle conserve ainsi l'impartialité dont elle a besoin pour apprécier si des infractions sont commises à cette occasion. C'est ce que je fis valoir au préfet quand, l'ordre étant rétabli, il parut vouloir me persuader de ce qu'il n'appartenait qu'à lui seul de diriger un tel dispositif.

Je lui dis combien j'en étais convaincu, ajoutant qu'il me resterait à le poursuivre si des infractions étaient alors commises. Il prit ma réplique pour de l'insolence. Il ne s'agissait que d'une évidence.

Ces joutes se déroulaient sous le regard, mi-amusé, mi-contraint, de son directeur de cabinet. C'était son premier poste après l'École nationale d'administration, doublée d'une grande école de commerce. Ironique et brillant, ce Petit Prince de la préfectorale, ainsi l'avais-je surnommé, s'intéressait à tout, ne craignant pas, à l'occasion, de s'aventurer sur le terrain judiciaire, au nom de l'ordre public. Les attaques à main armée contre les banques se succédaient à bon train. Il était le premier sur les lieux, quand mes substituts, pourtant informés, rechignaient à quitter leur bureau. Ils me firent part de leur agacement de cette omniprésence préfectorale. Je ne pus que les inciter, pour la combattre, à devancer le directeur de cabinet, ce qu'ils firent enfin au bénéfice d'une émulation dont je félicitai bientôt le haut fonctionnaire. Sa présence soutenue avait provoqué la nôtre. Pourquoi s'en plaindre ? Une amitié naquit qui nous accompagne depuis lors, dans des postes différents. À Chambéry, elle nous permit d'être complémentaires. Nous nous tenions mutuellement informés, autant que cela nous était possible. Le commissaire central s'en agaçait. « À quoi est-ce que je sers ? » lâcha-t-il un jour qu'il arrivait encore trop tard. Ce policier n'était pas avare de réflexions sur notre parfaite entente, au point de soupirer :

— C'est tellement mieux pour la police quand le préfet et le procureur ne s'entendent pas !

Un rêve passe... Il est vrai que ce fonctionnaire rêvait beaucoup, notamment d'aller à la pêche avec moi, au prétexte que, dans son précédent poste, il y allait avec mon homologue. Jamais je n'ai pu le convaincre que, n'étant point pêcheur, je n'y avais nul appétit.

La marge que les commissaires de police ne parviennent pas à obtenir dans leurs relations avec l'autorité préfectorale, ils tentent de l'arracher dans celles qu'ils entretiennent avec l'Autorité judiciaire. Si, comme c'est souhaitable, les services de police conservent une grande part d'initiative dans la recherche des auteurs d'infractions, ils restent soumis aux prescriptions du code de procédure pénale chaque fois que s'applique celui-ci. Dépendant de l'autorité administrative pour leurs carrières et les moyens nécessaires à leur action, les policiers s'efforcent de s'affranchir de nos directives. Nous nous bornons en effet, chaque année, à les noter en qualité d'officier de police judiciaire. Il faudrait manquer singulièrement d'expérience pour croire que cela puisse suffire au magistrat pour s'imposer. Il s'agit là encore d'un combat quotidien où la volonté a plus de poids que la loi. Encore faut-il que les magistrats en aient le goût dans ce rapport de force permanent où toutes les armes ne sont pas de leur côté, tant s'en faut. Mais les moyens de rétorsion dont nous disposons ne sont pas minces, à commencer par la direction qui nous est donnée de la police judiciaire et surtout la possibilité de choisir les services d'enquête. Leur diversité constitue un levier puissant dans un contexte avéré de « guerre des polices ». À Chambéry, de préférence à la gendarmerie nationale qui se trouvait territorialement compétente, j'avais choisi de recourir au service régional de police judiciaire, composante de la police nationale, pour rechercher les auteurs d'une attaque de banque. Le commandant de la compagnie de gendarmerie demanda à me voir et me fit des représentations.

— Il est inacceptable pour la gendarmerie que vous lui ayez préféré la police judiciaire. Si cela devait se reproduire, cela pourrait mal se passer !

Pour toute réponse, je décidai une réunion des officiers de police judiciaire de la gendarmerie afin de m'en expliquer avec eux.

Le même commandant de compagnie revint et me fit savoir que cette exigence ne serait pas satisfaite. Comme je m'empourprai, il me fit comprendre qu'il ne parlait pas en son nom ; sa démarche lui avait été dictée par son supérieur hiérarchique, le commandant du groupement départemental.

Je maintins ma décision, la réunion devant avoir lieu une dizaine de jours plus tard, le temps pour moi de me rendre à Paris afin de diriger une session de formation mise en place par l'École nationale de la magistrature, sur l'exercice de l'action publique.

À cette occasion, j'évoquai les difficultés liées à la direction de la police judiciaire et en donnai pour exemple le refus qui venait de m'être opposé. Affecté à la direction générale de la gendarmerie, un officier de cette arme était présent. Il blêmit. L'un des auditeurs m'interrogea :

— Que va-t-il se passer ?

— Rien, si du moins la gendarmerie revient à une plus saine conception de ses devoirs. Sinon, soyez certain que vous en entendrez parler !

Avais-je été persuasif ? À mon retour à Chambéry,

j'appris que la réunion aurait lieu. Le jour dit, le colonel m'attendait devant la salle où elle devait se tenir :

— M'autorisez-vous à assister à cette réunion ?

— Volontiers, mon colonel, mais vous resterez au fond de la salle : ainsi vos hommes ne seront pas influencés par votre présence.

J'ouvris la réunion en me référant au malaise qu'avait provoqué le choix du service régional de police judiciaire au détriment de la gendarmerie nationale. Au premier rang, l'un des gradés m'interrompit :

— De quel malaise parlez-vous ? Pour nous, il n'y en a pas.

— Ah bon ! J'avais cru, dis-je en regardant le fond de la salle. Puisqu'il en est ainsi, cette réunion n'a plus lieu d'être.

Ce fut effectivement la plus courte de toute ma vie professionnelle, l'une des plus efficaces aussi.

Toujours la concurrence est sévère et nombre de magistrats en jouent ; certes, en général, ils choisissent les enquêteurs en considération de la nature du dossier, mais, parfois, ils écartent ceux qui seraient les plus aptes parce qu'il leur semble qu'ils ne sont pas les plus sûrs. Quand elle n'est pas discutable, la capacité d'un service peut en effet être relativisée au regard de la qualité du lien qui l'attache au pouvoir politique, largement compris. Dans les affaires de corruption touchant aux élus, la question est prégnante. Du choix de l'enquêteur peut dépendre le succès de l'enquête, non en raison de ses compétences techniques, mais plus souvent de son aptitude à préserver le secret de ses investigations à l'égard de sa hiérarchie. L'effet de sur prise constitue souvent une composante importante de l'enquête. Celui qui en sera chargé saura-t-il ne prévenir personne qui puisse l'entraver ? La marge de manœuvre est étroite, souvent liée à la conception que l'on a de la loyauté. Pourtant celle-ci ne doit profiter qu'à l'institution, loin de toute allégeance personnelle ou de profit. Ainsi la doit-on d'abord à ce qu'ordonne la loi, fût-ce contre le commandement de l'autorité légitime, dont les choix ne le sont pas toujours. On l'a bien vu quand des fonctionnaires de la police judiciaire reçurent l'ordre de se retirer du dispositif que le juge d'instruction chargé du dossier des HLM de la Ville de Paris avait mis en place pour procéder à une perquisition qui concernait le parti au pouvoir. De même, pour justifier les obstacles dressés devant Thierry Jean-Pierre, juge d'instruction chargé du dossier Urba qui mettait à mal le parti socialiste, l'un des ministres chargés de la Justice, pourtant juriste, s'égara jusqu'à reprocher au juge un « cambriolage judiciaire ». En cette occurrence, l'évocation d'une forfaiture aurait été mieux adaptée.

***

Au sein du parquet, qui textuellement s'inspire d'une hiérarchie de contrôle plus que de contrainte, l'approche n'est pas différente. Elle l'est d'autant moins que les procureurs généraux sont nommés en Conseil des ministres. Lorsque cette procédure fut adoptée naguère, quelques-uns y trouvèrent le signe d'une reconnaissance institutionnelle, voire sociale. Ils se virent enfin les égaux des préfets ! Pour dorée qu'elle soit, ils n'en avaient que la laisse. Une telle nomination a son revers, la fragilité qu'elle comporte. On le vit bien lorsque le procureur général de Toulouse fut, dans l'instant, déchargé de ses fonctions pour avoir négligé d'informer la Chancellerie des évolutions du dossier explosif de l'affaire Alègre. Que les mardis paraissent longs quand ils précèdent la réunion hebdomadaire du Conseil des ministres, où se décide l'avenir de ceux qu'il nomme... ou défait! Dès lors la tentation peut être forte de plaire, à tout prix.

Moins glorieuse, la procédure de nomination des procureurs ne les expose qu'à eux-mêmes, ce qui est déjà beaucoup. Que faire quand, détenteur d'informations qu'il convient de garder secrètes pour pouvoir utilement les exploiter par enquête, le procureur devrait les porter à la connaissance de son supérieur hiérarchique? Le risque est grand que celui-ci n'éprouve le besoin de leur faire poursuivre leur course jusqu'au ministre de la Justice, échelon politique plus que judiciaire. Imaginons un instant qu'il s'agisse de faits imputables à un ministre en exercice et que leur révélation prématurée empêche à jamais qu'ils soient établis. Peut-on raisonnablement espérer que la Chancellerie conservera le secret, au risque de mettre à mal le ministre suspect et d'embarrasser le gouvernement dont fait partie le garde des Sceaux? Il y a de l'idéalisme dans ma fonction, certes, mais pas au point de cultiver l'utopie. Un exemple récent m'en a convaincu quand Nicolas Sarkozy, sur RTL un matin, évoquant l'enquête dont il avait fait l'objet dans l'affaire « Clearstream », rendit public que le garde des Sceaux l'en avait alors informé. Manifestement cela ne le choquait pas. Et pourtant...

Alors la loyauté ne saurait me conduire à révéler trop tôt, à quiconque, des éléments dont l'exploitation ne les aura pas encore rendu irréversibles. Un procureur général auquel je m'en étais ouvert estima que je devais quand même l'informer et qu'il apprécierait. C'est donner peu de relief à la responsabilité du procureur de la République que de le réduire ainsi à laisser à un autre, serait-ce son supérieur, le soin de penser pour lui. Pour moi, je ne saurais m'y résoudre. Ma loyauté, je la dois d'abord à mes fonctions et aux procédures dont j'ai la charge, voire au juge qui en est saisi. Sans doute serait-il plus confortable d'informer quand même, mais si peu aisé de ne point m'en sentir coupable.

Arrivant à Valenciennes, je découvris, un jour que je me rendais dans le bureau d'un de mes substituts, qu'il était occupé par une pile de formulaires de timbres-amendes et un registre dans lequel il les recensait. Comme je m'étonnais, il m'informa de ce que chaque magistrat du parquet disposait d'un quota mensuel dont il usait à sa guise pour classer sans suite les procédures de stationnement irrégulier. Une sorte de petit marché s'était instauré, qui offrait à celui qui n'avait pas épuisé son quota mensuel la faculté de rétrocéder son reliquat à un autre, sauf à en espérer ultérieurement la réciprocité. Même si nombre de nos concitoyens sont persuadés de ce que nous bénéficions de cette sorte d'avantage, il me parut qu'il était scandaleux de maintenir un tel système. Il me fallut insister beaucoup pour que cela cesse et l'on me répondit que, du côté des services de police comme de la gendarmerie nationale, on en faisait autant. Ma naïveté n'allait pas jusqu'à en douter et même il m'était arrivé de le constater. Pour répondre à cet argument, encore que sa pertinence me parût contestable, j'ordonnai au même substitut d'aller contrôler les classements de procédures de timbres-amendes auxquelles avait pu procéder l'officier du ministère public près du tribunal de police.

« Substitut fonctionnel du procureur de la République », l'officier du ministère public est en général un commissaire de police, toujours un officier de la police nationale, jamais un gendarme. Pour les quatre premières classes de contraventions, qui correspondent aux infractions considérées comme les moins importantes, c'est ce fonctionnaire de police qui décide de poursuivre ou de classer, alors que la décision revient aux seuls magistrats du parquet quand il s'agit des contraventions de la cinquième classe, de délits ou de crimes. Sous l'autorité du procureur, ce fonctionnaire du ministère de l'Intérieur, dans la sphère qui lui est ainsi dévolue, dispose alors de l'opportunité des poursuites sous réserve d'en répondre devant le procureur de la République. Le nombre des procédures comme la masse globale des procès-verbaux qui parviennent au parquet n'autorisent pas un contrôle réel par celui-ci. Plutôt inhabituelle, la démarche de mon substitut avait paru peiner le commissaire central de Valenciennes, d'autant plus que des explications lui furent officiellement demandées sur une série de classements dont avaient bénéficié des notables. Il n'avait pas paru qu'il s'agisse simplement de hasards.

Ses explications tardèrent mais il finit par me les apporter à l'occasion d'un dossier qui ne le concernait pas mais dans lequel il apparaissait. Un gala donné par un chanteur renommé devait avoir lieu au bénéfice d'un club sportif dont le commissaire central était le trésorier. Peu avant le concert, les services fiscaux vinrent m'exposer qu'ils suspectaient l'impression d'une double billetterie. Des fonctionnaires des Impôts se postèrent à l'entrée, constatant ainsi la remise d'une forte somme en espèces destinée à rémunérer partiellement la vedette. Une information fut ouverte et le juge d'instruction ordonna des interceptions téléphoniques. L'une d'elles fit apparaître une conversation entre l'un des organisateurs du spectacle et le commissaire central dont il était proche. Se croyant visé par le juge d'instruction, le policier tenait des propos fort injurieux à son égard comme au mien. Il mit également en garde son interlocuteur contre des écoutes éventuelles, ce qui n'était pas particulièrement loyal à l'égard d'une institution qu'il était censé servir. Le juge d'instruction souhaitait que je poursuive le commissaire pour outrage à magistrat, infraction pour laquelle je n'ai jamais éprouvé le moindre goût, à supposer qu'une telle qualification puisse être retenue au regard de la Convention européenne de sauvegarde des droits de l'Homme.

D'une manière générale, je ne conçois pas en effet que des magistrats puissent être des juges impartiaux dans les affaires de cette nature puisque, par hypothèse, ce sont leurs collègues qui en sont victimes. L'esprit de corps permet d'en douter car l'atteinte portée à celui-ci pourrait être, par le juge, considérée comme un manquement dont lui-même pâtit. Je refusai donc de suivre la suggestion du juge d'instruction mais fis venir le commissaire. Il adopta un profil bas, m'expliquant par ailleurs qu'il s'était ému des justifications qui lui avaient été demandées sur différents classements de contraventions. Il considérait qu'une telle demande équivalait à de la méfiance. C'était négliger la règle au profit de sa susceptibilité. L'incident aurait pu ne pas avoir de suite si le procureur général, auquel j'avais rendu compte des propos interceptés, n'avait décidé d'engager une procédure de retrait d'habilitation contre le chef de la police de Valenciennes. Elle consistait à lui retirer sa qualité d'officier de police judiciaire, ce qui le privait du droit de diriger une enquête. Compte tenu de ses responsabilités, la mesure ne pouvait qu'affaiblir son autorité sur ceux de ses subordonnés qui possédaient cette qualité. La procédure aboutit et, dans la même logique, il cessa naturellement d'occuper les fonctions d'officier du ministère public.

Comme souvent, la mesure fut tenue pour une offense au corps tout entier et provoqua la colère des syndicats. Nombreux furent les policiers qui défilèrent dans Valenciennes, jurant de rendre au procureur général leur propre habilitation. Ce mouvement d'humeur passé, aucun ne se manifesta auprès du procureur général et le commissaire central, qui ne conservait plus que ses attributions administratives, resta quelque temps en poste avant de s'embarquer pour Haïti. Une fois de plus, la solidarité corporatiste s'exprima dans de magnifiques discours qui saluèrent le grand policier qui partait.

Ce n'était pas la première fois et, du temps où j'étais à Chambéry, un commissaire de police de la circonscription avait bénéficié d'un éloge semblable alors que son départ ne devait rien à sa compétence. Cette fois-là, les syndicats de police étaient à l'origine de sa mutation. Elle s'inscrivait dans un conflit qui avait opposé les policiers en tenue, ceux que l'on nomme les gardiens de la paix, au commissaire dont ils dépendaient. Les services de police locaux avaient été ébranlés par le comportement de deux fonctionnaires qui avaient profité de la surveillance qu'ils devaient exercer pendant la nuit pour s'introduire dans des caves et s'emparer d'objets divers qui y étaient entreposés. Naturellement j'avais engagé des poursuites. Peu après des syndicalistes vinrent me trouver pour se plaindre du commissaire et de détournements qu'il aurait commis aux dépens de ses hommes. Se référant aux poursuites déjà engagées contre les gardiens noctambules, ils arguèrent de ce que je n'aurais sans doute aucune réticence pour, en parallèle, demander des comptes à leur chef... Le fait n'était pas d'une grande importance mais s'inscrivait dans un contexte difficile d'un commissaire qui n'était point aimé de ses hommes. Il est vrai qu'il n'était pas toujours accommodant, comme je le remarquai un jour que je visitais son commissariat. Je m'inquiétai des moyens dont disposaient les fonctionnaires pour préparer leur repas quand ils étaient astreints à une permanence.

— Pas de micro-ondes?

— Vous n'y pensez pas. Le commissariat sentirait la choucroute!

Dès lors on pouvait s'attendre à ce que la délicatesse olfactive du commissaire ne lui revînt en boomerang. Lors des services exceptionnels, par exemple la traversée de l'agglomération par un convoi routier de grandes dimensions, un émolument particulier était perçu par l'autorité de police locale pour être redistribué équitablement à l'ensemble des fonctionnaires. Curieuse République... Le commissaire tenait la caisse et les comptes. Les syndicalistes s'affligèrent de ce que leur chef en ait utilisé la plus grande partie à son usage, pour garnir de rideaux les fenêtres de son bureau et doter son véhicule de service d'un poste autoradio. Ils réclamaient la restitution de ce qui leur appartenait mais le directeur départemental qu'ils avaient saisi s'y était obstinément refusé. Je convoquai celui-ci et son subordonné, ce qui me permit de découvrir que, non seulement les faits dénoncés étaient avérés, mais encore que, pour les dissimuler, le commissaire responsable avait grossièrement falsifié la comptabilité qu'il avait à tenir.

Les fonctions régaliennes exigent que ceux qui les exercent soient respectés. L'évolution de la société a sensiblement modifié le respect qu'on leur porte désormais. Il était acquis et voici qu'il faut maintenant que ceux qui y prétendent fassent la preuve qu'ils le méritent. On n'est respecté que si l'on est respectable. Rien de bien affligeant dans une conception démocratique de l'autorité. Encore faut-il ne pas prendre le risque d'affaiblir celle-ci pour des enjeux secondaires. J'insistai donc auprès du directeur départemental pour que les fonds dont avait inconsidérément disposé son subordonné soient remis dans la caisse commune, sous peine de devoir envisager de le poursuivre pour faux et abus de confiance. Derechef il s'obstina, faisant valoir qu'il avait déjà refusé et n'envisageait pas de manger son képi. Le risque pour son subordonné d'être poursuivi du fait de son attitude intransigeante lui paraissait accessoire. À cette époque le ministre de l'Intérieur avait un conseiller avec lequel j'avais travaillé à la Chancellerie. Nous nous étions appréciés. Je l'appelai pour lui suggérer une intervention qui mettrait un terme à une polémique qui ne pouvait qu'atteindre l'institution dont son ministre avait la charge. À son tour le conseiller appela le directeur général de la police nationale. Considérant qu'il s'agissait d'une « affaire de cornecul », par télégramme il enjoignit au directeur départemental de rembourser. Quelques semaines plus tard le commissaire indélicat bénéficia d'un détachement qu'il espérait depuis longtemps. Des louanges publiques du préfet accompagnèrent son départ. Je n'avais pas été invité à les partager.

À Valenciennes, les péripéties furent beaucoup moins discrètes. Sans que je puisse être assuré qu'il y ait un lien avec ce qui avait précédé, elles se prolongèrent par des courriers que m'adressait un mystérieux corbeau, les diffusant également à la presse. Elle ne put renoncer à s'en faire l'écho. Les journalistes locaux ne m'aimaient guère. Lors de l'affaire VA-OM, encore qu'ils aient été sur place, ils parvenaient à en savoir moins que les autres. Il est vrai que ces ramasse-miettes s'intéressaient davantage aux états d'âme du concierge du tribunal. L'exercice présentait moins de difficultés et la compétence n'était pas nécessaire. Leur journal dépêcha des confrères de Lille. Prenant appui sur une série de faits réels, le rédacteur courageusement anonyme, en les déformant, dressait de moi un portrait peu flatteur. Il y eut plusieurs courriers, tous ignominieux, allant de la banale caricature, l'homme au chapeau noir, jusqu'aux accusations les plus scélérates. Pour échapper aux poursuites que j'avais engagées, un notaire s'était pendu. Le corbeau soutint que j'en portais la responsabilité. D'autres accusations me donnèrent à penser qui se cachait sous ce plumage, mais jamais je n'en eus la preuve, faute peut-être d'avoir ordonné la moindre enquête.

Ne pouvant me reconnaître dans ces infamies, je n'avais pas lieu de m'en affecter. Chacun pouvait en penser ce qu'il voulait. Comme toujours, il y aurait ceux qui, nourrissant leur acrimonie aux diatribes du café du commerce, affirmeraient qu'il n'y a pas de fumée sans feu, d'autres pour lesquels l'anonymat n'est pas un gage de vérité. Comme toujours, il y aurait les « pour » et il y aurait les

« contre », chacun se déterminant en fonction des sentiments qu'il me portait. Ma seule crainte était que cela ne
vînt aux oreilles de mes filles. Ma femme le redouta le jour
où l'aînée revint en larmes du lycée. Elle fut rassérénée : ce
n'était qu'une mauvaise note. L'épisode fut douloureux,
plus que ne l'avaient été les péripéties de l'affaire VA-OM
pendant laquelle, comme le juge d'instruction, je reçus des
lettres d'injures, voire des cercueils dessinés, sans compter
nombre d'appels téléphoniques malveillants. Un journaliste parisien rapporta même que je faisais l'objet d'un
« contrat ». La police judiciaire s'enquit de ce que je désirais mais je déclinai ses offres de protection. Je ne croyais
pas à la réalité de telles menaces et certainement pas au
point d'alerter inutilement ma femme et mes filles. Un peu
plus tard, la Chancellerie fut informée et l'on exigea de me
protéger. Je négociai une surveillance à distance : le matin,
quand je quittais à pied mon domicile, une voiture de
police m'accompagnait à quelques mètres. Le soir, au
retour, le manège était identique. Manifestement sans
objet, il cessa bientôt. Plus encore que la haine, la bêtise
toujours me paraît inquiétante. Il était temps que je m'en
écarte pour des cieux plus cléments.

*
* *

Au moins, pendant ces sept années, avais-je pu
m'imprégner des aléas de la dyarchie. Le système est particulier qui, à la tête d'une juridiction, tribunal de grande
instance, cour d'appel et Cour de cassation, instaure un
pouvoir bicéphale. Pour l'essentiel, les décisions sont prises
conjointement par le président et le procureur. À Chambéry, j'avais eu le bonheur de partager l'administration et

la gestion du tribunal avec deux magistrats successifs vers lesquels me portait une affectueuse estime. Le premier, beaucoup plus âgé que moi, avait redouté la venue d'un procureur encore jeune. Rapidement nous fûmes complices, si bien qu'un incident qui aurait pu nous opposer gravement n'eut pas de conséquences. C'était le temps où le budget des juridictions était alimenté par le conseil général. Il fallait un peu mendier. Avant mon arrivée au mois de septembre, le président avait pris l'habitude de gérer seul nos maigres ressources. D'une honnêteté scrupuleuse, encore qu'un peu rigide, il mettait un point d'honneur à dépenser le moins possible et l'état de son propre bureau en témoignait. La fin de l'année approchant, j'appris incidemment que la juridiction allait devoir restituer au département, sur un budget de 700 000 francs, 100 000 qu'elle n'avait pas dépensés. Pourtant des travaux de rénovation étaient depuis longtemps indispensables. La proximité des jeux Olympiques d'hiver à Albertville et leur cortège de dépenses ne me permirent point d'obtenir du conseil général qu'il laissât la somme à notre disposition. J'en fis le reproche à mon alter ego, lui rappelant que les décisions se prenaient à deux, ce qui parut l'étonner.

Le lendemain il me dit avoir vérifié les textes qui organisent nos attributions. Ils me donnaient raison. Désormais il me laissa gérer seul notre budget, se bornant, de temps à autre, en considérant les améliorations obtenues, à me lancer :

— Comme vous êtes dépensier !

Ce n'était pas faux, mais le tribunal y trouvait son compte qui devait offrir un autre visage à ceux qui avaient à le fréquenter. Je ne pus toutefois obtenir qu'il améliore l'état de son bureau. Ce fut notre seule divergence.

224

Avec son successeur, issu de la même promotion que moi, ce qui ne saurait être considéré comme un gage de réussite, il n'y en eut pas. Notre entente était parfaite et permit à la juridiction d'en profiter, aux magistrats un peu moins qui ne pouvaient tabler sur nos divisions. Les premiers bonheurs restent à jamais les plus doux. Par la suite, cette dyarchie me pesa souvent, surtout quand le président avec lequel je devais partager le pouvoir, bien mince au demeurant, n'avait de cesse d'en faire usage à son seul profit, pour mettre en valeur ce qu'il se croyait de talent. Grimper sur les épaules des autres pour mieux voir me semble acceptable, pour se montrer beaucoup moins. Les arrivistes m'ont toujours exaspéré, moins pour leur envie de paraître, qui n'est que le témoignage d'une grande fragilité, que par la lâcheté qui généralement l'accompagne. Passe encore que des ambitions personnelles tentent d'occulter ce qui revient à d'autres. Mais comme est misérable, pour ne point gâter son image, de fuir en permanence les difficultés, d'accabler les faibles et de flatter les puissants! C'est un talent qu'eut un des présidents que je dus côtoyer, préoccupé de son avenir plus que du présent de notre commune juridiction.

L'expérience m'a laissé un souvenir plutôt pénible, au point que j'opterais volontiers pour un système qui distinguerait mieux le siège et le parquet, laissant à chacun le soin de gérer ce qui le concerne. Il n'est d'ailleurs pas certain qu'il soit acceptable, au regard des principes judiciaires, qu'un procureur puisse, par le biais de telles attributions, disposer d'une influence sur les juges. Il en est ainsi, par exemple, quand il s'agit de les doter de moyens matériels ou des fonctionnaires nécessaires à l'exercice de leurs fonctions. Mais l'inverse ne l'est pas davantage qui

permet au président d'entraver le fonctionnement du parquet. La méthode n'est séduisante que par l'esprit. Les
méfaits de la cohabitation en politique devraient pourtant
inspirer une réflexion plus pragmatique. À tenir à deux la
barre, on prend rarement la route la plus risquée, sans
même que ce soit une garantie de parvenir à bon port.

VIII

DES CADEAUX SOUS LES PALMIERS

Au mois de février 1999, le massif du Tanneron embaumait le mimosa. Ses fleurs ajoutaient du soleil sur la route qui me conduisait à Nice. Ma nomination venait d'être publiée, longtemps après que mon prédécesseur eut quitté le poste que j'allais occuper. Sept mois s'étaient écoulés pendant lesquels le siège du procureur de la République dans cette ville était resté vacant. Il avait fallu bien du temps au garde des Sceaux pour se décider et l'on m'avait rapporté que le Premier ministre l'y avait poussée. Élisabeth Guigou connaissait bien la région pour y avoir participé à la campagne électorale de 1992, au sein du groupe « Énergie Sud », au côté de Bernard Tapie et de quelques autres de moindre envergure. Elle cherchait un procureur susceptible d'affronter les problèmes locaux. On lui prête d'avoir affirmé : « Il faut quelqu'un qui soit capable de leur parler mal. Montgolfier saura. » Le fait est que ce ministre a revendiqué depuis lors d'avoir fait appel à moi dans cet esprit. Il fallait quelqu'un pour « faire le ménage » et elle pouvait croire que je ne me laisserais pas intimider. Jusqu'à quel point ? Son projet devait cependant être soumis au Conseil supérieur de la magistrature. Le ministre s'était publiquement engagée à respecter ses avis, bien qu'ils ne soient statutairement que consultatifs pour les magistrats du parquet; l'accord de cette instance était donc indispensable et je ne pouvais l'ignorer.

Ce fut le 11 novembre 1998 que j'eus confirmation des intentions ministérielles. Depuis quelque temps déjà la rumeur les laissait présager, mais il y a toujours loin de la coupe aux lèvres. À tout prendre, j'aurais préféré Nantes ou Strasbourg, mes aspirations me portant davantage vers les zones à climat tempéré. Lors du défilé du 11 novembre sur la place d'Armes de Valenciennes, je fus étonné de l'intérêt soutenu que paraissaient me porter les journalistes. Les éclats de l'affaire VA-OM s'étaient estompés et je n'en comprenais pas la raison. Comme je descendais de la tribune, l'un d'eux s'approcha :

— Alors, c'est Nice?

J'exprimai mon étonnement de ce qu'une dépêche de l'AFP ait pu l'annoncer, alors que j'en ignorais tout. Une circulaire ministérielle était parvenue la veille dans les juridictions pour publier les projets de nomination du garde des Sceaux, comme cela se fait habituellement, au nom de la transparence. Le mot n'est sans doute pas celui qui convient le mieux; en réalité on connaît rarement les raisons qui ont conduit à choisir l'un ou à écarter l'autre. Seuls sont publiés les choix. Ayant participé à une réunion de travail à Douai, j'étais rentré tard et n'avais pas été informé de cette publication. Contrairement à ce qu'affirma la presse, ce n'était qu'un projet et je fus peu après convoqué par le Conseil supérieur de la magistrature. Il souhaitait m'entendre au prétexte qu'un de mes collègues avait fait valoir qu'il possédait plus de titres que moi pour être nommé à ce poste. Il en avait le droit. En outre, si, après plus de six années, j'éprouvais le besoin de quitter mon poste à Valenciennes, je n'étais pas spécialement intéressé par celui de Nice, si convoité soit-il.

La convocation tomba le jour même où je devais intervenir au Salon de l'avocat dans le cadre d'un débat sur l'éthique. Au cours du déjeuner, je fus placé entre deux ténors du barreau, tous les deux bien introduits dans les milieux judiciaires. Ce fut mon voisin de gauche qui le premier me susurra à l'oreille que le Conseil supérieur de la magistrature m'en voulait.

— Mais de quoi ?

— De ce qu'on ait publié votre nomination avant qu'il ait donné son avis.

Ce fut ensuite mon voisin de droite qui, ignorant le premier, m'en donna à son tour avis. Le style était différent.

— Vous savez qu'ils veulent vous faire la peau ?

Auprès des deux j'argumentai successivement mais je n'avais pas à les convaincre. Ils m'avaient mis en garde et je leur en savais gré. La sagesse populaire est souvent pertinente : un homme averti en vaut deux. Muni de ce viatique je me rendis, en fin d'après-midi, dans les locaux du quai Branly où siégeait le Conseil, dans une austérité inhabituelle à ce niveau de l'appareil d'État. Hommage peut-être à ce que l'on attend des juges, censés sans doute se nourrir, comme à Sparte, du gras de la viande et du noyau des olives...

Le cénacle était impressionnant et, quand même l'enjeu me paraissait de peu d'importance, car seule ma vanité aurait souffert d'être écartée du poste niçois, j'en fus impressionné. On me rapporta plus tard que les membres du Conseil en avaient éprouvé de la satisfaction. Tant mieux. Celui qui présidait, que je tenais pour un magistrat intègre et compétent, prit la parole.

— Comme vous le savez, si notre avis n'est que consultatif, le garde des Sceaux s'est engagé à le suivre, si bien que c'est en quelque sorte de nous que dépend votre nomination à Nice. Alors nous avons voulu vous rencontrer pour connaître vos projets et la manière dont vous entendiez conduire l'action publique dans ce poste.

Sur mes gardes, je fis valoir que je ne pouvais répondre à une telle question, puisque je ne connaissais rien de Nice et que... je n'y étais pas encore nommé. Puis, arguant de ce qu'il me fallait être clair vis-à-vis du Conseil, je leur rapportai la double conversation que j'avais eue lors du déjeuner. Je développai ensuite l'idée que, si la presse s'était avancée à publier ma nomination avant qu'elle ne soit effective, je ne pouvais en être tenu pour responsable. Leur relatant la manière dont j'avais été informé du projet me concernant, je leur fis remarquer que la responsabilité de la publication devait être recherchée dans un système qui diffusait la *Transparence* à l'ensemble des juridictions. Les relais ne manquaient pas pour propager le projet jusqu'aux oreilles qui ne demandaient qu'à l'entendre. La plupart sourirent et je sus que nous pouvions aborder le fond.

Ma mémoire n'a retenu qu'une seule des questions qui me furent posées. Elle tenait à la conception que je pouvais avoir des relations avec les procureurs généraux. Il ne s'agissait pour moi que d'être nommé procureur de la République, c'était assez dire l'importance que le conseiller qui m'interrogeait, lui-même procureur général, portait aux relations hiérarchiques au sein du Ministère public. Je répondis que, de mon point de vue, il appartenait au procureur général d'harmoniser les différentes politiques d'action publique dans son ressort et de susciter le dynamisme de ceux qui les conduisaient. Puis j'ajoutais :

— Après que l'action publique a été si longtemps conduite au frein, il serait sans doute temps d'utiliser l'accélérateur.

Quelques grimaces se mêlèrent aux sourires. Le lendemain, un haut magistrat m'appela pour me dire que le Conseil avait émis un avis favorable à ma nomination. Il m'expliqua ce qui s'était passé en coulisses. Avant que le Conseil ne statue, lui-même avait rencontré l'un des conseillers hostile au projet du ministre mais candidat à un poste important qui relevait du gouvernement. Mon informateur lui avait fait valoir que s'opposer à ma nomination n'était pas le meilleur moyen d'obtenir la sienne.

— Ne t'y trompe pas, ce n'est pas Guigou qui veut Montgolfier à Nice, c'est Jospin. Alors, n'est-ce pas...

Il comprit sans doute car mon interlocuteur me précisa que c'était précisément de ce magistrat qu'il tenait la décision du Conseil. Le soir même, il l'avait appelé pour lui dire que tout s'était bien passé. À défaut d'avoir souhaité cette décision, il lui paraissait sans doute important d'être le premier à l'annoncer. Le zèle peut aussi servir à corriger les erreurs.

Il semble que l'annonce de ma nomination ait suscité quelques inquiétudes. Celui qui occupait le poste de procureur général auprès de la cour d'appel d'Aix-en-Provence et devait dès lors devenir mon supérieur hiérarchique n'avait pas été le dernier à s'en émouvoir. On m'avait relaté qu'il s'était beaucoup démené pour que le projet n'aboutisse pas. Nous nous connaissions depuis la Chancellerie et, bien que nos relations aient été cordiales jusques alors, ne partagions pas exactement les mêmes convictions. Procureur de la République à Paris, il avait été pris à partie par la presse pour avoir classé sans suite le dossier ouvert par son prédécesseur sur l'appartement mis à la disposition d'Alain Juppé. Il m'appela un jour à Valenciennes et m'entretint, morose, des attaques dont il était l'objet. Sa décision m'avait paru sage dès lors que la situation avait été régularisée. Je l'incitai à l'expliquer davantage qu'il ne l'avait fait, certain qu'un peu de pédagogie judiciaire finirait par la faire accepter. Il me dit alors ne point avoir suffisamment de talent pour cela. Pour le reste, il me paraissait être de ces magistrats qui prônaient volontiers l'obéissance au garde des Sceaux, quelles que soient ses directives, et d'ailleurs ne s'en cachait point. « Il faut lire les circulaires », tel était son principal leitmotiv.

Quand l'avis du Conseil supérieur fut connu, il m'appela.

— Alors nous allons travailler ensemble?

— Oui, mais, si j'en crois ce qui m'est rapporté, cela ne semble pas vraiment te réjouir...

Non, malgré nos divergences, il était heureux de ces retrouvailles. C'est chez lui que je demeurai le soir de mon arrivée à Marseille. Le lendemain, la vie officielle reprit son cours et, dans son bureau d'Aix-en-Provence, je reçus ses premières directives assorties de quelques conseils et mises en garde. Il me fit savoir que, saisi par le bâtonnier de l'ordre des avocats à Nice, il allait m'adresser une liste de dossiers qui n'auraient pas connu une suite normale et me priait de lui faire rapport de mes conclusions après les avoir examinés. Singulière introduction à ces nouvelles fonctions, la première du genre pour ce troisième poste de chef de parquet qui m'était confié depuis 1985.

*
* *

Dans la voiture qui me conduisait à Nice, je restais songeur. Cette mission qui m'était donnée, comme en préalable, ne pouvait que me renvoyer à tous ces articles de presse que j'avais lus quand j'étais à Valenciennes. Je m'intéressais peu à Nice, mais un de mes substituts m'avait quitté pour s'y rendre et me téléphonait parfois pour m'en parler. Il m'avait paru désemparé par les attaques dont les magistrats de la juridiction faisaient l'objet sur le thème de la pédophilie. Manifestement l'ambiance était lourde et nombre de dossiers y étaient évoqués, depuis plusieurs années déjà, qui la mettaient en évidence. Au moment où j'arrivais, une inspection générale était en cours d'achèvement. Les désordres niçois connaissaient une ampleur nationale et le scandale avait conduit le garde des Sceaux à dépêcher sur place des magistrats chargés, au sein du ministère de la Justice, de vérifier le fonctionnement des juridictions ou le comportement de leurs collègues. L'un de mes premiers actes fut donc de me rendre à Paris, avec le président du tribunal et mon principal adjoint, pour présenter nos observations sur le projet que les inspecteurs avaient établi de leurs conclusions.

À Nice, l'émoi qui s'était attaché à l'annonce de ma nomination restait persistant. Rapidement, je dus me prêter à une conférence de presse pour répondre aux questions des journalistes. Toutes me parurent se rapporter à la partialité de la Justice locale. Tout cela était étrange et me donnait le sentiment d'aborder un monde qui m'était inconnu, celui dans lequel un procureur de la République paraissait susciter de l'espoir. Il fallait que la Justice ici fût bien malade. Les qualités que l'on reconnaît généralement à la Côte d'Azur, la variété des couleurs, la luminosité du décor et la chaleur des gens, ne pouvaient suffire à corriger cette approche. L'avantage des pays du Sud, inconvénient parfois, est que, beaucoup plus longtemps qu'ailleurs, les places publiques constituent des espaces plaisants où l'on s'occupe à faire circuler l'information, ou ce qui en tient lieu. Les uns et les autres se montraient volontiers diserts et, par bribes, me livraient peu à peu ce que j'avais à savoir. Il me restait à rencontrer les principaux de ceux qui décident dans cette circonscription judiciaire qui s'étend du Var, à l'ouest, à Menton, bordée par la frontière italienne, à l'est.

L'un d'eux m'étonna, qui me reçut dans des locaux en bordure du Var, le fleuve qui, avant 1860, servait de frontière entre la France et le comté de Nice.

— Vous savez, je suis le seul responsable d'un organisme départemental dont le siège se trouve en France.

Curieuse approche ! Il me l'avait dit malicieusement, mais avec un fond de vérité que je sus plus tard être partagé par bon nombre de mes nouveaux concitoyens. Les formules variaient mais nul de ceux qui vivaient dans cette appartenance ne parvenait à s'en bien détacher. Ainsi d'un avocat, bon Niçois pour lequel je nourrissais de l'estime, qui, lors d'une audience où j'occupais le siège du Ministère public, me lança :

— Contrairement à ce que vous croyez, monsieur le procureur de la République, nous sommes ici niçois et français.

L'ordre qu'il avait choisi me fit penser que le second adjectif n'était que subsidiaire. Les années passées ne l'ont pas démenti.

Ma visite au maire de Nice fut autrement marquante. Nous étions en plein carnaval et j'étais curieux de rencontrer Jacques Peyrat, personnage haut en couleur dont le cheminement politique ne pouvait manquer de m'intriguer. Même à Nice où pourtant les clivages politiques sont moins marqués qu'ailleurs. L'essentiel de l'entretien se déroula dans la salle à manger qui jouxtait son bureau. Un homme qu'on pouvait difficilement croire venu du Nord nous accueillit à table :

— Alors Joseph, qu'est-ce que tu nous sers ?
— Une daurade royale, monsieur le maire.
— Bon, et pour boire ?
— Du vin de Bellet, monsieur le maire.
— Vous avez de la chance : c'est un vin cher. Il vaut au moins cent francs la bouteille.

Il me sembla qu'il y avait comme un fossé entre le luxe qu'affichait cette ville et la modestie du propos. Il annonçait un déjeuner qui ne fut pas convenu. Nous en vînmes rapidement aux secrets de ma nomination et Jacques Peyrat m'assura qu'il savait pourquoi Élisabeth Guigou l'avait voulue.

— Elle veut avoir ma peau pour me remplacer. Je sais qu'elle a acheté un appartement à Nice, je sais où, quand et combien.

Je tentai de le détromper, faisant valoir que, si j'avais des idées en politique, je ne les servais point dans l'exercice de mes fonctions et me sentais humilié que qui que ce soit puisse croire un instant que j'aurais accepté une telle commande.

En vérité, le directeur du cabinet du garde des Sceaux m'avait indiqué que la ministre n'avait pas d'instructions à me donner :

— Elle veut juste que Nice ne ressemble pas à la Corse.

Peu à peu le maire se détendit, jusqu'à m'exposer l'admiration que, prétendait-il, son épouse nourrissait à mon égard ; il ne me cacha pas qu'il ne la comprenait d'ailleurs pas.

— L'autre jour, nous étions dans l'avion. Tiens, m'a-t-elle dit, passe-moi le dossier que tu as constitué sur le procureur.

L'aveu implicite était de taille, mais mon commensal n'affecta pas même d'en rougir. À croire que lui-même ne s'en était pas rendu compte. On vint bientôt le chercher pour présider au carnaval. Sa voiture l'attendait. D'un geste ample de la main, il en fit s'extraire son épouse et me présenta. Elle minauda :

— Si vous avez besoin de joindre mon mari de toute urgence, adressez-vous à moi.

Je protestai que le maire venait précisément de m'indiquer un autre intermédiaire en la personne du directeur du Protocole et des Relations internationales qui lui portait son manteau.

— Non, Non. C'est à moi qu'il faut vous adresser.

Cette alternance de mots et de scènes m'en avait déjà beaucoup appris.

Ce ne fut pas le plus étrange de ce qui émerge encore de mes premiers souvenirs. Invité pour une soirée consacrée aux œuvres du syndicat des exploitants de grands hôtels, je me rendis à l'Opéra où, avant un souper à l'hôtel Negresco, on donnait une représentation lyrique. Nous étions quelques-uns à attendre le couple majoral qui nous avait conviés dans sa loge, la principale de ce théâtre à l'italienne. Il nous précéda, nous invitant à le suivre dans une progression qui avait quelque chose de monarchique. À chaque marche, ou presque, un photographe officiel l'immortalisait. Avec le secrétaire général de la préfecture, nous échangeâmes un regard complice. Le mien était intrigué, le sien traduisait la connaissance de semblables précédents et l'amusement qu'ils lui procuraient. Le haut fonctionnaire était là depuis quelque temps et s'y était manifestement accoutumé. Il vint plus tard jusqu'à mon bureau m'expliquer, prêtant à sa femme le propos, qu'à Nice on n'avait pas besoin de Savonarole... L'évocation de ce moine fanatique qui, avant de finir sur le bûcher, avait imposé une rigueur extrême à Florence au temps de Laurent le Magnifique aurait dû m'effrayer. Mais ce genre de mise en garde, plus révélatrice d'un système que d'une situation, m'a toujours beaucoup amusé.

Le souper qui suivit s'acheva sur une tombola à laquelle la politesse exigeait que je souscrive. Je pris sans crainte un carnet de billets, sachant que je ne gagnais jamais. Pourtant l'un des numéros fut appelé pour un voyage aller-retour en Corse, en avion, pour deux personnes. Il était trop tôt pour que je puisse y voir la malice d'un geste qui, des années auparavant, lors d'un congrès de bagagistes, avait suscité la réaction ironique de Georges Beljean, alors procureur général à Aix-en-Provence. Les congrès comportent souvent des cadeaux et Jacques Médecin, le flamboyant maire de Nice, lui avait tendu une valise.

— Serait-ce une invitation au départ, monsieur le maire ?

Je m'interrogeai sur le caractère fortuit de ma chance, d'autant plus que le secrétaire général de la préfecture eut aussi la sienne. Une tombola pour notables. Pour ma part je restai silencieux et le lot qui m'avait été attribué fut aussitôt remis en jeu. Dans le doute, je préférais qu'un autre en bénéficiât.

L'impression qui m'en resta se serait sans doute dissipée, si, lors de la réception annuelle du 14 juillet dans les salons de la préfecture, une charmante dame ne s'était approchée de moi pour me dire combien elle avait été heureuse de ma présence à ce souper.

— Je suis, précisa-t-elle, celle qui vous a vendu vos billets.

Comme je lui rétorquai combien ce gain inespéré m'avait mis mal à l'aise, elle afficha un regret qu'elle ponctua étonnamment.

— La prochaine fois, on s'arrangera...

L'histoire eut une suite qui se déroula plus d'une année plus tard. Entre-temps, mieux informé des coutumes locales, j'avais jugé préférable de ne point paraître à la soirée qu'avait, l'année suivante, donnée le syndicat. Au mois de septembre, lors d'une réception au musée de la Photographie, son président s'approcha pour me dire combien il avait regretté mon absence. Je lui répétai que je n'aimais pas gagner et que sa loterie m'avait dissuadé d'y retourner.

— Revenez, me dit-il, la prochaine fois on s'arrangera.

Il m'était difficile de douter davantage. La culture de l'arrangement s'installa peu à peu dans mon esprit comme une évidence, une donnée fondamentale des habitudes auxquelles j'allais devoir faire face.

Il n'était donc plus question pour moi de me rendre à de nouvelles invitations ayant cette même origine. Pour des raisons semblables, j'en vins à rayer de la carte des restaurants trop accueillants. L'un d'eux, au cœur de Nice, servait des spécialités locales de grande qualité. Sa réputation était excellente et sa situation privilégiée. L'accueil avait toutefois le défaut d'être incertain, du moins pour ceux qui n'étaient pas connus. L'établissement avait la particularité de déborder largement sur le trottoir, si bien que, lorsqu'on empruntait celui-ci, on avait le sentiment de traverser la salle. Un soir, je m'y rendis avec un de mes très proches amis et nous y fîmes un repas pantagruélique. Les plats succédaient aux plats, tous d'une saveur délicieuse et, comme nous avions choisi des fraises pour dessert, ce fut une cagette que l'on déposa sur la table. Cet ami ne manquait pas d'argent et, à dire vrai, je ne m'inquiétais guère du montant de l'addition. Pourtant, quand il revint vers notre table après l'avoir réglée, sa moue m'intrigua.

— C'est donc si cher que cela ?

— Pas du tout, j'ai l'impression de n'avoir payé que les apéritifs.

Après cela, si exquise que fût la chère et quelque regret que je conserve d'avoir dû m'en passer, je résolus de me tenir à l'écart, préférant des restaurants où l'on présentait une addition dans laquelle je retrouvais mon assiette plus que ma qualité.

Après que je me fus publiquement inquiété d'un tel traitement, je sus que la tenancière n'avait pas compris. Elle avait seulement voulu m'être agréable. Pourtant, dès mon arrivée, j'avais publiquement précisé que je n'avais pas la reconnaissance du ventre. Avec cet établissement qui m'avait si bien traité, j'eus à en faire la démonstration en invitant les services de police à faire respecter le domaine public. Des tables qui obstruaient le passage furent retirées. Peu après, le directeur départemental de la sécurité publique et le commissaire central de Nice qui, dotés d'un solide appétit, fréquentaient volontiers ce restaurant, me racontèrent que, lors de leur dernier déjeuner, contrairement à l'habitude, les portions leur avaient paru singulièrement modestes, tout au contraire de l'addition. J'appris donc que les assiettes les mieux garnies n'étaient pas les moins dangereuses.

D'autres signes m'en furent donnés lors de mon arrivée. Séparé de ma famille qui ne pouvait me rejoindre avant le mois de juillet, je devais en l'attendant trouver un logement pour moi seul. Amicalement, un de mes collègues me transmit la proposition d'une personne dont j'appris par la suite qu'elle était proche du maire de Nice et de sa femme. Elle avait même la réputation d'être en quelque sorte le passe-partout de celle-ci. Un studio pouvait être mis à ma disposition, dont je n'aurais à payer que les fluides... Si alléchante qu'elle fût pour ma bourse en cette période où je devais faire face aux dépenses de deux foyers, avec des allers et retours réguliers entre Nice et Valenciennes, la proposition me parut devoir être considérée avec circonspection. Pourtant je ne doutais pas que cette dame, sans m'avoir jamais rencontré, ait éprouvé pour moi une si profonde sympathie.

La vanité est un bien communément partagé. Ceux qui exercent un pouvoir ne sont pas immunisés, au contraire.

Un préfet auquel je recommandais de la prudence envers cette même personne dont l'entregent l'avait séduit me répondit qu'il était normal qu'on aime le représentant de l'État. Il me paraissait singulier qu'on l'aime quel que soit le titulaire du poste et qu'on étende systématiquement cette affection au président du tribunal comme au procureur de la République. À n'en pas douter la fonction avait plus d'attrait que celui qui l'exerçait. Pour se garder, il n'est de solution que dans la réponse à la seule question qui se doive poser : est-ce bien moi que l'on aime ou plutôt ma fonction ? En cas de doute, le mieux sera toujours de tenir à l'écart ceux qui ne flattent l'un que pour utiliser l'autre. Pour ce studio, je ne répondis pas, simplement pour ne pas manifester d'emblée le soupçon qui m'était venu. On insista, si bien que je finis par m'enquérir de l'honnêteté de cette si généreuse personne.

Faute d'une réponse convaincante, nous en restâmes là.

D'autres sollicitations suivirent qui peu à peu dessinèrent un système. Il me fut ainsi recommandé, pour des achats divers, de les effectuer plutôt dans une moyenne surface de bricolage au centre de Nice. J'écoutai, sans plus, et mon interlocuteur insista, jusqu'à préciser que ces commerçants avaient pour avantage d'être peu pressés de présenter leur facture. Je crus en trouver l'explication lorsque, au début de l'année suivante, je me préoccupai d'établir la liste des gérants de tutelle, mandataires désignés par le juge chargé d'assurer la protection des personnes qui ne disposent pas de toutes leurs facultés mentales. Le propriétaire de l'établissement commercial y figurait avec sa fille. Je m'enquis autour de moi de ce qui leur avait valu cette désignation. On me répondit qu'ils avaient rendu quelques services à des magistrats soucieux d'améliorer leur cadre de vie. Je ne cherchai pas à vérifier davantage et, par précaution, radiai de la liste des gérants de tutelle ces personnes qui, de mon point de vue, n'avaient aucune raison d'y être inscrites.

Cette liste qu'il appartient au seul procureur de la République d'établir me réserva d'autres sujets d'étonnement. Jusques alors, dans mes précédents postes, les candidats aux fonctions de gérant de tutelle étaient si peu nombreux que, passant par les maires, je devais en solliciter. J'avais fini par croire que les gérants de tutelle étaient bénévoles. Les indemnités prévues par la réglementation sont minces et, effectivement, on peut considérer qu'ils le sont. Dans le ressort de la cour d'appel d'Aix-en-Provence auquel appartient le tribunal de Nice, je découvris qu'avaient été officiellement mises en place des rémunérations qui rendaient le mandat plus attrayant. Dans ce ressort, sans qu'il faille majorer le phénomène, les personnes âgées sont nombreuses et les patrimoines dont elles disposent souvent importants. La fonction permettait de s'enrichir et l'on m'indiqua que ceux qui l'exerçaient pouvaient en tirer un revenu annuel s'établissant entre cinq cent et sept cent mille francs. Il fallait donc regarder de plus près et écarter ceux qui n'auraient pas dû figurer sur la liste.

La fonction était si lucrative que quelques-uns de ces gérants avaient constitué des structures, de véritables entreprises ; ils se mirent à pousser des cris d'orfraie quand je fis connaître mes intentions. J'allais les contraindre à licencier du personnel ! De la liste précédente, je retirai le quart de ceux qui y étaient inscrits, dont un adjoint au maire chargé d'un seul dossier. Il ne broncha pas, ce qui ne fut pas le cas d'un avocat qui ne manquait pourtant pas d'occupations. Il vint protester et je lui indiquai qu'il valait mieux qu'il se consacre au reste. Une situation retint particulièrement mon attention, celle d'un gérant de tutelle qui avait pour conjoint un fonctionnaire du tribunal d'instance auquel les magistrats de cette juridiction avaient confié le soin de contrôler les comptes des gérants de tutelle. Cela finit mal car je dus ouvrir contre celui-là une enquête pour des détournements qu'il paraissait avoir commis au détriment de nombre des personnes dont la tutelle lui avait été confiée. Cela se termina par une condamnation, plutôt modeste, prononcée par le tribunal correctionnel puis confirmée par la cour d'appel. En même temps, mais sans succès, je signalai les risques que paraissait engendrer le système de rémunération adopté au sein de la cour.

Les excès constatés me préoccupaient d'autant plus que les émoluments accordés aux gérants de tutelle étaient prélevés sur les biens de ceux dont la Justice assure la protection. L'affaire fit quelque bruit et un journaliste local s'en empara, ce qui me parut une excellente chose. Il est bon que nos concitoyens sachent comment fonctionne la Justice. Il ne l'est pas moins qu'ils soient informés des abus dont sont victimes ceux d'entre nous qui, en fin de parcours, y sont exposés par la nature autant que par la cupidité. Dans ce ressort, les abus de vulnérabilité sont légion ; ils consistent à tirer parti des déficiences de personnes âgées, le plus souvent psychologiques ou intellectuelles, pour les faire souscrire à des opérations qui leur sont préjudiciables.

La publicité donnée par la presse locale à ces excès n'eut pas vraiment l'effet escompté. Elle persuada surtout que l'on pouvait s'enrichir dans une fonction qui ne demandait pas de diplôme et ne dépendait que du bon vouloir du procureur de la République. Il arrivait à ma femme de jouer au bridge. On prétendit passer par elle pour obtenir une inscription sur la liste en faveur de l'une de ses partenaires dont les revenus étaient insuffisants. Ma femme cessa de fréquenter ce cercle. Un soir qu'il me raccompagnait à mon domicile après une intervention publique, l'un des organisateurs me dit son admiration pour mon intégrité. Je ne voyais pas que cela méritât compliment. Alors il m'expliqua qu'un de ses parents serait heureux de devenir gérant de tutelle, car il avait besoin d'argent. Il allait donc falloir que je révise mes conceptions, trop flatteuses, sur la nature humaine.

Rien ne pouvait plus m'étonner depuis que, dans un café proche du palais, un consommateur avait entamé une discussion sur les mérites de Jacques Médecin. Le débitant s'en mêla. Peu avant mon arrivée, les Niçois avaient enterré leur ancien maire, comme le milieu enterre les siens. Décédé en Uruguay où il s'était exilé pour fuir la Justice, son inhumation avait donné lieu, dans une effervescence populaire, à des manifestations très méditerranéennes. Certains, dont les fonctions leur auraient interdit de se tenir à l'écart, me dirent plus tard combien ils avaient été heureux de disposer d'un prétexte pour ne point y paraître. D'autres fastes mortuaires me firent comprendre, par la suite, qu'ils étaient à Nice généralement proportionnés aux qualités qu'on ne pouvait supposer au défunt. Un cache-misère, en quelque sorte... Ce cafetier niçois, encore qu'il sache qui j'étais, n'avait manifestement pas conservé du « Jacquou » le pire des souvenirs. Je crois l'entendre encore.

— C'est vrai que c'était un truand, mais qu'est-ce qu'il était sympathique !

Comment pouvais-je douter de la force d'un sentiment qui conduisait à l'exprimer devant celui qui exerçait les fonctions les moins propres à emporter son adhésion ?

Ces fonctions ne me protégèrent d'ailleurs pas davantage dans ma vie privée. Pour garer ma voiture personnelle, ma loueuse ne craignit pas de me demander la rémunération d'un emplacement qu'elle m'avait consenti dans le jardin de la résidence.

— Le mieux est de l'inclure dans le bail que vous allez signer avec les services fiscaux.

Elle se troubla un peu et l'idée me vint que ces sommes n'étaient pas régulièrement déclarées.

— Vous n'allez pas me faire croire que vous ne déclarez pas la totalité de vos revenus ?

Son trouble s'accentua.

— Pas tout...

— Alors ne comptez pas sur moi pour me rendre complice d'une fraude fiscale !

Elle n'insista pas, me laissant la jouissance de cet emplacement sans prétendre en être rémunérée.

Croisant le lendemain un avocat qui avait son cabinet dans l'immeuble et sa voiture dans le jardin, j'évoquai ma découverte. Il sourit.

— Cela, monsieur le procureur, c'est un arrangement.

J'eus vite la nausée de ce mot et de ce qu'il représentait d'incivisme ou de fraude, une dualité fréquente chez bien des « honnêtes gens » dont je croisais la route.

Rapidement je pris l'habitude de recueillir des renseignements sur les inconnus qui m'invitaient. Je ne pouvais toutefois me méfier de tous. Pourtant le ver était dans le fruit à un point que je découvris le jour où un magistrat à la retraite vint chercher ma protection. J'avais entendu parler de lui et d'un dossier auquel il avait été mêlé quand il était au parquet. Des policiers municipaux avaient été suspectés de détournements au sein du service des objets trouvés. Celle qui avait dénoncé les faits y travaillait. Elle était proche du magistrat et celui-ci avait fait l'objet de menaces pour la part qu'il aurait prise dans la procédure. On m'avait rapporté que, connaissant bien l'un des parrains du milieu local, il en avait obtenu l'assurance que, tant que celui-ci serait vivant, il ne lui arriverait rien. Mais une balle avait mis fin à la carrière de son protecteur et le magistrat se sentait menacé, au point de se tourner vers moi pour prendre le relais. À cette occasion, il me confirma ce qui m'avait paru relever d'une invraisemblable hypothèse.

La circonscription comprenait la ville de Nice et les mentalités qu'elle affichait ne se retrouvaient pas sur l'ensemble du territoire judiciaire. Il n'en reste pas moins que l'importance de l'agglomération, ville phare de l'est de la région, ne pouvait être sans influence sur les institutions qu'elle abritait. Le palais de justice était un bel oiseau, une sorte d'albatros posé au cœur du Vieux-Nice. Récemment rénové, le bâtiment avait été débarrassé des scories que les besoins de la juridiction avaient posées sur ses ailes. Immaculé, il avait fière allure. Initialement, trois portes au sommet des escaliers extérieurs permettaient d'y accéder. Chacune était surmontée d'un morceau de la devise de la République. À gauche, on entrait par la porte « Liberté », à droite par la porte « Fraternité ». Celle du milieu, pour les besoins de l'architecture intérieure, avait été condamnée. C'était la porte « Égalité ». Le symbole me parut assez rude et je ne fus pas le seul à le remarquer. Un jour que j'arrivais au palais, un jeune homme à l'accent d'Afrique du Nord m'interpella bruyamment :

— M'sieur, regarde, la porte « Égalité » elle est fermée !

De telles prémices ne pouvaient suffire à ébranler ma foi dans l'institution judiciaire. Blanc à l'extérieur, je ne pouvais douter que le palais le soit aussi à l'intérieur. En dépit de tout ce que m'avaient appris les vingt-six années qui venaient de s'écouler, le corps auquel j'appartenais ne m'avait qu'exceptionnellement donné de sérieuses raisons de m'interroger sur la probité de ses membres. Il allait me falloir déchanter.

D'aucun corps on ne saurait attendre qu'il soit absolument indemne de brebis galeuses. Chacun pourtant a la faiblesse d'y prétendre, sans vraiment comprendre qu'en s'en déclarant solidaire c'est le corps tout entier qu'on atteint. Souvent les professions judiciaires en ont donné l'exemple et, quand j'ai eu à engager des poursuites contre un avocat, un huissier de justice ou un notaire, les organismes professionnels ont fréquemment tenté de me fléchir. Ces poursuites allaient ternir la réputation de la profession et, si l'on poursuivait l'un d'entre eux, tous en pâtiraient. À mon sens, c'est d'ignorer le coupable qui, au contraire, laisse croire à la culpabilité de l'ensemble. Les magistrats sont longtemps restés campés sur le même créneau. Un magistrat de province, d'un rang élevé, avait été soupçonné de malversations. Le scandale était public quand, sous la présidence du directeur de cabinet du garde des Sceaux, dix responsables de la Chancellerie s'étaient réunis pour décider s'il fallait ou non faire ouvrir une information. Huit d'entre eux opinèrent en faveur d'une démission pour toute sanction. Il fallut l'arbitrage de Robert Badinter pour que la minorité l'emporte et que l'information soit ouverte. Le tort des magistrats est de croire, parce qu'ils le sont, qu'ils ne peuvent être soupçonnés. C'est oublier qu'ils le sont précisément par nature, comme tous ceux qui exercent un pouvoir. La faiblesse du corps fut toujours d'ignorer ceux qui nuisaient à ce dogme. Il croyait le conforter quand chaque comportement individuel fautif le rendait un peu plus illusoire.

Par le passé, de rares exemples m'avaient été donnés de ces magistrats oublieux de leur devoir au profit de leurs intérêts. À dire vrai, ce que j'avais appris me paraissait si caricatural que je ne prétendais en tirer d'autres conclusions que celle de dévoiements isolés. La Justice n'était pas en cause ; seuls l'étaient quelques-uns de ceux qui la rendaient. Les réactions n'étaient toutefois point à la hauteur de la faute. Ainsi de ce magistrat provincial qui, à différentes reprises, avait démontré qu'elle n'avait plus sa place dans le corps. Elle avait un conjoint, chauffagiste de son état. Elle n'hésita pas à le désigner comme expert pour apprécier les facultés psychiques d'une personne susceptible d'être placée sous tutelle. Apprenant qu'un gérant de tutelle cherchait à louer un appartement dont était propriétaire un majeur protégé, ce même magistrat demanda à le visiter, en fit rabattre le prix dans le cadre de ses fonctions et le loua. Ses frasques finirent par parvenir jusqu'à la cour d'appel et décidèrent le premier président et le procureur général à se déplacer. Ils entreprirent de la ramener à la raison. Elle regimba, leur jetant à la tête la menace de sa démission. Ils ployèrent et, craignant le scandale, se replièrent. Le garde des Sceaux de l'époque voulut sanctionner ce magistrat indélicat, mais prétendit faire monter dans la même charrette un autre, dont la probité n'était pas en cause. Il avait le tort de rendre des jugements qui par trop déplaisaient. Le syndicat de la magistrature monta au créneau et le pouvoir recula. Les deux magistrats furent sauvés, celui qui le méritait, et l'autre en profita.

La pusillanimité n'était pas toujours la cause d'une telle indulgence. Un magistrat qui s'était rendu célèbre par sa persistance à toujours donner raison au plus faible, ce qui n'est pas nécessairement le gage d'une bonne Justice, avait fini par être révoqué. La gauche d'avant 1981 en avait fait un symbole et prétendait que l'on revienne sur cette décision. Ce fut le cas quand le pouvoir changea de mains. Rien qui ne puisse davantage inciter le magistrat, reprenant ses fonctions, à poursuivre sur sa lancée. Quelques précautions furent prises et il fut astreint à des tâches qui auraient dû permettre de le tenir à l'écart des décisions difficiles. Las, il n'y a point d'heure pour les braves et celui-ci profitait de celles, tardives, qui lui étaient laissées pour persister dans son combat. Les syndics de faillite puis les officiers ministériels s'en rendirent compte quand, comme il en avait le pouvoir, il décida de citer comme témoins nombre d'entre eux devant le juge pénal sans que l'utilité en soit évidente. Déjà le procédé donnait à réfléchir et son coût pour le Trésor public plus encore. On fit remarquer au ministre combien la réintégration de ce magistrat était préjudiciable à l'institution. Il répondit que l'engagement personnel de celui qui était devenu le président de la République interdisait de revenir sur cette décision. Ce fut pourtant le cas quand la persévérance du magistrat finit par devenir insupportable. On n'avait pas rendu service au corps judiciaire et, à l'homme, pas davantage.

Les manquements à l'impartialité n'étaient pas si rares que je puisse affecter d'ignorer qu'ils se produisaient parfois. Là, le président d'une juridiction qui, dans un dossier qui lui était soumis pour des désordres immobiliers, avait d'entrée mis hors de cause l'architecte qui était intervenu. Il était de ses amis et même lui avait trouvé son logement lors de son arrivée... Ailleurs, un autre qui présidait la juridiction correctionnelle devant laquelle j'avais cité le responsable d'un complexe hôtelier pour violation de la réglementation sur les débits de boisson. À peine celui-ci s'était-il approché de la barre que le magistrat tint publiquement à le féliciter pour les mérites de son entreprise. Stupéfait, je l'interpellai.

— Si vous éprouvez de la difficulté à juger ce prévenu, je puis faire appel au président du tribunal pour vous substituer.

— Mais, c'est mon indépendance!

Je lui fis remarquer, tout aussi publiquement, qu'il se trompait sur le sens qu'il convenait de donner à ce mot. Son comportement en méritait un autre. Il faut croire que ma rigueur était atténuée par un corporatisme dont pourtant je me suis toujours défendu : je n'allai pas plus loin, quand j'aurais dû le contraindre à s'écarter, faute d'impartialité suffisante.

Un troisième, chargé de statuer sur l'éventuelle implantation d'une mosquée, crut opportun, dans la coulisse, de consulter le représentant du pouvoir exécutif sur la décision qu'il lui revenait de prendre.

Ces exemples ne peuvent suffire à dépeindre un corps comportant près de sept mille magistrats et rien, en y entrant, ne m'autorisait à considérer le palais de justice de Nice comme un repaire de pharisiens, semblables à des sépulcres blanchis. Et pourtant...

IX

DES CADAVRES ENCOMBRANTS

À un procureur qui débarque, il est généralement demandé, outre ses tâches administratives et de cogestion, de conduire l'action publique en organisant son parquet pour l'exercer. Pour la première fois, alors qu'une inspection générale était encore en cours, il m'était demandé de rouvrir une vingtaine de dossiers qui, à en croire quelques avocats et la rumeur publique, auraient fait l'objet d'un traitement anormal. Je n'avais pas protesté quand le procureur général m'en avait chargé. Je croyais en effet qu'il ne s'agissait que de dossiers en cours. Avant même que je les ouvre, les avocats qui avaient provoqué ma mission s'empressèrent. Quelques magistrats aussi. Tous me dirent la même chose : la Justice est ici trop favorable aux notables, avec la complicité de deux à trois magistrats. Mes interlocuteurs accumulèrent les exemples et les précisions. L'un d'eux, qui était encore au parquet mais s'apprêtait à le quitter pour le siège, s'offrit à m'aiguiller. Des réquisitions orales qu'il avait prises dans un dossier concernant l'office public des HLM lui avaient déjà valu d'être signalé à mon attention alors que je venais d'arriver. Il fallait, paraît-il,

253

que je m'en méfie. Attaché à notre liberté de parole à l'audience, cette mise en garde m'avait rendu le magistrat plutôt sympathique, avant même de le rencontrer.

Notre première entrevue fut l'occasion de le tancer, non pour un exercice qui me paraissait s'inscrire dans les devoirs du Ministère public, mais pour ne pas avoir tiré la leçon de ses réquisitions. Au moment de réclamer des peines contre ceux qui étaient poursuivis, il s'était indigné de ce que le tribunal n'ait à juger que des comparses. D'ailleurs celui qui présidait la juridiction s'était lui aussi livré à un commentaire semblable. Je reprochai à mon substitut de n'être pas allé au bout de la logique judiciaire : si les auteurs principaux n'avaient pas été poursuivis dans le cadre de l'information, il était encore temps de réclamer au tribunal, qui pouvait d'ailleurs y procéder d'office, qu'il ordonne des investigations complémentaires. Il est vrai que l'affaire paraissait mériter d'être approfondie en direction des responsables de l'office public des HLM. Des faits de corruption avaient été découverts et déjà ceux qui avaient été établis autorisaient à s'étonner de ce que son président en exercice ait bénéficié d'un non-lieu sans même avoir été entendu par le juge d'instruction.

En fait il l'avait bien été. Le premier à me le confirmer fut l'intéressé lui-même. À ce sénateur des Alpes-Maritimes, conformément au protocole de la République, j'avais rendu visite lors de mon installation. Du dossier qui le concernait, j'ignorais encore tout. Il y consacra l'essentiel de notre entretien et me remit quelques pièces qui, selon ce qu'il m'affirma, démontraient qu'il n'y était pour rien. Il me précisa qu'il s'agissait de celles-là mêmes qu'il

254

avait déposées entre les mains de Jean-Paul Renard, le doyen des juges d'instruction. Ainsi, sans que le juge chargé d'instruire le dossier l'ait constaté par procès-verbal, le président de l'office avait été reçu par lui et lui avait remis des pièces, sans pour autant être entendu par celui-ci. Au regard du code de procédure pénale, cela paraissait une bizarrerie et je compris que, de celle-ci au moins, on pouvait s'émouvoir. Quelque temps après, quand M. Renard demanda à me voir pour s'expliquer sur les rumeurs le concernant, je l'interrogeai sur cette pratique dont je n'avais pas eu d'exemple jusques alors. Je m'étonnai d'une part de ce qu'il n'ait pas jugé nécessaire de recueillir l'audition du président de l'office, ne serait-ce que comme témoin, d'autre part de ce qu'il ait pu classer dans le dossier les pièces justificatives que son interlocuteur lui avait remises hors procédure. Avec l'aplomb dont il ne manquait pas, le juge me répondit qu'il avait préféré ne pas entendre ce sénateur pour ne pas nuire à sa réputation... Ce premier dossier me parut exemplaire d'une situation délabrée. J'ignorais encore à quel point elle l'était.

Décidément dans cette juridiction les pratiques paraissaient singulières. Un jour je tombai sur un dossier dans lequel les réquisitions du parquet m'apparurent si étranges et, pour tout dire, sans rapport avec le droit, que j'interrogeai leur signataire. Aussitôt il m'indiqua qu'il n'en était pas le rédacteur, lequel était son supérieur hiérarchique direct. Je me tournai vers celui-ci qui ne fit pas mystère d'avoir rédigé le réquisitoire qui m'avait paru saugrenu, ni de l'avoir donné à signer à l'un de ses subordonnés. Comme je lui demandai des explications sur une pratique si étrange, l'habitude étant plutôt de faire endosser par le supérieur la prose de son subordonné, il me répondit qu'il avait ainsi procédé pour ne point apparaître dans le dossier, précisant qu'il n'y était déjà que trop apparu.

— Le mieux quand on ne veut point apparaître dans un dossier, c'est de ne pas s'en occuper !

L'après-midi, le magistrat qui avait signé l'acte demanda à me voir. Il entra dans mon bureau, l'air contrit.

— C'est encore moi qui vais porter le chapeau...

À ma stupéfaction, quand fut venu le temps de l'inspection générale auprès de laquelle j'avais évoqué cette scène, il sembla que je l'avais rêvée, comme bien d'autres choses encore...

*
* *

De ces étrangetés, les premiers mois de ma vie niçoise furent abondamment garnis. Provisoirement sans famille et peu désireux de mondanités dont je me défiais, je n'avais qu'à me plonger dans les dossiers qui m'avaient été publiquement désignés comme suspects. Le plus grand de mes étonnements vint de ce que la plupart de ces dossiers étaient parvenus à un stade où le procureur le plus zélé ne pouvait plus rien. Certains avaient fait l'objet de décisions définitives de la cour d'appel qui avaient mis un terme à la procédure. Le principe de l'autorité de la chose jugée interdisait qu'ils soient rouverts, sauf si l'infraction n'était pas prescrite. Encore fallait-il que des faits nouveaux le justifient et que le procureur général le requière. Lui seul alors l'aurait pu.

Il en était ainsi du dossier du « Golf de Nice », sombre histoire d'une subvention de 750 000 francs votée par le

conseil général des Alpes-Maritimes au profit d'une association qui portait ce nom. Par une étrange erreur, surtout
quand on connaît la rigueur du Trésor public qui en avait
la charge, la somme fut versée dans les caisses d'une société
à responsabilité limitée également intitulée « Golf de
Nice ». S'il ne s'était agi que de cela, l'erreur n'aurait pas
fait couler beaucoup d'encre. Encore eût-il fallu que les
responsables de la société restituassent l'argent dont ils ne
pouvaient ignorer, faute de contrepartie, qu'il ne leur était
pas destiné. Un peu de probité aurait étranglé le scandale.
Il naquit de ce que ce subterfuge était susceptible de masquer une opération de financement illégal, laquelle intéressait un proche d'un conseiller général prometteur.

La Justice s'était aventurée à pas lents jusqu'à ce que le
mois d'août conduisît le juge Renard, dans la torpeur de
l'été, à rendre une décision de non-lieu dans ce dossier
dont il n'était pas chargé. Pourtant l'urgence n'était pas
telle qu'il fallût, pendant la période estivale, mettre un
terme à une procédure dans laquelle il n'y avait aucun
détenu. La décision avait été confirmée par la cour d'appel
et, même si l'on pouvait légitimement s'interroger sur le
procédé, il était trop tard pour rien entreprendre de nouveau, sauf à bâtir des théories juridiques d'inspiration poli-
ticienne. Le conseiller général avait pris son essor et ses
adversaires parurent compter sur moi pour le briser. À la
veille des élections législatives de 2002, un émissaire vint
me suggérer de ressortir ce dossier sur la base d'un prétendu recel des fonds qui avaient été détournés. Encore
eût-il fallu démontrer que ceux qui en avaient bénéficié en
connaissaient la provenance frauduleuse, condition indispensable pour les poursuivre pénalement. L'intermédiaire
m'assura que « je serais couvert ». Je fis valoir qu'en toute

257

hypothèse cela me paraissait juridiquement impossible. On me promit un argumentaire qui viendrait du ministère de la Justice. Je restais dubitatif et, plus encore, réticent. Il s'agissait manifestement de m'utiliser pour l'un de ces coups bas qui peuplent les périodes électorales, parfois au sein d'un même parti. La Justice ne pouvait y trouver son compte. L'argumentaire ne me parvint jamais et l'élu dont on voulait la chute le fut à nouveau. La rumeur niçoise était également faite de ces dossiers qui, depuis des années, empoisonnaient l'atmosphère et permettaient à plus d'un de considérer la Justice comme stipendiée.

D'autres dossiers sans doute avaient fait l'objet d'un classement sans suite et des poursuites étaient encore envisageables. Le classement sans suite n'est pas une décision judiciaire, mais de nature administrative et peut toujours être modifié tant que les conditions légales de la poursuite sont réunies. Un procureur peut donc légitimement rouvrir un dossier classé par son prédécesseur. C'était implicitement ce qui m'avait été demandé par le procureur général. Pourtant celui-ci, quand je commençai de lui rendre compte de mes découvertes, s'étonna de ce que l'on puisse ainsi procéder. Qu'un procureur puisse réviser les décisions de son prédécesseur... À croire qu'il avait perdu de vue ses propres directives ! Il est vrai qu'en matière de Justice il y a rarement de vérité absolue. La vérité du juge est surtout la sienne et s'inscrit dans l'instant. La vérité judiciaire n'est pas *la* vérité, elle n'est qu'*une* vérité. *A fortiori* pour le parquet dont les décisions restent soumises à la critique des parties, comme à celle du juge.

Aussi, même si je ne partageais pas nécessairement la décision qui avait été prise, n'ai-je pas, dans la plupart des dossiers examinés, opté pour une réouverture, ne serait-ce qu'en considération du temps écoulé. La lenteur de la Justice est proverbiale et je ne vois pas qu'il faille y ajouter par des dossiers trop anciens qui ne font que retarder la progression des plus récents. Moi-même, en arrivant, j'avais eu à trancher une difficulté de cet ordre dans un dossier qu'on avait laissé de côté, en cadeau de bienvenue. L'établissement bancaire qui recevait les fonds professionnels déposés par les avocats avait retenu l'attention de la chambre régionale des comptes. Ses conclusions laissaient apparaître que des avantages importants avaient été consentis à différents membres du barreau. Les faits présentaient une certaine ancienneté et j'hésitai à requérir l'ouverture d'une information quand leur qualification pénale n'était pas évidente. Le faire n'eût pas été incongru. Il me semblait pourtant qu'à peine installé, il était inopportun que j'agisse ainsi. Une telle procédure aurait immanquablement été considérée comme un acte d'hostilité envers le barreau. J'ai donc renoncé et fait savoir à l'ordre que je n'irais pas plus loin. Des soupirs d'aise me firent comprendre que quelques-uns s'en étaient sérieusement inquiétés. J'avais pris la peine de rendre compte de ma décision de classement sans suite au parquet général. Il l'avait approuvée.

D'aussi loin que je m'en souvienne, les relations avec les avocats ont toujours été compliquées. Pas seulement les miennes. Dans cette profession qu'autrefois j'avais voulu embrasser, j'ai trouvé ma femme et des amis, rien qui puisse justifier le grief si souvent fait aux magistrats d'être hostiles aux avocats. L'antagonisme semble institutionnel qui nous oppose les uns aux autres. La rugosité du débat contradictoire peut nous conduire à des propos qui peuvent être blessants. Le combat pour la liberté n'est pas nécessairement une guerre en dentelles et je conçois sans amertume qu'un avocat se batte pour son client, parfois avec l'énergie du désespoir, autant que je le fais pour défendre les intérêts que m'a confiés la collectivité, même si mon âpreté ne peut qu'être moindre, question de statut. Au contraire le respect que l'on doit au barreau est proportionnel à son utilité judiciaire. Le conflit latent qui nous oppose me semble plutôt d'ordre psychologique, sur un fond de conflit de pouvoirs.

Outre que l'accès aux centres de formation professionnelle des avocats n'a pas encore l'aura que confère l'École nationale de la magistrature, si brillant que soit l'avocat, il n'est pas certain d'obtenir gain de cause, quand même il aurait raison. Souvent il m'a été donné d'avoir accès à des lettres que, sous le sceau de la confidentialité, des avocats adressaient à leur client pour leur dire la réprobation dont ils entouraient la décision rendue. Les termes n'en étaient pas toujours très galants et l'on pouvait s'égarer quant à la considération portée au magistrat qui l'avait rendue. La confidentialité à laquelle les avocats sont particulièrement attachés n'a guère de sens pour leurs clients, surtout quand, le procès perdu, ils tentent désespérément d'amadouer la Justice, fût-ce au prix de leur défenseur. Tous nous devrions relire l'apologue des membres et de l'estomac qu'au Ve siècle avant notre ère Menenius Agrippa prodigua à la plèbe réfugiée sur l'Aventin. Elle se plaignait d'être constamment à la peine, le profit n'en revenant qu'aux classes équestres. L'émissaire du Sénat fit valoir par cette fable qu'à l'instar du corps humain, il n'est pas de société dans laquelle une personne donne sans rien recevoir, ni reçoive sans rien donner.

**

D'une manière générale les classements sans suite du parquet ont mauvaise presse. Perçus comme arbitraires, ils apparaissent comme une violation du principe d'égalité, quand même ce ne serait pas le cas. Longtemps les classements dus à l'absence d'identification des auteurs ont été confondus avec tous les autres. La globalité de la statistique sur ce point contribuait à donner de la Justice l'image la plus défavorable : elle ne traitait qu'une infime partie de la délinquance, environ 15 % des dossiers. De là à croire que, dans tous les autres cas, le procureur était à l'écoute des puissants, quand il n'était pas tout simplement laxiste... Pourtant la réalité est tout autre car on ne peut reprocher aux magistrats de sanctionner des auteurs qui n'ont pas été découverts ou contre lesquels on n'a pu recueillir des preuves suffisantes. Parfois même c'est le droit qui s'oppose aux poursuites. Ainsi en est-il parce qu'il n'a pas prévu de pénaliser un comportement ou que, l'infraction commise, il n'autorise plus à la poursuivre, en cas de prescription par exemple. Avec le temps et la volonté de répondre à des critiques injustes, les différents motifs de classement sans suite ont été précisés. Désormais le nombre de ceux qui relèvent de la seule opportunité paraît très inférieur aux chiffres qui semblaient condamner l'institution.

L'opportunité n'en est pas moins présente dans nombre de classements, même si tous ne vaudraient pas à leur auteur le sobriquet dont fut affligé l'un des nôtres, présenté comme « un petit meuble de classement ». Nul ne me croirait si j'affirmais que seul l'intérêt général guide toutes les décisions. L'opportunité est un substantif qui supporte aisément un adjectif. Quelques années après que les vins rouges de Bordeaux eurent fait les frais d'un énorme scandale susceptible de mettre à mal leur réputation et l'économie qui l'accompagne, j'avais été saisi, à la Chancellerie, de nouvelles constatations de fraude qui, cette fois-là, touchaient les vins blancs. Le problème était réglé mais il restait à déterminer si les responsables méritaient encore d'être pénalement poursuivis. En droit ils l'étaient, mais je ne pouvais ignorer quelles pouvaient en être les conséquences, d'un point de vue économique d'abord, social ensuite. Quand les feux de la précédente rougeoyaient encore, cette deuxième affaire pouvait entraîner un désastre. J'ai donc jugé préférable de proposer au cabinet de prôner le classement du dossier. Chacun peut en apprécier les raisons, les partager ou s'en émouvoir. Il ne s'agissait pas d'une opportunité politique au sens que l'on peut donner, dans la médiocrité, à ce terme. Il ne s'agissait pas de protéger des notables, seulement de maintenir un outil de production dont les ressources participent au bien-être de la collectivité. Il reste que les consommateurs auraient pu s'en offusquer.

Moins nobles sont parfois les motifs des classements. Dans les années quatre-vingt, à la frontière du Nord, un parquet avait signalé qu'un lointain parent du président de la République avait été intercepté, venant de Hollande, avec une petite quantité de haschich dans sa 2CV. L'émoi était considérable et le parquet général ne manqua pas, rendant compte à la Chancellerie, d'indiquer qu'il se soumettrait aux instructions qu'il sollicitait. Cela rappelle la réplique de Henri Nallet qui, garde des Sceaux en 1990, répondit aux procureurs qui soutenaient qu'il ne pouvait leur ordonner de classer sans suite un dossier :

– Bon, mais au moins, ne me demandez pas ce que vous devez faire !

Pour ce jeune consommateur d'une substance illicite, la question avait été posée ; la réponse, après concertation au plus haut niveau, fut de classer sans suite. L'habitude est pernicieuse qui conduit les magistrats du parquet à soumettre leurs décisions à la Chancellerie quand elles comportent le moindre risque. L'École nationale de la magistrature m'avait fait venir pour dialoguer avec les substituts issus de la promotion précédente, après une année de fonction. Il y avait là un procureur général et nous eûmes tous deux à répondre à l'un de ces jeunes magistrats qui souhaitait que nous précisions les cas dans lesquels un rapport devait être établi pour le parquet général. Sûr de son expérience, le procureur général en dressa une liste impressionnante. Puis vint mon tour. Je me bornai à indiquer :

— Posez-vous une seule question : est-ce bon pour ma carrière ? Si la réponse est positive, faites un rapport.

Pour être lapidaire et, je ne puis le dissimuler, provocatrice, la formule me semble correspondre à une regrettable réalité.

Souvent l'on prétend qu'il est légitime que le garde des Sceaux donne des instructions particulières aux parquets, parce que le pouvoir exécutif qu'il représente doit avoir la possibilité de faire connaître son opinion aux magistrats chargés de la défense des intérêts de la collectivité. C'est, me semble-t-il, s'asseoir un peu rapidement sur le principe de la séparation des pouvoirs. Autant il est normal que le représentant du gouvernement au sein de l'institution judiciaire dispose du droit de contraindre les magistrats du parquet à faire respecter la loi, autant il ne le serait pas qu'il puisse disposer de la faculté de les en empêcher. C'est toute la différence qu'il y a entre des instructions positives, qui conduisent à des poursuites, et des instructions négatives, qui tendent à les empêcher. Contrairement à ce qu'assène le discours public, le problème n'est pas davantage celui des instructions générales, lesquelles concernent un contentieux tout entier, et des instructions particulières qui n'interviendraient que pour un seul dossier. Sous couvert d'une directive générale, il ne s'agit en fait que de gérer des dossiers particuliers. Il importe peu d'opérer une distinction entre les unes et les autres, car toutes doivent procéder de la loi qui ne s'applique qu'à des cas particuliers.

Le pouvoir exécutif n'a pas vocation à contrarier l'exercice du pouvoir législatif, lequel lui est supérieur puisqu'il procède directement du suffrage universel. Ce serait pourtant le cas si l'on admettait que le premier, par le canal du ministre de la Justice, puisse interdire au parquet de faire respecter la volonté exprimée par le second. Le soutenant un jour devant un élu, avocat de rencontre et futur ministre, il me répondit que les magistrats n'avaient aucune légitimité parce qu'ils n'étaient pas issus du suffrage universel. Lui rappelant que le magistrat était légitime dès lors qu'il avait été nommé selon la loi et exerçait ses attributions dans son respect, qu'il procédait donc indirectement du suffrage universel, j'ajoutai ne pas comprendre sa position quand on pouvait constater que le Conseil constitutionnel, qui n'est pas élu, avait reçu le pouvoir de censurer la loi. Il rétorqua que les membres du Conseil étaient nommés par le président de la République. Ne relevant pas l'inexactitude partielle de son affirmation, car tous ne procédaient pas du chef de l'État, je lui indiquai que tous les magistrats de l'ordre judiciaire l'étaient de la même manière. Je le remerciai donc de sa contribution à notre légitimité. Jamais la fatuité n'a su remplacer la science.

Un autre avocat y avait réfléchi davantage. Ministre éphémère d'un gouvernement de la IIIᵉ République qui ne le fut pas moins, Henri Chéron garda les Sceaux du 17 novembre 1930 au 26 janvier 1931. Il donna aux magistrats du parquet une instruction qu'il aurait fallu graver dans le marbre : « J'entends, écrivait-il, en matière de poursuites pénales, quelles que soient les personnes en cause, que les chefs des parquets se décident d'après les seules inspirations de leur conscience, dans le cadre des prescriptions de la loi. Dans ma pensée, ajoutait-il, cette mesure est destinée, en développant le sentiment de la responsabilité chez les magistrats du Ministère public, à élever encore leur conscience professionnelle et à fortifier l'indépendance de la magistrature, garantie essentielle de notre droit public. » Trouvant enfin le réconfort d'une pensée ministérielle sur ce sujet, je ne puis m'empêcher de citer son auteur. Dans une galaxie peuplée de sujétions par le pouvoir politique, son propos détonne. À dire vrai, je n'ai pas de souvenir qu'un autre garde des Sceaux en ait tenu de semblables. L'inféodation du Ministère public, parce qu'elle est tenue pour une nécessité politique, a toujours trouvé des thuriféraires, parfois au sein du corps judiciaire. Toujours il s'agit de plaire au maître dans l'oubli de la morale tirée par Jean de La Fontaine de sa fable *Le Loup et le Chien*. Gras est le second, toujours caressé par son maître dès lors qu'il lui obéit. C'est au prix d'un collier qu'on ne saurait passer au loup. S'il est parfois famélique, il reste libre. Cette liberté, quand il en use, semble condamner le magistrat, mais, chaque fois qu'il la sacrifie à ses intérêts particuliers, c'est la Justice qu'il condamne.

Le procureur général me pressant de lui rendre mes conclusions avant l'été, je lui adressai un rapport. Des vingt-trois dossiers que j'avais examinés à sa demande, certains n'avaient pu être clairement identifiés. Plus tard, je compris, quand je me fus suffisamment pénétré de l'histoire de Nice, qu'il s'agissait des affaires de l'ère Médecin, celles notamment qui impliquaient des sociétés d'économie mixte. Il avait été fait un usage immodéré de ces sociétés commerciales qui, dans une même structure, rassemblent des fonds privés et publics pour des financements plus obscurs. Pour celles-ci, il n'y avait rien que je puisse faire puisque tout en était connu, ou presque. Un dossier d'une autre nature avait particulièrement marqué de ses péripéties la vie de la juridiction. L'histoire d'un couple qui s'était déchiré autour d'une enfant, comme cela arrive fréquemment. Les éclaboussures étaient nombreuses et avaient atteint tous les magistrats qui, de près ou de loin, s'en étaient approchés. L'affaire avait pris une tournure fâcheuse quand le père de l'enfant avait proféré de graves accusations contre la mère, soutenant que celle-ci avait associé sa fille à des rencontres qui mêlaient des adultes et des enfants. Des magistrats du tribunal y auraient été présents.

Le goût du soufre avait propagé l'accusation de pédophilie et nombre de journaux la publièrent, sans trop de discernement parfois. Ceux qui rendent la Justice ont toujours constitué une cible de choix pour la caricature, beaucoup paraissant se sentir mieux de juges imparfaits. À croire qu'ils y trouvent une excuse à leurs propres turpitudes. Nul n'a jamais apporté la preuve indubitable que l'enfant ait servi à contenter sexuellement des adultes, magistrats ou pas. Toutefois des maladresses, voire des fautes, avaient été commises qui paraissaient conforter le soupçon entretenu par le père et sa famille pour obtenir que l'enfant lui soit confié. La tortueuse habileté déployée par le juge Renard, chargé de l'instruction, avec le concours du parquet local, était au cœur du problème. L'excès en tout est nuisible et, pour avoir voulu étouffer un scandale qui ne demandait qu'à prospérer, sur la seule base des mots, on a fini par laisser croire qu'il avait du corps. Un avocat fut même condamné, simplement pour avoir voulu assurer la défense qui lui avait été confiée. Il accusait des magistrats. On prétendit le faire taire. Par intimidation d'abord, à laquelle s'associa son bâtonnier, entouré du président de la juridiction et du procureur de la République. Par des poursuites ensuite auxquelles la Cour de cassation finit par mettre un terme, justifiant, au nom de la défense, les initiatives prises par cet avocat, dès lors qu'elles présentaient un rapport avec son dossier.

Il n'en était pas besoin dans une affaire de cette nature où le paroxysme des antagonismes ne pouvait que fausser une vision sereine des faits. Chaque fois que la Justice s'égare dans l'exceptionnel, elle se perd pour s'être écartée des procédures ordinaires. Le fait que la mère de l'enfant fût aussi la fille d'un magistrat ajoutait à l'équivoque. Dès lors rien ne pouvait paraître simple et la part qu'avaient prise différents magistrats à compliquer le dossier avait rendu celui-ci explosif, au point de meurtrir l'ensemble de la juridiction. Sur les accusations du père, le parquet avait fini par prendre l'initiative de requérir l'ouverture d'une information dont Jean-Paul Renard avait été saisi. La consultation du dossier m'apprit que les actes n'y étaient pas si nombreux qu'on puisse évoquer un zèle judiciaire. Alors que ce premier dossier était encore en cours, la famille paternelle de l'enfant déposa entre les mains du juge Renard, en qualité de doyen des juges d'instruction, une plainte avec constitution de partie civile. Elle portait sur les faits dont il avait été primitivement saisi par le parquet.

La logique judiciaire conduisait à joindre les deux dossiers, puisqu'il s'agissait des mêmes agissements. Ce ne fut pas le cas. Au contraire, tandis qu'à la demande du Ministère public une discussion s'instaurait sur la capacité des plaignants à se constituer partie civile, le cours du premier dossier ouvert s'accéléra. Sur réquisitions du parquet, une décision de non-lieu intervint. S'il y avait eu une partie civile dans ce dossier, elle aurait pu interjeter appel de la décision prise par le juge en accord avec le parquet. Il n'en était rien et la décision devint définitive, faute d'appel. Elle était donc désormais couverte par l'autorité de la chose jugée. Alors le juge d'instruction rendit une ordonnance qui clôturait le second dossier au motif que la décision déjà rendue dans le premier interdisait d'instruire sur les mêmes faits. En droit, cette logique était imparable et la Cour de cassation, appelée à statuer, ne put que confirmer l'exactitude de la solution. Son caractère définitif reste toutefois soumis aux règles de la prescription de l'action publique, dès lors que surviendraient des charges nouvelles dans cette affaire, par exemple des déclarations d'enfants qui, mineurs à l'époque des faits, seraient devenus majeurs depuis moins de dix ans. En effet, en matière d'atteinte sexuelle sur des mineurs, il faut dix années, après qu'ils ont atteint la majorité légale de dix-huit ans, pour que la prescription soit acquise.

*
* *

De tous les crimes et délits, ceux qu'inspire la pédophilie me semblent les plus inacceptables. Dans ce domaine, j'avoue mon incompréhension, quand juger c'est d'abord comprendre. La première fois que je rencontrai cette dépravation, j'en cherchai le moteur, non pas dans la nature humaine, mais dans des circonstances externes qui pouvaient paraître l'expliquer. C'était dans une ferme reculée de Savoie. Un père, veuf, avait abusé de ses enfants, filles et garçons. L'horreur qu'inspirait ce comportement fut telle que je recherchai désespérément des raisons qui pouvaient exonérer le fautif. Il s'agissait surtout de me laver de la souillure que représentait pour moi la découverte d'une telle dépravation. L'expérience m'apprit que le goût pervers qui portait des adultes vers des enfants était plus répandu que je ne pouvais l'imaginer. Les associations, qui en sont convaincues depuis longtemps, clament souvent que les magistrats s'obstinent à ne rien voir, parce qu'il s'agirait d'un vice de notable. Outre que la réalité est différente et qu'il n'est pas besoin d'être riche ou puissant pour être pédophile, l'explication de notre aveuglement tient à notre refus de croire que la nature humaine puisse être aussi dévoyée. Dans un classement sans suite il n'y a parfois que de la naïveté, si forte que soit notre expérience.

Notre législation elle-même paraît timorée qui ne va pas jusqu'à obliger les personnes soumises au secret professionnel à s'en affranchir pour dénoncer les cas de maltraitance sexuelle qu'elles constatent sur des mineurs. En effet la loi leur permet seulement, sans les y contraindre, de violer un secret qui met les auteurs de telles infractions à l'abri des poursuites. Il faudrait plutôt aller au bout d'une logique destinée à assurer la protection des enfants et poser en principe qu'il n'y a pas de secret professionnel en de tels cas, imposant ainsi aux praticiens une obligation absolue de dénonciation. Dans le cadre d'un débat dans les locaux de l'Assemblée nationale en présence du garde des Sceaux, j'avais émis une proposition en ce sens. Dominique Perben avait publiquement répondu que l'idée était intéressante et qu'il allait y réfléchir. Il faut croire que la suggestion finalement n'était pas pertinente. À moins qu'elle n'ait été inopportune à l'égard de ceux qui auraient eu, par état, à subir cette contrainte.

Il importe pourtant que les pouvoirs publics marquent une détermination sans ambiguïté dans ce domaine, ne serait-ce que pour éviter la propagation, dans l'opinion publique, d'un sentiment d'impunité en faveur de ces délinquants. Sur ce point mon trouble s'est accru lorsque, au mois de septembre 2002, un avocat dont il était proche me fit rencontrer le directeur central des Renseignements généraux. Nous déjeunâmes à Nice, sur la terrasse de l'hôtel Méridien. Le cadre était peu propice à ce dont il voulait m'entretenir : une affaire déjà ancienne qui avait donné lieu à une décision définitive sur des abus sexuels dont des mineurs avaient été victimes dans une école de danse. Le haut fonctionnaire disposait d'un « blanc » de ses services, c'est-à-dire d'une note de synthèse ne comportant ni en-tête ni signature qui relatait la manière dont des pièces importantes avaient été soustraites du dossier, lesquelles mettaient notamment en cause un élu d'envergure nationale. Ce « blanc » s'achevait sur la description d'une scène d'un genre particulier comportant une table en verre sous laquelle cet élu pouvait commodément assister aux ébats de son épouse avec un mineur. Les détails que comportait le document permettaient aisément de rouvrir le dossier dès lors que l'âge des enfants au moment des faits ne les rendait pas prescrits. Le directeur central des Renseignements généraux se proposait de me le faire parvenir par la Poste.

Les faits cependant avaient été commis sur le ressort du tribunal de grande instance de Grasse, mitoyen de Nice. Mon parquet n'était donc pas compétent, sauf à considérer que la réception à Nice du « blanc » évoqué par mon interlocuteur pouvait justifier l'ouverture d'une enquête sur la base d'une éventuelle dénonciation calomnieuse. Le directeur central des Renseignements généraux m'assura qu'il n'en était rien et que me parviendrait bientôt cette pièce qui, bien entendu, car c'est le principe même d'un « blanc », ne comporterait aucune indication quant à sa provenance. Il m'assura cependant qu'il avait reçu l'autorisation du directeur du cabinet de son ministre d'authentifier ce document si je l'interrogeais officiellement. Les conditions dans lesquelles j'avais rencontré ce haut fonctionnaire à la réputation sulfureuse, la nature même de son service et cette dernière affirmation ne pouvaient que me conduire à la plus grande circonspection. La majorité parlementaire avait changé au printemps et l'élu en cause appartenait à l'opposition. Une manipulation ne me paraissait pas invraisemblable et je devais ouvrir ce dossier avec précaution.

N'ayant rien reçu dans le délai indiqué, j'appelai le directeur des Renseignements généraux au ministère de l'Intérieur. Il s'étonna, m'affirmant avoir adressé son envoi au palais de justice de Nice. Il allait m'envoyer une autre copie à mon domicile.

Lorsqu'un exemplaire du « blanc » me parvint, je constatai qu'outre les personnes susceptibles d'être mises en cause ou l'ayant été, apparaissait le nom d'un gendarme qui avait conduit l'enquête. Je parvins à le localiser dans la région Rhône-Alpes où je l'appelai. À demi-mot, je lui indiquai ce qui était en ma possession, évoquant la scène de la table en verre et le fait que son nom apparaissait comme enquêteur. Il n'eut pas de difficultés à déterminer ce dont il s'agissait et me demanda ce que j'attendais de lui. Comme je faisais valoir que je ne pouvais guère rouvrir ce dossier sans son aide, il demanda à réfléchir quelques jours. Peu après il me rappela. Évoquant les graves ennuis que lui avait valus ce dossier et d'autres dans lesquels il avait enquêté, il me demanda de l'épargner en ne l'exposant pas davantage. Sa détresse me toucha et je ne tentai rien qui pût le compromettre. Je restai perplexe quant aux possibilités qui s'offraient encore à moi. Peu de jours s'écoulèrent avant que je ne le sois davantage encore quand le directeur central des Renseignements généraux m'appela. Contrairement à ce qu'il m'avait indiqué, il ne pourrait pas authentifier le « blanc » qu'il m'avait fait parvenir. L'accord qui lui avait été donné avait été annulé « à l'échelon supérieur ». Je réclamai des précisions : il m'affirma qu'il s'agissait de son ministre. Tout était dit et il ne me restait plus qu'à ranger le « blanc » dans mon coffre-fort, sans espoir de pouvoir lui donner un sens.

Le même sentiment d'impuissance m'avait frappé pour nombre de ces dossiers que j'avais reçu l'ordre de rouvrir dès mon arrivée. Ceux du « médecinisme » et son cortège de sociétés d'économie mixte étaient loin, d'autres avaient été définitivement jugés et il importait peu qu'ils aient pu l'être mal à mes yeux. Pour les seuls dossiers encore vivants, même si ma décision aurait pu être différente, je n'apercevais pas de véritables raisons de modifier les classements sans suite qui étaient intervenus. Au surplus le procureur général tenait de la loi, s'il le jugeait opportun, d'ordonner que des poursuites soient engagées. Mon rapport s'achevait donc sur un constat : rien ne permettait de conclure que le parquet de Nice se soit inscrit dans une politique d'enterrement des dossiers les plus sensibles.

Ma famille m'ayant rejoint, je restai à Nice pour la durée des vacances estivales, mettant à profit ce temps pour approfondir ma connaissance de la juridiction. Elle s'accrut sensiblement pendant cette période où, dans la moiteur de l'été, bien des langues se délièrent au fur et à mesure que s'ouvraient les dossiers. Des particularismes locaux me troublèrent, qui dessinaient progressivement des contours inhabituels, du moins dans cette ampleur. Une mosaïque de dossiers et de comportements qui recouvraient d'une teinte sombre ce qui n'aurait dû être que lumière. Ici un commissaire de police qui, au cours d'une garde à vue, avait usé de son arme de service, blessant la personne interpellée. Il n'y avait pas eu d'enquête et le parquet, bien qu'il eût été informé, n'en avait diligenté aucune. Aucune sanction n'avait frappé le policier et il était encore en fonction, avec une réputation déplorable. Là un magistrat qui s'était porté volontaire pour remplacer un de ses collègues et participer à sa place au jugement d'un avocat de ses amis.

Parmi les faits les plus remarquables, j'appris qu'un avocat du barreau local y exerçait son métier alors même qu'il avait été condamné pour des atteintes sexuelles sur un mineur de quinze ans. Pour cela il avait été détenu mais le conseil de l'ordre des avocats ne l'avait que modérément sanctionné d'une suspension temporaire. Comme je m'en étais ému auprès du parquet général, il me fut répondu que la sanction disciplinaire n'avait pas été frappée d'appel, décision approuvée par la Chancellerie qui en avait été informée. J'eus l'occasion de m'entretenir de ce dossier avec le bâtonnier qui me confirma l'histoire, ajoutant que son confrère n'avait pas tenu ses promesses. Je m'étonnai.

— Il y a eu un arrangement, me dit-il.

En échange d'une sanction modérée, son confrère s'était engagé à ne plaider ni devant le juge aux affaires familiales, ni devant le juge des enfants et à ne pas intervenir dans des affaires d'atteintes sexuelles sur mineur. Le temps ayant passé, il l'avait fait quand même, sans susciter la moindre réaction. On s'interrogeait sur cette passivité dont beaucoup suggérèrent qu'elle trouvait son origine dans l'engagement politique de cet avocat. Il avait figuré sur la liste d'Élisabeth Guigou aux élections régionales de 1992.

X

DES FAUX FRÈRES

Chaque fois la question se posait de déterminer ce qui pouvait expliquer la compromission constatée. Souvent elle pouvait l'être par des relations personnelles ou professionnelles, bien que les connivences m'aient paru excéder ici tout ce que j'avais pu voir ailleurs. Souvent revenaient en litanie des allusions à l'appartenance maçonnique des protagonistes d'un même dossier, juge compris. Dès l'École, l'un de mes maîtres m'avait averti de ce que je serais étonné du nombre de magistrats qui appartenaient à une obédience maçonnique. Alors, nonobstant le respect qu'il m'inspirait, j'avais mis son discours sur le compte de l'âge. Depuis longtemps la franc-maçonnerie m'intriguait, sans que mon intérêt m'ait jamais porté à la rejoindre. L'obscurité dont s'entouraient les maçons me paraissait rebutante au regard de la profession que j'avais choisie. Il me semblait que les fonctions d'autorité qui nous étaient dévolues ne permettaient pas à un magistrat une appartenance qui ne soit pas aussi publique que celles-ci. Je ne puis qu'y insister.

***

Au cours des années précédentes, j'avais pu me rendre compte de ce que certains en profitaient pour faciliter leur carrière. Cela éclatait quand leur seule compétence ne pouvait suffire, faute d'évidence, à justifier leur nomination. Pour d'autres, maçons ou pas, la question ne se posait même pas, tant une promotion paraissait indiscutable. Parfois des soupçons d'interférence m'étaient venus quand, à la Chancellerie, j'éprouvais de la difficulté à faire prospérer les dossiers. Comme il s'agissait aussi de notables, mon hypothèse se noyait généralement dans d'autres considérations. Jusques alors la perception de l'influence de la maçonnerie sur l'institution judiciaire m'avait épargné, par cécité peut-être. À moins qu'il ne s'agisse d'une vision naïve de ce type d'associations de la loi de 1901. Ce que j'avais lu sur elles n'avait laissé émerger que la conviction d'une réflexion philosophique permettant à ses adhérents, à travers une démarche initiatique, d'atteindre la lumière. Au nom de la laïcité, la tolérance ne pouvait que m'inciter à respecter ce qui paraissait se faire d'essentiel dans les loges.

Pour la première fois, des commentaires répétés me donnèrent à penser qu'on y faisait aussi des affaires. On m'en donna des exemples. Le dossier ouvert contre Michel Mouillot, mis en examen pour corruption à l'occasion de son mandat de maire de Cannes, m'intriguait pour le retard significatif qu'il avait pris. Il était reproché à cet élu d'avoir reçu des fonds pour donner un avis favorable à l'installation de machines à sous sur sa commune. Les preuves ne manquaient pas car, le 17 juillet 1996, dans le hall de l'hôtel Ritz à Londres, une mallette contenant 1,5 million de francs avait été remise à un émissaire de Michel Mouillot, en présence d'officiers de la police judiciaire qui suivaient le déroulement de l'opération depuis le 26 juin. Initialement le dossier avait été attribué au tribunal de grande instance de Grasse où l'avait traité le juge Murciano. Peu à peu, il s'était enrichi de réquisitions supplétives portant sur des agissements périphériques, tous ceux qui, outre la corruption déjà constatée, mettaient en évidence les pratiques habituelles du maire de Cannes. Cela n'avait pas accéléré le cours de la procédure, bien au contraire. On peut s'interroger sur ce type de stratégie, celui que l'on rencontre parfois quand, la procédure ouverte, on s'ingénie à la perdre dans les sables. Cela m'avait rappelé le mot d'un procureur de la République à Paris du temps que j'étais à la Chancellerie. Le dossier était fort sensible et beaucoup n'éprouvaient qu'un désir limité de le voir aboutir. Je suggérai l'ouverture d'une enquête. Les yeux brillants de malice, le procureur répondit :

— Non, mon cher collègue : nous allons ouvrir une information...

Le propos paraissait bénin mais, au ton dont il usa, nul ne pouvait s'y tromper : il ne s'agissait que de gagner du temps.

Dans le dossier Mouillot, par décision de la Cour de cassation du 25 mars 1998, le juge d'instruction de Nice avait été désigné pour continuer la procédure après que le juge Murciano en eut été dessaisi. Il avait en effet été reproché à celui-ci d'avoir fait bénéficier Bernard Tapie de confidences recueillies à l'occasion de son information, lesquelles pouvaient être utiles à l'homme d'affaires puisqu'elles portaient sur le rôle joué par le Crédit Lyonnais dans la cession de la société Adidas. Après qu'il faillit échouer entre les mains de Jean-Paul Renard, le dossier avait été confié à un autre magistrat. Le président du tribunal avait été informé par le sous-préfet de Grasse des liens qui unissaient Michel Mouillot et le doyen des juges d'instruction de Nice. Jean-Paul Renard était membre de la Grande Loge Nationale Française (GLNF), dans le même atelier que le directeur du cabinet de Michel Mouillot, également impliqué dans le dossier de corruption. Cette obédience maçonnique était particulièrement florissante sur la Côte d'Azur et, de l'aveu même de ses responsables locaux, s'était livrée à un recrutement intensif, pour des raisons diverses, financières notamment. En effet, du nombre des adhérents dépend le montant des « capitations », les cotisations qu'ils doivent verser pour assurer les frais de fonctionnement de l'association.

À plus d'un, les péripéties du dossier Mouillot ont laissé penser qu'il offrait des relents d'affairisme. Il n'était pas le seul et je ne pus que m'étonner du nombre des cas dans lesquels on évoquait cette même obédience pour expliquer des décisions aberrantes. À en croire nombre de maçons, ils sont victimes de calomnies. Aux purs tout est pur. Ce système de défense est plausible et je connais bien des maçons qui pourraient utilement l'invoquer. La discrétion ou plutôt le secret dont s'entoure la maçonnerie le fragilise toutefois, tant il est vrai qu'à trop s'écarter de la lumière on finit par s'enfoncer dans l'obscurité. À Nice, tous les maçons ne tenaient pas ce discours. Quand *Le Nouvel*

Observateur eut publié mes interrogations sur l'origine maçonnique d'une partie des anomalies du système judiciaire niçois, nombreux furent les maçons qui vinrent me trouver. Ils le firent avec la plus grande discrétion, m'entraînant dans des lieux éloignés du centre-ville ou venant à mon bureau à des heures où ils pouvaient espérer ne rencontrer personne dans les couloirs. Certains vinrent même de Paris pour m'exposer les travers qu'avait progressivement adoptés la GLNF. Parmi mes visiteurs, il y en avait de sincères, ardents à défendre un idéal auquel ils aspiraient. Ils souhaitaient mon aide pour purger leur obédience de ceux qui la déshonoraient. À ceux-là, je ne pouvais que répondre qu'il leur appartenait d'y pourvoir dans le cadre de leurs statuts. Pour ma part, je ne pouvais faire condamner que des délinquants, pas des maçons dévoyés.

D'autres, profitant de l'occasion que j'avais créée, cherchaient surtout à déstabiliser les dirigeants de la GLNF, peut-être pour prendre leur place. La querelle n'était plus que de pouvoir et l'on prétendait m'utiliser. Mes déclarations avaient provoqué la tempête. Elle fut à la mesure du silence qui entoure généralement l'évocation des dérives maçonniques. Ce même silence avait répondu aux avis que j'en avais donnés autour de moi. Manifestement le sujet relevait du tabou et la crainte plus que la raison conduisait mes interlocuteurs à des dénégations désespérées. Comme c'est le cas quand les appartenances sont secrètes, je ne pouvais établir la preuve objective de ce que j'avançais, même si la seule explication possible aux anomalies constatées tenait à la fraternité de loge des protagonistes. Plutôt que de m'en rendre complice par mon silence, je décidai, une fois de plus, d'utiliser la presse. Un entretien que provoqua *Le Nouvel Observateur* m'en donna l'occasion. Le sujet en était le bilan auquel j'étais parvenu dans l'inventaire qui m'avait été confié et il ne se pouvait que, le dressant, je taise mes interrogations sur les causes du naufrage. Sachant combien la franc-maçonnerie possède de relais au sein du pouvoir politique, je ne pouvais douter que les réactions seraient violentes et ne m'épargneraient point. Le problème n'était pas là, ni dans les sentiments que m'inspire la philosophie développée par les maçons. La Justice est le produit d'un équilibre fragile qui ne peut être faussé par des raisons qui lui sont étrangères.

À Valenciennes, au temps de l'affaire VA-OM, des proches de Bernard Tapie avaient cherché à me discréditer au prétexte d'appartenances qui n'étaient pas miennes. À Nice et bien au-delà, ce qui fut présenté comme des attaques rappelant celles qui s'étaient développées sous le régime de Vichy me valut naturellement d'être désigné comme membre de l'Opus Dei. Encore que cette société religieuse ne me soit guère plus connue que ne l'est la franc-maçonnerie, plutôt moins, et que leurs tentations me paraissent parfois similaires, je suis depuis longtemps suspect d'y appartenir. Quelques années auparavant un journaliste de *Libération* m'avait appelé en m'indiquant qu'il envisageait de consacrer un article à l'Opus Dei. Comme je l'interrogeai sur ce qui le conduisait jusqu'à moi, il m'assura que j'en faisais partie. N'ayant pas l'habitude de croire tout ce qu'on imprime, je ne m'en étais pas persuadé davantage. Un magistrat que je connaissais depuis Valenciennes m'appela pour me dire également sa conviction de mon agrégation à cette compagnie. Il l'avait lu dans une publication du Réseau Voltaire pour la liberté d'expression, association des grognards de la laïcité. Je pris la peine de démentir, ce qui me valut comme réponse : « Si ce n'est toi, c'est quelqu'un de ta famille ! » À ce niveau d'intelligence toute discussion paraissait stérile ; je le déplorai pour ce que je croyais de l'idéal maçonnique qui, peut-être, aurait dû inspirer mon interlocuteur.

Dès la publication de mes propos par *Le Nouvel Observateur*, les Grands Maîtres des principales obédiences avaient manifesté leur inquiétude. Le garde des Sceaux s'en fit le relais. Convoqué à la Chancellerie, je m'y rendis en compagnie du procureur général. Élisabeth Guigou nous reçut.

— Je sais que vous y êtes attentif, monsieur le procureur, mais faites très attention à votre communication sur la maçonnerie.

Le procureur général tenta d'en profiter pour soutenir qu'il ne se passait rien d'anormal à Nice. Elle le regarda froidement.

— Il faut être sérieux et ne pas dire n'importe quoi !

Pour m'y avoir envoyé à dessein, Mme Guigou n'ignorait rien de la situation endémique qui frappait la Justice locale. Politiquement, elle ne pouvait davantage ignorer les réactions des maçons. L'un d'eux m'adressa, quelques semaines plus tard, une publication du Grand Orient de France, à usage interne. Il y était rapporté que le ministre de la Justice avait été reçue par le Grand Maître et ses adjoints. Elle les avait assurés de ce que, tant que le gouvernement auquel elle appartenait serait au pouvoir, les maçons ne seraient pas contraints de se dévoiler. Localement, après avoir rencontré des « Fils de la Lumière » dans la clandestinité avant ma prise de position publique, je reçus des soutiens moins discrets.

Le vénérable Maître qui présidait aux destinées d'une loge du Grand Orient finit par recevoir des responsables parisiens de son obédience, après y avoir beaucoup insisté, l'autorisation de m'inviter dans son temple de la rue Bonaparte. Il était discret, comme ils le sont généralement. Trop sans doute pour ne pas susciter un intérêt malsain. La réunion ne fut pas publique. Il s'agissait d'une « tenue blanche fermée », réunion d'initiés devant lesquels un profane, ce qui est mon cas, est admis à s'exprimer. Des maçons de différentes obédiences y participaient, ainsi que le garde des Sceaux du Grand Orient de France, une sorte de ministre de la Justice maçonnique. Sous la voûte étoilée, au milieu d'une profusion de symboles, je fus convié à exposer ma conception de la Justice. Mon intervention fut suivie de questions. Beaucoup tendaient à me persuader de ce que tous les maçons n'étaient pas semblables à ceux dont j'avais stigmatisé l'affairisme. Pourtant l'un d'eux se fit remarquer : avocat à Nice, mais surtout partisan, il ne craignit point, n'ayant sans doute rien compris de mon propos, d'indiquer qu'il attendait de moi, en qualité de procureur de la République, que je mette un terme au mandat du maire de la ville, Jacques Peyrat. Ma réponse ne pouvait que le décevoir, comme furent déçus tous ceux qui comptaient sur ma nomination pour obtenir ce que l'élection n'avait pu leur donner. De la balance ils ne voyaient que le fléau. C'est un autre métier et ce n'est pas le mien.

Les commentaires qui se sont répandus à l'occasion de mes propos publics m'ont révélé l'absence d'homogénéité de la maçonnerie. Il ne s'agit pas en réalité, au moins pour le profane, de distinguer ce qui sépare les obédiences, laïques ou plus christiques, celles qui font référence à la divinité. Le fait est que certains maçons vivent leur adhésion comme une quête d'absolu, tandis que d'autres s'en servent comme d'un paravent, voire d'un marchepied. Les codes utilisés font quelquefois sourire, tant ils paraissent folkloriques, mais toutes les églises ont les leurs. Lors d'un dîner à la maison où nous avions convié le préfet du département, un de mes amis, dont je connaissais l'appartenance maçonnique, se lança dans une approche si clairement symbolique que nul parmi nos convives, même le moins au fait du langage des initiés, ne pouvait douter qu'il demandait au haut fonctionnaire s'il en était aussi. Tandis que, sur ma gauche, il finissait son discours, laissant son interlocuteur impassible, mon voisin de droite, un universitaire de grande qualité, se pencha vers moi.

— Pour ma part, je suis d'un grade si élevé que je puis déclarer ouvertement que je suis maçon.

Il me semble que rien ne serait plus opportun, pour l'honneur de la franc-maçonnerie et sa réputation, que ses membres affichent leur appartenance. Au moins leur « discrétion » cesserait-elle d'engendrer des fantasmes. Il ne serait pas mauvais non plus que la composition des loges soit connue, ce qui éviterait peut-être de devoir dissimuler les temples derrière des portes anonymes. Mais cela réduirait sans doute le nombre des adhérents. Lors des agapes qui suivirent mon intervention devant la commission des droits de l'Homme de la Grande Loge de France (GLF), un de ses responsables fit valoir que déjà le commissaire de police se rendait en loge avec son chapeau sur les yeux ; il imaginait qu'il ne s'y rendrait plus si tous savaient où il allait. Il faut croire qu'il y aurait quelque chose à cacher...

Au-delà du courage personnel qui devrait pouvoir conduire tout maçon à assumer publiquement son choix dans une période de tolérance, la question ne peut être éludée des facilités qu'offre le secret. À cet égard, des regroupements paraissent étranges. Ainsi des Fraternelles qui réunissent des maçons d'obédiences différentes en considération de leur même activité professionnelle. Parfois dénoncées de l'intérieur même des loges, elles paraissent susceptibles de favoriser des accords qui n'auraient peut-être rien à gagner de la lumière. Les Clubs des 50 regroupent pour leur part des professionnels dont les activités peuvent être complémentaires, configuration inquiétante quand elle s'abrite dans la pénombre. Implicitement, leurs statuts ne sont pas rassurants qui précisent que l'on ne doit pas profiter des agapes, ces repas fraternels qui suivent les réunions, pour faire des affaires. Un frère pourrait donc y songer ? Des loges particulières suscitent une inquiétude semblable, quand elles paraissent concentrer des responsables de même niveau dotés d'un pouvoir réel, policiers, magistrats et journalistes par exemple. Elles engendrent nécessairement la suspicion tant elles paraissent contraires à l'idéal proclamé. Toutes ces configurations, en s'écartant de l'esprit de la maçonnerie, forgent les armes qui sont utilisées contre elle.

Parmi les manifestations d'hostilité que provoqua l'article du *Nouvel Observateur*, l'une retint mon attention comme particulièrement incongrue. Le conseil de l'ordre des avocats au barreau de Nice publia une motion contre mes propos. Il fallait croire que quelques-uns parmi les avocats s'étaient sentis visés lorsque, décrivant les dérives que j'avais constatées, je m'inquiétai des liens de quelques-uns avec la Grande Loge Nationale Française. En aurais-je sous-estimé le nombre ou l'influence ? À mon arrivée, un membre du conseil de l'ordre m'avait indiqué que, pour être bâtonnier, il fallait être « footeux ». Cette motion singulière me fit me demander si je ne les avais pas piqués au vif, en dehors du football. Il est des appartenances qu'on peut assumer mieux que d'autres. L'incident me donna l'occasion d'un épisode qui m'amusa : la visite discrète du futur bâtonnier. Dans le système du barreau, au bâtonnier élu est, en quelque sorte, adjoint un avocat désigné également par élection, qui porte parfois le nom de dauphin. Le jour où la motion fut publiée, le bâtonnier désigné, qui espérait être confirmé dans le bâtonnat par une prochaine élection, me fit demander un entretien de toute urgence. Il précisa qu'il le souhaitait à une heure qui favoriserait sa discrétion. Je le reçus avant que ne reprennent les travaux de l'après-midi.

— Nous allons devoir travailler ensemble pendant deux ans, monsieur le procureur, et je ne voudrais pas qu'il y ait de malentendu entre nous : je n'ai pas été associé à la motion que vient de publier le conseil de l'ordre.

Quand l'élection fut venue et cet avocat élu bâtonnier de l'ordre, la chaîne de télévision régionale l'interrogea sur la motion : il affirma tranquillement qu'il l'approuvait entièrement. Cela ne facilita pas nos rapports au cours des années qui suivirent. Une fois pour toutes, j'avais cessé de le tenir pour crédible.

**
*

Déjà fragilisé par plusieurs années au cours desquelles sa réputation avait été mise en cause, la juridiction se divisa autour de mes propos. Parce que je ne pouvais qu'être contraint de les globaliser, ils paraissaient désigner chacun des magistrats, indifféremment. Pourtant il n'en était rien et, outre l'estime, voire la sympathie que je portais à quelques-uns, le plus grand nombre me paraissait devoir être tenu à l'écart de la suspicion. Même si tous savaient quels étaient ceux qui étaient visés, il m'était difficile de le préciser sans ouvrir un procès public pour lequel je ne disposais pas d'éléments incontournables. Ceux des magistrats dont le comportement m'inquiétait étaient assez habiles pour donner à la procédure les couleurs de la légalité. Il me fallait donc être patient, ayant jeté dans la mare un pavé dont j'attendais qu'il fasse remonter le fond. Réunis en assemblée générale hors ma présence, car je n'entendais pas me présenter devant un tribunal autoproclamé, les magistrats sollicitèrent la venue d'une nouvelle inspection générale, quand la précédente n'avait clôturé ses travaux qu'au début de la même année. Sans convaincre, elle avait conclu que les rumeurs qui pesaient sur la juridiction étaient sans fondement.

Ayant comparé ses conclusions à mes constats, j'avais interrogé, parmi mes proches au sein du tribunal, ceux qui avaient eu à répondre aux questions des inspecteurs. Ils me répondirent qu'elles n'avaient guère été pressantes. Même il leur avait paru que ceux-ci n'étaient que peu enclins à aborder le sujet. Pourtant l'inspecteur général en titre avait précédemment exercé les fonctions de procureur général près la cour d'appel d'Aix-en-Provence et, généralement bien informé, il n'était pas homme à ne pas se poser de questions, ni à ne pas en rechercher les réponses. Le décalage était si grand que, lorsque le directeur de cabinet du garde des Sceaux me demanda quelle était ma position sur cette exigence de nouvelle inspection, je répondis que je la partageais. Pour sa part, le ministre la jugea inopportune mais décida de hâter l'inauguration du palais de justice dont les travaux de rénovation venaient d'être achevés. Sa venue fut considérée comme un soutien public au président de la juridiction, qui avait canalisé les passions, comme à moi-même. Elle nous renouvela publiquement sa confiance, ayant réuni les magistrats, portes closes. Un juge des enfants se leva, expliquant qu'il paraissait souhaitable que la lumière soit faite sur les accusations qui pesaient sur certains de nos collègues. Quelques-uns regardèrent intensément leurs chaussures. Sans doute la boue y tenait-elle encore.

XI

LES ARROSEURS ARROSÉS

Apaisée en surface, la juridiction reprit son activité. Les tensions toutefois persistaient. Les assemblées générales le montraient, au cours desquelles les divisions étaient évidentes. D'un côté, les Niçois historiques, groupés autour de Jean-Paul Renard, étaient hostiles à ce que je leur paraissais représenter. Certains par conviction, parce que j'avais porté atteinte à l'image, pourtant déjà écornée, du tribunal, ou plus simplement parce que mes propos avaient conforté la perception négative que l'on a ailleurs de Nice et de sa région. Le Nord contre le Sud. Pour être primaire, l'image conserve toute sa force sur les terres de l'ancien comté de Nice, rattaché par plébiscite à la France au milieu du XIXᵉ siècle. À Nice, où l'on disait volontiers que les Niçois avaient alors été induits en erreur, on qualifiait d'annexion le traité de 1860.

Attachés à leur passé, les Niçois, ou ceux qui se prétendent tels, supportent mal les critiques qui atteignent leur ville, jusqu'à la frivolité parfois. À les croire, le reste du pays les jalouse. Ils n'ont besoin de personne. En même temps ils se plaignent du peu d'intérêt que leur manifeste le pouvoir central. Ces logiques contradictoires ont vraisemblablement engendré le retard dont pâtissent les infrastructures de cette partie du territoire national. L'amour exacerbé qu'ils portent à leur comté conduit de temps à autre les Niçois à se replier sur eux-mêmes, au risque de paraître se protéger, comme une espèce en voie d'extinction. Persuadé de ce qu'ils valent mieux que ce qu'ils laissent ainsi croire, je m'étais résolu à leur tenir un discours que je les savais capables d'entendre. Il a fallu du temps mais, les années passant, beaucoup ont fini par comprendre que mon action témoignait de l'amour que je porte à ce pays magnifique, non pas de l'envie qu'il peut inspirer à un homme venu du Nord.

En retour, la plupart de ses habitants ont fini par me séduire, du moins lorsqu'ils cessaient d'adopter des postures qui n'étaient pas conformes à leur nature profonde. À croire que les vagues successives qui ont installé, sur ce territoire, des étrangers venus y chercher la douceur de vivre ont progressivement transformé les autochtones, jusqu'à la caricature parfois. Ce pays était pauvre et sa beauté comme son climat constituaient sa richesse. Pour vivre, il était nécessaire aux Niçois de retenir les touristes, au risque d'en payer le prix en paraissant renoncer à leur âme. L'absence d'industries rend ce pays fragile et perméable à toute sorte d'invasions. Il suffit, dix mois sur douze, de regarder vivre les touristes pour comprendre qu'ils se comportent en prédateurs, tentant d'imposer leur manière de vivre à ceux qui les reçoivent. Quand même on peut le comprendre, il faut regretter que les Niçois y aient perdu beaucoup de ce que l'on retrouve chez eux chaque fois qu'ils vous laissent approcher, vous ouvrant leur cœur autant que leur maison. On voit alors que la carapace n'est qu'un vernis et qu'il suffit de peu pour retrouver ce qu'ils prennent tant de soin à ne pas montrer, comme s'il s'agissait d'une faiblesse.

À ceux-là mon goût de la vérité pouvait ne pas plaire. Au palais, d'autres magistrats l'apprécièrent qui, pendant des années, avaient dû se taire. Ils contribuèrent à enrichir ma découverte de la juridiction. Les temps avaient changé. Ostensiblement désormais, quelques-uns regardaient attentivement avec moi ce qui se faisait du côté de certains des magistrats instructeurs. Des affaires anciennes n'en finissaient pas. Le parquet devait être vigilant, dans la limite de ses attributions, plus médiocres qu'on ne le croit quand il s'agit de peser sur une information, ne serait-ce que pour la faire progresser. Le Ministère public, même s'il dispose de prérogatives qui lui donnent l'avantage sur les autres parties, n'est pas tout-puissant. À la Chancellerie j'en avais fait l'amère expérience. Du côté de Toulon, une grue, pas de celles qui peuvent passer inaperçues, avait été dérobée sur un chantier. Une information avait été ouverte mais le juge d'instruction refusait obstinément de recevoir le plaignant. Celui-ci vint me trouver pour s'en plaindre, expliquant qu'il comprenait d'autant moins qu'il connaissait l'identité des voleurs et souhaitait en informer le juge. Par le procureur général, je fis requérir le magistrat d'entendre la partie civile. Il rendit une ordonnance de refus, arguant de ce que ces réquisitions portaient atteinte à son indépendance. Sur mes instructions, il fut interjeté appel de cette décision. La chambre d'accusation parut réticente à trancher car elle ne le fit que bien plus tard, après que la grue eut été restituée à son propriétaire. Le chemin avait été semé d'embûches pour y parvenir, d'abord au détriment de la victime.

Au juge qui le veut, il suffit d'un peu d'habileté pour ne point aller où le parquet souhaite le conduire avec raison. Quand celui-ci le constate et s'étonne d'un procédé qui lui paraît biaisé, le juge peut toujours prétendre au malentendu. Le dossier que j'avais ouvert contre Marcel la Salade m'en avait paru la démonstration.

*
* *

Depuis mon arrivée, mon entourage professionnel, même à l'extérieur du tribunal, évoquait avec insistance ce personnage qui m'était présenté comme un symbole des mœurs locales. Agriculteur, il était le président du syndicat des Arrosants de la plaine du Var, celle qui borde Nice à l'ouest. Réputé pour son entregent, les services qu'il rendait n'étaient pas exclusivement de nature agricole. Il devait, paraît-il, son sobriquet à ce que ses visiteurs quittaient sa ferme les bras chargés de salades. Des réunions s'y tenaient le samedi matin où l'on voyait tout un ensemble de gens dont ce n'était pas nécessairement la place. On y avait même vu un magistrat rédiger des jugements sur un coin de table. Marcel ne craignait rien, au point d'avoir sommé sa porte d'un panneau consulaire. Comme on le lui reprochait, il répondit l'avoir trouvé dans une décharge. La disproportion évidente entre le personnage, somme toute modeste, et la qualité de ceux dont il se servait me semblait impressionnante, à la limite de la séduction. Rien toutefois ne me permettait de comprendre comment il parvenait à connaître tant de gens et manifestement si serviables. Des officiers de gendarmerie, des membres du corps préfectoral et des fonctionnaires avertis lui servaient de faire-valoir, contre toute attente. Leur présence ostensible à ses côtés ne pouvait que donner du crédit à ce maraîcher qui, sans eux, n'aurait pu sans doute y prétendre. En cela, il me paraissait effectivement représentatif de tout un système qui, au-delà même du comté de Nice, portait ses racines jusqu'à Paris. Hormis la rumeur, je ne disposais d'aucune preuve et il me fallait attendre qu'un dossier me permît d'en trouver. Il se présenta autour d'une escroquerie à laquelle était mêlée sa femme. Des plaignants soutinrent que, se faisant passer pour un juge, elle leur avait réclamé de l'argent pour arranger leur affaire. Il fallait bien constater qu'ils y avaient consenti.

Le rendez-vous fut convenu entre le faux juge et ceux qui souhaitaient l'acheter pour la remise de la somme prévue. La connaissance que nous en eûmes permit d'ouvrir une procédure de flagrant délit, qui autorisait à procéder à des interpellations et des perquisitions, sans l'autorisation des intéressés. Sur mes directives, le service régional de police judiciaire se rendit dans la ferme de la plaine du Var qu'il entreprit de fouiller de fond en comble. On disait Marcel très conservateur et la possibilité s'offrait de retrouver à son domicile des éléments correspondant à l'enquête en cours, voire à d'autres agissements dont il aurait pu se rendre coupable. Les quarante-huit heures de garde à vue qu'autorise le code de procédure pénale ne suffirent pas à venir à bout de la perquisition. Une information fut donc ouverte et Marcel présenté devant l'un des juges d'instruction du tribunal. Il importait, pour que les services de police puissent achever de fouiller l'ensemble de la ferme, que Marcel soit incarcéré. Ainsi ne serait-il pas à même de faire disparaître ce qui pouvait encore servir de preuves.

Au terme d'un débat contradictoire où je requis un mandat de dépôt, le juge réfléchit. Marcel se tourna vers moi.

— Laissez-moi partir, monsieur le procureur, il faut que j'aille arroser mes salades.

Le ton paraissait sincère. Le bonhomme était sympathique et, les pieds nus dans ses sandales, parvint à m'émouvoir. Mais il était essentiel d'aller au fond des choses et le juge le plaça à la maison d'arrêt. Sans désemparer, il restait à poursuivre la perquisition légalement interrompue.

Lorsque j'avais informé le président du tribunal de l'ouverture de la procédure pour lui demander de désigner un juge d'instruction, le nom de celui qui figurait au tableau de permanence lui arracha ce cri :

— Non, lui ce n'est pas possible !

Ce magistrat ne brillant pas par sa pugnacité, je ne pouvais qu'approuver. Un autre juge d'instruction fut désigné, aussi compétent qu'efficace. Une heure ne s'était pas écoulée que le président me rappelait pour m'informer de ce qu'il avait en définitive choisi le magistrat que, dans un premier temps, il avait spontanément écarté. Il m'expliqua qu'avec Jean-Paul Renard, le doyen des juges d'instruction, le magistrat avait protesté contre la décision qui lui en avait préféré un autre. Le président l'avait donc reçu et obtenu de lui la promesse qu'il allait faire preuve de diligence. Je n'avais plus qu'à m'incliner.

Trois jours plus tard, je demandai à celui de mes substituts qui suivait le dossier ce qu'avait donné la perquisition ;

je ne pouvais douter que le juge d'instruction l'avait ordonnée en corrélation avec la détention provisoire de Marcel la Salade. Il alla aux nouvelles puis revint, m'apprenant qu'il n'y avait pas eu de perquisition et que le juge d'instruction était parti pour la Corse, en congé. Informé, le président appela devant moi le doyen des juges d'instruction. Questionné sur l'absence de son collègue, Jean-Paul Renard répondit ne pas en avoir eu connaissance. Plus tard, quand l'inspection générale des services judiciaires l'interrogea, le même indiqua que ce congé était prévu. Finalement la perquisition complémentaire eut lieu mais l'on ne trouva rien d'intéressant dans la ferme. Or, dans une affaire de ce genre, il vaut mieux disposer de preuves matérielles si l'on souhaite effectuer une démonstration pertinente. Tout cela créa une certaine ébullition car la presse s'en empara, suggérant la présence de différentes personnalités locales autour de Marcel la Salade. Il est certain qu'il aimait beaucoup rendre service, au point que, le jour où *Nice-Matin* évoqua cette arrestation, un élu niçois me fit part de son sentiment.

— Vous lui avez sauvé la vie. On aurait fini par le retrouver dans un fossé, avec une balle dans la tête...

L'élu ne m'en dit pas davantage et, comme trop souvent, je restai sur l'impression que d'autres en savaient beaucoup plus que moi.

L'hostilité latente d'une fraction des magistrats du siège se retrouvait au parquet. Déjà, quand l'article du *Nouvel Observateur* avait été publié, je n'avais dû qu'à la loyauté d'un petit nombre de déjouer une ébauche de putsch fomenté par les deux procureurs adjoints. Sans m'en avertir, ils avaient convoqué l'ensemble de mes subordonnés pour en parler entre eux. Je leur demandai des explications, auxquelles ils répondirent que c'était un malentendu et que, bien sûr, ils allaient annuler la réunion. Je décidai qu'elle se tiendrait mais sous ma présidence, comme cela paraissait normal. Ce fut l'occasion de développer devant l'ensemble du parquet les éléments qui me faisaient douter que nous partagions tous la même conception de la Justice.

Le premier président de la cour d'appel profita d'une réunion des présidents de l'ensemble des tribunaux de grande instance de la région pour m'inviter également à venir expliquer devant eux les raisons qui m'avaient poussé à publier mes interrogations. À l'issue de mon exposé, qui retraçait l'ensemble de mes découvertes et de mes inquiétudes, le président du tribunal de grande instance de Marseille, qui avait été précédemment celui de Nice, conclut :

— Et encore, collègue, vous ne savez pas tout !

Je ne pouvais espérer une confirmation plus autorisée.

Cahin-caha, la juridiction poursuivait son activité. Tous étaient plus attentifs et l'on vit le tribunal correctionnel, à plusieurs reprises, ordonner des suppléments d'information dans des procédures dont il avait été saisi après une instruction insuffisante. Il n'était plus question de s'en tenir à la crête des vagues, laissant dans l'ombre des protagonistes dont les agissements méritaient mieux. Dans une ambiance de vigilance exacerbée, je reçus le renfort d'un vice-procureur de grande qualité. Longtemps, à l'École nationale de la magistrature, Gilles Accomando avait enseigné les disciplines du parquet aux futurs magistrats et sa compétence était reconnue. Sa nomination me parut l'un des rares signes encourageants venus de la Chancellerie dans l'aventure où l'on m'avait jeté. Je le savourai, encore qu'en même temps on m'ait donné pour substitut un magistrat qui avait consacré l'essentiel de sa carrière à la Justice militaire, dans la musique. Particulièrement doué pour la clarinette, il n'était pas exactement celui dont j'avais besoin. Heureusement d'autres, sur la loyauté desquels je savais pouvoir compter, formaient autour de moi une phalange redoutable.

Pendant cette période, souvent les journalistes ont évoqué ma solitude. La presse n'a jamais su faire l'économie d'un certain romantisme, quitte à s'écarter de la vérité. Pourtant elle était autre et sans les magistrats qui m'entouraient je n'aurais rien pu accomplir de ce qui paraissait nécessaire et que nombre de nos concitoyens réclamaient. Certains en firent les frais. Ce fut le cas pour Gilles Accomando. En dépit d'un talent exceptionnel et d'une activité sans faille au service de la Justice, il ne put, après six années passées à pourfendre la délinquance financière, obtenir le poste de procureur de la République auquel il pouvait manifestement prétendre. Il fut candidat à plusieurs. Il paraît qu'il n'y en avait pas pour lui... Après avoir tenté, en vain, de convaincre la Chancellerie de lui en trouver un, le Conseil supérieur de la magistrature finit par le nommer président du tribunal de grande instance de Cahors. Cette nomination ne dépendait que du Conseil, nullement du garde des Sceaux, ce pour quoi Gilles Accomando l'obtint. Triste victoire pour ce magistrat! Défaite éclatante pour le parquet, ainsi privé de celui qui l'honorait. Cela fera réfléchir ceux qui seraient tentés de consacrer leurs forces à une institution qui vous le rend si mal. Sans doute est-il des dossiers qui vous valent plus de déboires que de palmes.

*
* *

Les lettres anonymes fleurissaient sur mon bureau. Il fallait faire un tri entre ceux qui utilisaient un contexte particulier au profit de leur dossier, parfois fort ancien, et ceux qui, sincères dans leur lâcheté, portaient à ma connaissance des agissements qui exaspéraient leur civisme. Dans le principe, les lettres anonymes entraînent pour moi une réaction de répulsion. J'avoue ne pas avoir d'estime pour ceux qui s'y livrent, pas plus que je n'en ai pour les témoins qui, par souci d'eux-mêmes plus que de leur voisin, préfèrent regarder ailleurs quand s'active la délinquance. Chacun sans doute a-t-il ses raisons et je ne puis ignorer, au moins pour les rédacteurs de lettres anonymes, qu'il n'est pas si aisé de fendre la foule pour aller publiquement remplir les plateaux de la Justice. Mes attributions ne laissent pas de place au dégoût personnel et je me sens tenu, dès lors que ce qui m'est écrit présente quelque apparence de vérité, de faire procéder à des vérifications. En vérité, cela n'offusque vraiment que ceux qui ont à en souffrir.

Une lettre anonyme me permit ainsi d'apprendre qu'un fonctionnaire du service de la police aux frontières utilisait frauduleusement le Système de traitement des infractions constatées (Stic), base de données informatisées dans laquelle figure l'identité des personnes soupçonnées d'avoir commis une infraction. Le fichier est confidentiel et, pour y entrer, les fonctionnaires de police habilités doivent disposer d'un code. Cette lettre était peut-être le fruit d'une vengeance, mais elle me conduisit à ouvrir une

enquête qui permit de corroborer ces accusations anonymes. Ce fonctionnaire avait consulté le fichier sur une
grande échelle, s'intéressant à des élus, des acteurs mais
aussi à des candidats à la franc-maçonnerie. Une information fut ouverte et des perquisitions effectuées dans les
locaux niçois de la Grande Loge Nationale Française
(GLNF). On découvrit dans les dossiers un tableau
comportant le nom de différents candidats à l'initiation
avec, en marge, l'indication d'éléments propres à décourager leur admission. Pour l'un d'eux figurait une condamnation pénale et Jean-Paul Renard apparaissait comme en
étant la source.

L'hypothèse me parut plausible que ce magistrat usait
de ses fonctions pour communiquer des renseignements
confidentiels à ses Frères, notamment des données judiciairement protégées. Il me fallut me rapprocher du responsable du casier judiciaire national qui détient les
archives des demandes tendant à la délivrance des bulletins
numéro un, ceux qui, portant l'ensemble des condamnations infligées à une même personne, ne sont accessibles
qu'aux magistrats dans l'exercice de leurs fonctions. Je
l'interrogeai sur la possibilité de faire sortir celles qui pro-
venaient du cabinet du doyen des juges d'instruction de
Nice. Les moyens techniques dont dispose le casier judiciaire national nous permirent d'obtenir une série de
demandes qui lui étaient parvenues de ce cabinet sur plusieurs mois. Le choix s'était porté sur la période écoulée
entre l'édition d'une liste à jour des membres de la province de la GLNF et la suivante. Les possédant toutes les
deux, il suffisait d'établir la liste des nouveaux initiés et de
rechercher si leurs noms apparaissaient dans les demandes
venues du cabinet Renard. Ce travail porta ses fruits et

nous nous fîmes communiquer les dossiers dont la référence était indiquée sur les demandes de casier. Il fallait
encore vérifier s'il pouvait y avoir un rapport entre la procédure et les personnes visées par la demande qui s'y référait. Ainsi nous pûmes constater que, dans quelques cas, il
n'y en avait aucun. Manifestement le juge s'était servi de
ses attributions pour se renseigner sur des candidats à l'initiation dans son obédience et avait utilisé des dossiers réels
comme supports. Je décidai d'ouvrir une enquête prélimi-
naire et en chargeai la section des recherches de la gendarmerie nationale à Marseille.

Le temps vint où, les enquêteurs ayant rassemblé tous les
éléments démontrant l'infraction commise, il ne restait
plus qu'à interroger le magistrat qui paraissait effectivement s'en être rendu coupable. L'exercice était difficile,
tout particulièrement dans la situation où se trouvait la
juridiction déjà ébranlée par tant de scandales. Il ne me
paraissait pas qu'il y ait beaucoup à hésiter si l'on voulait
parvenir à redonner à ce palais le visage de la Justice.
J'ordonnai donc que Jean-Paul Renard soit convoqué par
les gendarmes et placé en garde à vue. Le délit ne venant pas
d'être commis, il n'y avait pas de flagrance et ce magistrat
ne pouvait être contraint à se rendre à la convocation des
gendarmes. Il la lui portèrent dans son cabinet et, sur sa
demande expressément consignée, le conduisirent dans
leurs locaux. En dépit des évidences, Jean-Paul Renard fit
preuve de réticences à reconnaître les faits, de telle sorte que
je dus prolonger la mesure de rétention au-delà des premières vingt-quatre heures. Bien qu'il ait proclamé avoir
été moins bien traité qu'un délinquant, il ne fut jamais

menotté et bénéficia d'un lit ainsi que d'un petit déjeuner inhabituel en cette sorte de circonstance. Lorsque, devant les preuves accumulées, il eut finalement accepté de reconnaître les faits, je le fis remettre en liberté.

Son retour au palais fut triomphal. Parmi quelques robes noires, des amis de toutes sortes l'accueillirent sur les marches, sous l'œil des caméras. On le vit ébaucher une caresse vers la tête d'un de ses collègues que l'on aurait pu croire plus sage. Il est vrai que ce dernier avait du goût pour l'accueil des personnes en difficulté judiciaire. Il s'était déjà en effet distingué, seul magistrat au milieu d'une centaine d'avocats, en allant accueillir l'un d'eux, Michel Cardix, qui revenait de Corse après avoir été retenu dans le cadre d'une procédure de violation du secret de l'instruction. La circonspection n'était pas le fort de ce magistrat, à Nice depuis trop longtemps. On l'avait bien vu dans un jugement du 25 novembre 1988 qu'il avait rendu dans une affaire concernant un escroc notoire d'origine libanaise, alors incarcéré. Il s'agissait de déterminer s'il pouvait bénéficier du régime de la semi-liberté. Retenant qu'il y avait des risques qu'il prenne la fuite, le tribunal présidé par ce magistrat les avait écartés, arguant notamment de ce que l'intéressé appartenait à une race, au sens noble de ce terme, pour laquelle « la parole donnée » revêt une importance quasi religieuse... Une telle foi en l'homme ne peut qu'émouvoir et l'on se prend à rêver qu'elle ne soit pas réservée à quelques-uns.

De loin, peu affecté par ces manifestations qui m'inspiraient de la commisération, je constatai que l'arrogance n'était pas réservée aux délinquants chevronnés. Les jours qui suivirent furent agités. Des commentaires se succédèrent et l'on me répéta même qu'un magistrat s'était indigné du reproche fait à notre collègue.

— Quand j'embauche une femme de ménage, je fais la même chose. Je demande le bulletin numéro un de son casier judiciaire.

Je résistai à la tentation, pour la même infraction, de lui infliger le même traitement qu'à Jean-Paul Renard. C'était pourtant le moyen de lui rappeler qu'un magistrat n'a pas plus de droit que n'importe quel citoyen. Au contraire, parce qu'il lui appartient de faire respecter la loi, il doit être le dernier à pouvoir y contrevenir. Question d'éthique, pour ceux auxquels il en reste. Au parquet, mon adjoint s'égara. Je savais qu'elle ne m'aimait guère, souffrant du syndrome du vizir qui, s'en croyant la compétence, prendrait volontiers la place du calife. Dans un autre poste, je l'avais observée, critiquant volontiers son supérieur direct. Ce qu'elle fit cette fois-là passa permission. Telle la Parque, elle distribua un appel à manifester contre ma décision de faire placer Jean-Paul Renard en garde à vue. La loyauté n'était pas son fort mais elle ne fut pas sanctionnée pour autant. Tout ne se mesure pas à la même aune.

Le retentissement de cet épisode eut au moins un avantage, outre la démonstration que la loi pouvait être la même pour tous. Le directeur de cabinet du garde des Sceaux me fit venir et m'interrogea sur la solution à adopter. Marylise Lebranchu avait succédé à Élisabeth Guigou qui avait refusé d'ordonner une nouvelle inspection générale après celle achevée en 1999. J'indiquai une alternative.

— Il me semble que la meilleure solution serait de remplacer l'ensemble des magistrats de cette juridiction, président et procureur compris, de telle sorte qu'elle puisse connaître une nouvelle naissance.

— Vous savez bien que ce n'est pas possible.

— Alors, il ne reste plus qu'à ordonner une nouvelle inspection.

Ainsi fut acquise l'idée que les inspecteurs de l'administration judiciaire reviendraient une fois de plus à Nice, avec un mandat précis pour que l'on détermine enfin si les différentes accusations portées contre les magistrats depuis plusieurs années avaient ou non une réalité. Je me sentis rasséréné comme si, tout d'un coup, j'étais déchargé d'un grand poids, celui d'une extraordinaire responsabilité jetée sur mes épaules sans que mes attributions me permettent d'y répondre, ni que les moyens m'aient été donnés d'y parvenir. Confiant, jusqu'à la crédulité, dans l'institution à laquelle j'appartenais, je ne pouvais alors douter que le corps judiciaire ait la volonté de dénoncer ceux qui ternissaient sa réputation.

Peut-être aurais-je dû me rappeler à cet instant les conclusions de la précédente inspection clôturée en 1999 dont il m'avait été rapporté, par quelques-uns de ceux qui l'avaient subie, qu'elle ne paraissait point empressée d'aller au fond des choses, notamment sur la rumeur de pédophilie qui l'avait provoquée. Sans doute aurais-je dû me remémorer également le président du tribunal de grande instance de Valenciennes un jour que je lui avais suggéré de demander ensemble une inspection sur des pratiques discutables imputées au greffier en chef de la juridiction.

— N'y songez pas. Avec l'inspection, on sait pourquoi elle vient, jamais ce qui en sort.

Pourquoi me serais-je méfié? Rien de ce que j'avais fait ne me paraissait mériter l'opprobre. Sans doute l'inspection générale des services judiciaires est-elle un service qui relève exclusivement du garde des Sceaux et dépend de sa seule autorité, mais je ne pouvais redouter du ministre qu'elle ait d'autre volonté que celle de faire la lumière.

Les premiers pas de l'inspection, son chef en tête, me confortèrent dans l'impression que la voie choisie était la bonne. Je leur dis tout ce que je savais, leur livrant le contenu de mon coffre-fort où j'avais accumulé les dossiers les plus significatifs ainsi que des documents propres à la compréhension les dérives que j'avais constatées.

L'inquiétude me saisit quand je me rendis compte que l'inspection paraissait moins pressée d'ouvrir les dossiers les plus sulfureux que de faire un état des lieux, celui qui entre dans ses missions les plus classiques. Pourtant la lettre de mission du garde des Sceaux était claire. Je passai outre, ne voulant pas me faire juge de la méthode, quand même elle me paraissait dévier de l'objectif désigné. Peu à peu cette inquiétude se renforça pourtant de ce que me rapportèrent différents magistrats qui avaient clairement pris parti contre ceux qui, en marge de leurs attributions judiciaires, avaient installé une influence qui ne pouvait être compatible. Le vent tournait mais pas suffisamment encore pour que nous puissions croire qu'il soufflerait contre nous. Les éléments d'appréciation n'offraient point de certitudes et l'on pouvait comprendre que l'inspection s'interroge sur les désordres qui affectaient la juridiction. Elle pouvait ne pas les dissocier de la situation que celle-ci avait connue pendant tant d'années, moins encore en tirer parti pour occulter les déviances qui justifiaient sa venue. Parfois les propos rapportés nous rassuraient sur la volonté des inspecteurs et leur détermination.

Ainsi en fut-il lorsque j'envisageai de présenter une requête au président du tribunal pour qu'il dessaisisse un juge d'instruction, peu enclin à instruire un dossier dans lequel des éléments conduisaient pourtant à s'interroger sur l'usage qu'un avocat avait fait de son compte professionnel au profit d'Anthony Tannouri, le flamboyant homme d'affaires. Celui-ci, qui avait été condamné pour escroquerie et se trouvait en fuite, était redevable d'une somme de 293 millions de francs envers le Trésor public. Déjà les relations qu'il avait entretenues avec des magistrats du tribunal, dont Jean-Paul Renard, avaient beaucoup fait jaser, au point même qu'une de ses employées avait pu s'adresser au garde des Sceaux pour faire état de ce que deux magistrats, qui s'étaient occupés de ses dossiers, avaient reçu en cadeau des montres de prix. Ils s'en plaignirent mais le tribunal de grande instance de Lyon puis la cour d'appel estimèrent qu'ils n'avaient pas été victimes d'une dénonciation calomnieuse. C'était au moins admettre que la gouvernante était de bonne foi.

L'avocat susceptible d'être inquiété pour son intervention était Michel Cardix, proche de Jean-Paul Renard et lui aussi membre de la GLNF. En dépit de l'insistance des parties civiles et du parquet, le juge d'instruction désigné, considéré également comme proche du juge Renard, s'obstinait à n'effectuer aucune investigation. Pour en sortir il ne me restait plus qu'à obtenir le remplacement de ce magistrat indolent par un autre plus actif. Je ne pouvais ignorer que l'affaire ferait grand bruit et pouvait mettre les inspecteurs en difficulté. Je m'ouvris donc à eux de mon intention ; ils prirent le temps de la réflexion avant de m'informer qu'ils n'y voyaient pas d'objection, « bien au contraire ». Je transmis donc ma requête au président du tribunal qui, après un mois de réflexion, l'accueillit. Il fallut faire preuve de détermination pour obtenir du juge dessaisi qu'il rende son dossier. Il prétendait que la procédure n'était pas régulière mais dut se résoudre à le restituer. Son successeur aussitôt fit placer Michel Cardix en garde à vue sur la suspicion d'avoir aidé Anthony Tannouri à organiser son insolvabilité. Il était reproché à cet avocat d'avoir fait usage de ses comptes professionnels pour payer les dépenses de son client, ce qui permettait à celui-ci d'échapper aux conséquences financières de ses condamnations en dissimulant son patrimoine.

Comme souvent quand la Justice demande des comptes à l'un des siens, le barreau s'ébroua. Un vol de robes noires s'abattit dans la salle des pas perdus, bâtonnier en tête. Quelques présences étonnèrent, comme cet ancien conseil juridique peu assidu au palais et par ailleurs défenseur des valeurs les plus traditionnelles, au moins aurait-on pu le croire, en sa qualité de prieur de l'archiconfrérie des Pénitents Noirs, antique association de bienfaisance. Interrogé peu après sur cette présence incongrue au premier rang d'une centaine de ses confrères, il fit valoir qu'il avait peu d'occasions de sortir sa robe... Le bâtonnier proclama, entre autres aménités, qu'il ne me reconnaissait plus comme procureur de la République. C'était se donner beaucoup d'importance, en même temps qu'il m'en attribuait dans le dossier qui avait suscité cette mascarade. Il est vrai que le dessaisissement était intervenu sur ma requête ; en revanche il avait été décidé par le président du tribunal. L'aveuglement n'est pas une bonne source du droit. Le caractère grotesque de cette irritation corporatiste explique sans doute que nul ne parut s'en émouvoir, à Aix-en-Provence comme à Paris.

Parfois rassurante, l'inspection l'était moins dans ses approches. Un jour que j'avais accordé un entretien à une personne impliquée dans le dossier qui concernait Marcel la Salade, elle me fit part de scènes qui mettaient en cause des magistrats. J'interrompis notre conversation et me rendis dans une pièce voisine où se trouvaient deux des inspecteurs. Je leur indiquai qui était dans mon bureau et ce qui venait de m'être rapporté. À mon sens, cela paraissait pleinement s'inscrire dans leur mission. Je leur suggérai donc de recevoir cette dame dont les propos paraissaient susceptibles de les édifier. Ils refusèrent vertueusement. Je m'étonnai, à quoi l'un deux répliqua :

— C'est une question d'éthique !

Je ne compris pas et, à dire vrai, en suis resté à ce point. J'y vis une évolution dont je commençai alors de m'inquiéter. Un article de l'hebdomadaire *Le Point*, signé d'un journaliste réputé pour avoir accès aux sources judiciaires du plus haut niveau, fut publié au cours du mois de novembre 2001. Quand l'inspection n'avait pas trois mois, déjà il annonçait qu'elle tournerait à mon détriment et que ma réputation en serait ternie.

Le 26 mars 2002, l'évolution atteignit son point culminant quand je fus convoqué à Paris par les inspecteurs pour y être entendu dans leurs locaux, par procès-verbal. À ceux qui s'en inquiétaient, je répondis, étonnamment confiant dans l'institution, qu'il s'agissait de mettre en forme les résultats de leur enquête. Las... il ne s'agissait que de dresser l'échafaud. Comparant devant des juges aux certitudes déjà forgées, je ne pus un instant douter qu'accusateur j'étais devenu coupable. Inspecteur général en tête, les inspecteurs se mirent à plusieurs pour me demander des comptes. J'aurais bien eu besoin d'un avocat pour m'assister, d'autant que des problèmes d'acuité visuelle ne me favorisaient nullement la lecture des longues questions qui m'étaient posées. Elles paraissaient s'écarter beaucoup de l'objectif qu'avait fixé le bientôt futur garde des Sceaux et portèrent d'abord sur ma direction du parquet et... mes relations tendues avec le procureur général. On n'en vint qu'ensuite, non sans que je m'étonne de l'ordre des priorités, aux anomalies qui m'avaient conduit à souhaiter une inspection. Ma déconvenue fut immense. Rien ne résistait à la vision, enfin bienveillante, des inspecteurs. Rien ne les avait vraiment troublés, sinon que mon trouble ait été à ce point! Tout ce qui m'avait scandalisé trouvait grâce à leurs yeux, parfois au bénéfice des explications les plus simplistes. Comment le cheminement procédural suivi par Jean-Paul Renard dans l'affaire de pédophilie qui avait bouleversé le tribunal pouvait-il me scandaliser? La Cour de cassation n'avait-elle pas validé l'ordonnance par laquelle le juge d'instruction avait écarté la plainte de la famille paternelle de l'enfant? Les bras m'en tombèrent : la Cour de cassation ne pouvait faire autrement dans le cadre juridique dont elle était saisie.

Vint la flèche du Parthe : on me demanda si je n'avais pas manqué à *l'obligation de délicatesse* envers mes collègues... J'en restai bouche bée et demeurai prostré quelques instants, ce qui parut mettre mes interlocuteurs mal à l'aise. Je m'éloignai du ministère amer, écœuré de ce que je n'avais pas cru possible. Aujourd'hui je n'en éprouve qu'un regret, celui d'avoir serré la main de l'inspecteur général, au bénéfice du souvenir que j'en avais conservé dans ses fonctions précédentes, quand il présidait la cour d'appel de Douai et que j'étais à Valenciennes.

**

Lorsque le président du tribunal de Nice revint du même exercice, ainsi qu'un juge d'instruction qui avait dû également s'y plier, nous comprîmes que nous nous étions fourvoyés. L'institution ne voulait pas de cette caricature d'elle-même que nous lui avions présentée. Celui qui dit la vérité doit être exécuté... La machine était prête à remplir son office. Le premier coup fut porté au cours du mois de septembre suivant quand, selon l'habitude, nous fut transmis, pour d'éventuelles observations, le pré-rapport de l'inspection générale. Nous y apparaissions comme de pitoyables gestionnaires. Nos observations ne se firent pas attendre et j'entamai une note de plusieurs pages en rétorquant qu'il serait toujours plus facile de compter les bougies que d'expliquer pourquoi certaines s'étaient éteintes. Les griefs paraissaient curieux quand il m'était reproché de ne pas tenir de procès-verbal des réunions du parquet ou de ne pas consigner mes directives dans des notes écrites. À ce compte-là, nombre de procureurs de la République pouvaient se trouver en difficulté, tant cette exigence paraissait incongrue. À moins qu'il ne se soit agi pour l'inspection de relever implicitement l'ambiance très particulière dans laquelle, en raison de mon entourage immédiat, j'avais exercé mes fonctions au cours des premières années de ma nomination à Nice. Peut-être en effet eût-il mieux valu que je laisse des traces... À dire vrai, cela ne me toucha guère tant il me semblait qu'on avait fait lever un nuage de fumée pour masquer ce qu'il y avait à mes yeux de plus important, des déviances qui avaient de longue date affecté la juridiction.

Ces premières conclusions, émises sous réserve d'observations, circulèrent parmi les magistrats et fonctionnaires et naturellement s'ébruitèrent. Des tressaillements d'aise parcoururent ceux qui étaient farouchement opposés au travail accompli et d'abord ceux qui en étaient l'objet. Le maire de Nice crut l'hallali sonné. De la colline du château où se tenait la réunion annuelle de son parti, l'Entente républicaine, Jacques Peyrat souligna l'amélioration de ses relations avec le gouvernement issu de la majorité nouvelle apportée par les élections législatives de 2002. Il se vanta, à mots à peine couverts, d'avoir obtenu mon départ. Ses propos eurent quelque retentissement. Questionné par le quotidien *Nice-Matin*, je fis valoir que le maire de Nice tenait sans doute beaucoup à moi. À coup sûr, en démocratie, une telle diatribe d'un élu ne peut que contribuer au maintien d'un procureur. Son entourage publia que le maire avait improvisé, comme s'il s'agissait d'une excuse. Je n'ignorais pas que sa fougue pouvait l'emporter au-delà des convenances et ce n'était pas le premier exemple qu'il m'en avait donné.

Déjà, alors qu'il avait été mis en examen sur une constitution de partie civile, dans une déclaration à la presse locale il avait publié que le juge d'instruction et moi-même avions choisi notre camp. Dans l'heure je lui fis porter un courrier pour m'étonner de ce qu'un élu puisse tenir publiquement un tel discours, soulignant que l'avocat pénaliste qu'il était ne pouvait ignorer que, sur une constitution de partie civile, le parquet ni le juge d'instruction ne disposent de la moindre marge de manœuvre. Sa mise en examen était automatique. Ajoutant que, pour ce qui me concernait, je me bornerais désormais à ne le fréquenter qu'autant que j'y serais tenu, je lui indiquai que j'attendais le retour du juge d'instruction pour savoir si celui-ci envisageait de déposer une plainte. En ce cas je ne manquerais pas de le poursuivre pour ses propos injurieux. Penaud, Jacques Peyrat me téléphona pour me faire part de sa confusion. Un de ses proches m'en avait averti, me suppliant de ne pas le rembarrer : c'était déjà si dur pour lui de devoir ainsi s'humilier ! Bon prince, je le morigénai sans acrimonie et il nous fit porter, au juge comme à moi, une lettre d'excuses. Dans le mois qui suivit l'épisode du château, Dominique Perben, alors garde des Sceaux, s'annonça. Sans effectuer le moindre détour par le palais pourtant proche de la mairie, le ministre de la Justice s'y rendit pour saluer son ami Jacques et assurer que celui-ci ne lui avait jamais demandé mon départ. Étranges mœurs d'une démocratie qui se croit affirmée quand ses pratiques révèlent plus sûrement qu'elle n'est pas même aboutie.

Du temps s'écoula sans que l'on sache ce que devenait le rapport de l'inspection générale. Nous poursuivions notre tâche et, de toutes les procédures engagées, deux devaient émerger au mois de mars 2003.

La première avait été ouverte en 2002 sur une suspicion de fraude dans différents marchés publics passés par la mairie de Nice. Il semblait que des intermédiaires bien placés avaient réclamé une rémunération occulte pour favoriser l'un des candidats à la procédure d'appel d'offres. Le juge d'instruction avait fait intercepter des communications téléphoniques qui, au jour le jour, nous permettaient de suivre l'évolution des tractations. Elles nous ramenaient dans l'Essonne où, avant de venir à Nice, avait servi Michel Vialatte, devenu depuis lors directeur général des services de la ville. Je ne pouvais ignorer qu'il était corrompu et cela parfois me donnait un coup d'avance dans les discussions. Un jour que je me trouvais face au préfet et au maire de Nice assisté de Michel Vialatte, je fis valoir combien la Justice était tributaire des moyens dont elle disposait.

— Avec vous les magistrats, dit le préfet, c'est toujours une affaire de moyens.

Je fis alors remarquer qu'il y avait moins de magistrats en France qu'il n'y avait d'employés municipaux pour la seule ville de Nice. Le maire fut près de s'étrangler et Michel Vialatte vint à la rescousse.

— Mais pour l'essentiel ce sont des agents de la voirie ! Vous ne vous occupez quand même pas des ordures, monsieur le procureur ?

— Oh si, monsieur Vialatte, je m'occupe également des ordures.

Peut-être a-t-il compris plus tard. En effet, le dossier prit un tour public quand, à l'issue d'une perquisition à la mairie, le directeur général des services fut, avec d'autres, placé en garde à vue puis présenté devant le juge d'instruction qui provoqua sa détention provisoire.

L'incarcération de Michel Vialatte suscita beaucoup d'intérêt. Déjà, avant que le juge des libertés et de la détention n'ait rendu sa décision, un chef de bureau de l'administration pénitentiaire au ministère de la Justice avait appelé le directeur de la maison d'arrêt pour savoir s'il l'y avait reçu. Le chef de l'établissement pénitentiaire ne put que le renvoyer vers moi. Craignant qu'il ne s'agisse d'un journaliste pressé de détenir l'information avant ses confrères, j'émis des doutes sur la qualité de mon correspondant. Ce magistrat s'en émut et me donna quelques indications qui me permirent de le mieux identifier. Pour lui expliquer mes réticences, je lui dis mon étonnement de ce que l'administration pénitentiaire prenne la peine de s'intéresser à l'incarcération d'un mis en examen. De toute ma vie professionnelle, c'était bien la première fois.

— C'est que nous connaissons le mauvais état de la maison d'arrêt de Nice !

L'argument me rassura. Depuis 1999 au moins, cette situation était endémique et l'on évoquait régulièrement la construction d'un nouvel établissement. Ainsi le ministère qui portait la responsabilité de cette situation en était conscient et ce n'était pas simplement parce que l'on s'écartait du tout-venant que ses paupières s'étaient enfin dessillées. Il est vrai que l'habitude s'est prise de réserver des conditions particulières de détention aux élites, au nom de l'égalité républicaine sans doute...

Un second incident au cours de la détention provisoire de Michel Vialatte me fit comprendre, si j'en doutais, qu'il ne s'agissait pas d'un prisonnier ordinaire. Un courrier anonyme m'apprit qu'au début de l'été ce détenu avait reçu la visite d'un parlementaire qui avait pu s'entretenir avec lui hors la présence de quiconque, ce qui était anormal. Pour sa première visite d'un établissement pénitentiaire, Yves Jégo, député de Seine-et-Marne, avait choisi la maison d'arrêt de Nice, assez loin de son territoire d'élection. Il est vrai qu'il connaissait personnellement le prisonnier, le seul avec lequel il s'était entretenu en particulier. Rien de ce qu'ils se sont dit n'a transpiré. De quel genre de visite s'était-il agi, à un ami, un obligé, à un expert peut-être? Je ne pus que protester et m'intéresser de plus près aux relations d'affaires des deux hommes, espérant ainsi mieux comprendre le sens de cette initiative inusitée.

Ce même mois de mars, j'eus à requérir l'ouverture d'une information contre X sur la plainte d'une jeune femme qui se disait victime d'un viol. Le crime s'était déroulé sur un bateau, dans le port de Cannes. Selon la plaignante, l'auteur en était Jean-Philippe Smet, plus connu sous le nom de Johnny Hallyday. Marie-Christine Vo m'avait écrit le 24 avril 2002 pour m'exposer ce qu'elle prétendait avoir vécu, me précisant que depuis lors elle avait subi des menaces et des appels téléphoniques malveillants à son domicile niçois. Après le football, la chanson. Je ne pouvais un instant ignorer ce qui risquait de se produire si je donnais suite à cette plainte. Il y avait un moyen de m'en tirer, dont l'élégance était loin de me satisfaire : les faits s'étant produits à Cannes, ville située dans la circonscription judiciaire de Grasse, le tribunal de grande instance de Nice n'était pas territorialement compétent pour le viol. Il l'était en revanche pour les menaces et les appels téléphoniques malveillants. Un instant tenté de me dérober au prétexte que ceux-ci étaient accessoires par rapport au viol, je résolus de ne point être lâche, quoi qu'il puisse m'en coûter.

La procédure allait me révéler, plus que jamais, combien la Justice éprouve de difficultés à s'inscrire dans l'Égalité. Dans cette république fortement monarchisée, on vit même l'épouse du chef de l'État, sans autre légitimité que celle qu'engendre son statut conjugal, proférer devant les caméras de télévision d'étranges propos : ceux qui s'en prendraient à Johnny le payeraient ; les Français n'aiment pas ça... Comment y ai-je vu comme une réminiscence de l'affaire VA-OM, quand François Mitterrand avait prétendu écarter de Bernard Tapie le bras de la Justice ? Il y aurait donc des vaches sacrées dans ce pays... Il m'a semblé que le message avait été perçu. Dans aucun dossier de cette sorte, je n'ai vu la plaignante aussi maltraitée par l'institution judiciaire, avant même qu'il ait été établi quoi que ce soit contre elle, qui se posait en victime. Le préjugé était manifeste. Pour une fois, à tous les étages, il semblait que l'on instruise plus volontiers à décharge qu'à charge. Sans doute la plaignante n'était-elle pas parfaite. Les victimes le sont rarement. Au moins leur doit-on de rechercher honnêtement leur part de vérité, sans tenter de les discréditer à travers leur vie personnelle. À celle-là les coups ne furent pas épargnés et l'on chercha dans son existence, comme dans une poubelle, ce qui pouvait justifier que l'on n'accorde aucun crédit à ses accusations. Il n'y aurait donc que les vierges à pouvoir se plaindre d'avoir été violées !

En dépit de leur pugnacité, ses avocats se heurtèrent à de nombreux refus quand ils tentaient d'obtenir que soient effectués des actes nécessaires à la manifestation de la vérité. Ils obtinrent pourtant des succès surprenants. Ainsi fut finalement effectué un transport de Justice sur le bateau où les faits se seraient déroulés, alors qu'il leur avait été précédemment refusé par les deux juges d'instruction désignés. Les enquêteurs de la police judiciaire puis ceux de la gendarmerie nationale, après qu'il eut été jugé nécessaire de remplacer les premiers, avaient rapporté que le bateau était si mal insonorisé qu'on ne pouvait rien ignorer de ce qui s'y passait. Cela suggérait que la victime avait menti puisque aucun des passagers n'avait entendu le moindre bruit. La chambre de l'instruction de la cour d'appel d'Aix-en-Provence avait confirmé le refus des juges niçois. Mais l'un d'eux ayant fait l'objet d'une promotion dans le poste de son choix, son remplaçant accéda à la demande présentée par les avocats de Mlle Vo. La mesure démontra que les constatations rapportées par les enquêteurs étaient inexactes. L'insonorisation de ce luxueux navire protégeait les intimités les plus orageuses. Plus d'une fois je me suis ému des refus opposés aux demandes de la partie civile. Je n'ai pu convaincre que, si une décision de non-lieu devait intervenir, ce qui fut le cas, la manière dont une partie de l'instruction avait été conduite ne pouvait que l'affaiblir et permettre d'en douter. Rien ne me paraissait moins souhaitable, pour le chanteur autant que pour la Justice.

À l'occasion de cette affaire, le rôle que joua la presse, au moins quelques journalistes, m'a troublé. La plupart firent preuve de prudence, ce qui ne saurait choquer qui croit à la présomption d'innocence. Mais cette circonspection même était étrange, quand on la rencontre si rarement au quotidien. Quelques-uns publièrent de curieux articles qui, pour ceux qui avaient accès à l'ensemble du dossier, semblaient exclusivement inspirés par la thèse de la défense. Jamais des articles de presse ne m'avaient paru mieux mériter l'appellation de « papiers », et encore... Le parti pris était flagrant, les arguments parfois sordides et fleurissaient les attaques contre les personnes. Les avocats de Mlle Vo ne furent pas épargnés et je ne le fus pas davantage : l'essentiel était de discréditer ceux qui s'attaquaient à l'idole. Une vindicte personnelle, la recherche de la notoriété ou le goût de l'argent pouvaient seuls expliquer leur mauvaise action. Certes la bassesse suscite le découragement, mais passé celui-ci, ce qu'autorise la conviction du devoir accompli, il n'est pas si difficile de poursuivre. Outre ces écrits curieusement inspirés, ma hiérarchie portait à ce dossier un intérêt manifeste, si bien que je ne pouvais ignorer qu'il préoccupât en haut lieu. Ayant ouvert une information sur la constitution de partie civile de Mlle Vo pour des témoignages favorables à M. Smet qui auraient été mensongers, je fis même l'objet d'une étrange demande : étais-je bien certain de pouvoir requérir ainsi sur le fondement du texte du code pénal qui prévoit de tels mensonges ? Un savant exégète, se référant à l'alinéa 1er de ce texte, suggérait que ce n'était pas possible ! En guise de réponse, j'invitai le lecteur à poursuivre sa lecture jusqu'au deuxième alinéa. Celui-ci se rapportait précisément à la situation considérée et légitimait mes réquisitions.

Une telle précipitation dans l'erreur ne laissait aucun doute : mes réquisitions agaçaient. Tous les magistrats n'eurent pas cet honneur. L'un des juges d'instruction chargés du dossier obtint enfin un poste qui lui paraissait attrayant ; il me rapporta que, lorsque sa nomination lui avait été confirmée, son interlocuteur au ministère, en l'en informant, avait jugé utile de lui préciser que le cabinet du garde des Sceaux avait beaucoup apprécié la manière dont il avait instruit ce dossier. N'ayant rien obtenu, je ne saurai jamais ce qu'il en fut pour ce qui me concernait, étant réduit à des conjectures.

*
**

C'est le 5 mars 2003 qu'une information avait été ouverte sur la plainte de Marie-Christine Vo et le 20 du

319

mois que Michel Vialatte avait été interpellé puis incarcéré. Dès le 24 mars, le directeur des services judiciaires m'appela. D'ordre du garde des Sceaux, il était urgent que je me rende à la Chancellerie.

Ce fut le 27 mars qu'il me reçut, m'annonçant d'emblée que Dominique Perben voulait que je quitte Nice pour un poste d'avocat général à la cour d'appel de Versailles. Ce n'était pas précisément une promotion, tout au plus une nomination à un poste de même niveau hiérarchique, sans aucune maîtrise de l'action publique. Rien à voir avec les fonctions de procureur de la République. Une mutation disciplinaire qui n'oserait pas dire son nom, en toute hypothèse une voie de garage. Le magistrat qui dirigeait les services judiciaires était un homme honnête. Je l'aimais bien et l'on comptait peut-être que j'accepterais de glisser gentiment ma tête sous le couperet. Je refusai.

— Et si l'on va au conflit ?

— Ce sera sans inquiétude de ma part. Je serai heureux de pouvoir m'expliquer devant le Conseil supérieur de la magistrature...

Est-ce à cet instant que l'honnête magistrat évoqua les dossiers Vialatte et Smet ou avait-il commencé par là ? Je ne sais, certain en revanche qu'il me fit comprendre que les deux avaient agacé le garde des Sceaux, l'un parce que, dans un article du *Monde*, j'avais fait état de l'appartenance de quelques-uns des protagonistes à la Grande Loge Nationale Française. Pour l'autre, le ministre s'était étonné de la compétence de Nice. Sur ce point, je renvoyai mon interlocuteur aux règles qui régissent les problèmes de compétence. Si le ministre était persuadé d'avoir raison, il lui suffisait de me contraindre à soulever l'incompétence du juge niçois. Il en avait légalement le pouvoir.

Encore fallait-il qu'il en prenne le risque devant l'opinion publique, si favorable qu'elle puisse être au chanteur. Souvent cette opinion est versatile et il suffit de peu pour la faire basculer, l'impression tout d'un coup que le pot de fer pourrait l'emporter sur le pot de terre. Mon interlocuteur n'insista pas et m'emmena déjeuner. L'après midi, il me laissa son bureau pour lire, tout à loisir, le rapport définitif de l'inspection générale des services judiciaires. Ce qu'il contenait n'avait rien pour m'étonner. Je l'indiquai au directeur des services judiciaires lorsque, le lendemain matin, il m'appela pour me demander ce que j'en avais pensé. Son interrogation ne me parut pas ressortir à une simple curiosité. On s'inquiétait peut-être de l'effet qu'on pouvait escompter d'un rapport déstabilisateur. Pour qu'il le soit, encore eût-il fallu que j'y reconnaisse l'expression de la vérité. L'ayant lu à grands traits, j'y avais trouvé les miasmes du pré-rapport, un exercice intéressant qui déjà manifestait des préférences. Comme l'autre, celui-ci m'avait laissé le sentiment d'une démonstration forcée, riche de silences et d'interprétations confortables. Les accusateurs n'étaient accablés que pour mieux blanchir ceux qui pouvaient l'être. Manifestement l'institution prétendait s'en tirer à bon compte. Deux ou trois boucs émissaires lui suffiraient et, avec d'autres, je paraissais pouvoir faire l'affaire.

XII

LE RETOUR DU BALANCIER

Le temps passa, jusqu'au 26 juin 2003. Ce fut une journée de plomb. À l'Edhec, une école de commerce implantée à Nice, j'avais accepté de participer à l'oral du concours d'entrée. Le genre d'exercice que j'affectionne, ne serait-ce que parce qu'il permet de sortir d'un univers étriqué, en même temps qu'il éprouve la vision que l'on a de notre avenir, au travers des plus jeunes d'entre nous. Avec un de mes amis, dans un café proche, nous échangions nos impressions sur cette journée, lorsque sonna mon téléphone. Un journaliste m'apprit que le rapport de l'inspection générale des services judiciaires venait d'être diffusé sur Internet, accessible à tous. C'était ce qu'il est convenu d'appeler une première. Mieux, une véritable révolution culturelle. Le jour était bien choisi, un jeudi soir, et l'heure ne l'était pas moins, proche de celle des journaux télévisés. Le volume du rapport ne pouvait que conduire la presse, dans la précipitation qui lui était imposée, à un survol en forme de lynchage. Cela ne manqua pas et je pus compter mes amis.

L'orage se déchaîna mais il eut en effet ceci de rafraîchissant que les manifestations amicales se multiplièrent. Certaines me surprirent, tant elles étaient inattendues. Un ancien recteur me témoigna sa sympathie bien que, pour excellentes qu'aient été nos relations professionnelles, rien ne me permettait d'en espérer autant de cet universitaire que j'avais admiré dans l'exercice de ses hautes fonctions. Un autre universitaire avec lequel, à deux reprises au moins, j'avais publiquement débattu de la franc-maçonnerie à laquelle il appartenait, m'écrivit ce que lui inspirait le procédé. D'autres aussi, dont le silence n'aurait pu que m'appauvrir. Enfin un jeune avocat, avec lequel j'avais commencé de me lier. Droit et pugnace, drôle et rigoureux, il inspirait l'envie de lui ressembler et le doute d'y parvenir. Ce soir-là, encore que l'appétit m'en manquât, j'avais dû me rendre à la réception donnée pour le départ du commandant du groupement départemental de gendarmerie nationale. Tous savaient déjà et il me fallut affronter les regards sans paraître en souffrir. Cet ami en était un, au-delà même de ce que j'avais pu croire. D'ordinaire toujours débordé, il vint me chercher, eut des mots justes et me raccompagna jusque chez moi, ne me quittant qu'après m'avoir apaisé. J'avais aimé que son amitié soit parvenue à museler son impatience et lui en saurai toujours un gré infini.

Étant mon ami, il devint, par son talent, mon principal avocat. Ce ne fut pas une sinécure et rentable encore moins. Nos tempéraments fougueux s'harmonisaient au mieux, l'un tirant l'autre vers la sérénité quand le besoin s'en faisait sentir. Cependant, dans cette région où sévissait la culture de l'arrangement, il ne se pouvait qu'on ne nous soupçonnât d'entretenir une relation intéressée. Lui pour arrondir sa clientèle par mon intermédiaire, moi pour l'associer à mes « complots ». Cela compliqua souvent la perception que pouvait offrir notre commune participation à un même dossier ; elle permettait des interprétations qui nous étaient douloureuses, bien que nous prissions soin de laisser nos relations personnelles à l'écart. Encore eût-il fallu que la bonne foi présidât à ces critiques destinées à nous déstabiliser pour affaiblir la portée de nos interventions dans des dossiers qui dérangeaient. Ce fut tristement le cas dans le dossier Vo contre Smet, mais ce ne fut pas le seul. Qui veut noyer son chien l'accuse de la rage. Il en fallait plus pour nous dissuader de mener de front, tout en respectant nos attributions réciproques, obligations et amitié.

Témoin assisté dans une information ouverte à Marseille pour violation du secret de l'instruction, il m'assista. La multiplication des « vols à la portière » à Nice avait donné lieu à une stratégie judiciaire particulière. Plutôt que d'intervenir au coup par coup, ce qui nous exposait souvent à devoir classer les procédures faute de preuves suffisantes, les agresseurs avaient été filmés à distance, pendant plusieurs semaines, pour rassembler un maximum d'éléments probants avant de présenter les auteurs devant le juge pénal avec quelques chances de succès. Les images révélaient l'extrême violence dont ils pouvaient user à l'égard de leurs victimes, étrangères pour la plupart, et il m'avait paru opportun de les faire diffuser, en masquant les visages, pour sensibiliser mes concitoyens à un phénomène qui, en dépit de son appellation, n'avait rien de folklorique. Il me paraissait également indispensable de montrer combien la passivité était coupable ; trop nombreux sont ceux qui, à proximité d'une infraction, préfèrent s'enfermer que de voler au secours des victimes. Les avocats des auteurs se plaignirent de cette diffusion et, par voie de constitution de partie civile, demandèrent des poursuites pénales contre moi. Elles échouèrent mais me donnèrent l'occasion d'être interrogé par un juge d'instruction.

L'expérience me manquait, comme sans doute à tous ceux qui exercent une fonction judiciaire. L'autre côté du miroir donne un juste aperçu de ce que nous faisons ressentir à ceux que nous convoquons. Appelé plusieurs fois comme témoin devant une juridiction pénale, j'avais éprouvé l'inconfort des salles qui leur sont réservées comme l'insupportable attente qui leur est imposée. Cette fois-là, l'expérience, nouvelle pour moi, me permit au moins de mesurer l'agacement que procure à celui qu'on interroge la manière dont un juge s'arroge le droit de transcrire ses propos. À cette occasion, je reçus de mon conseil un coup de pied sur le tibia ; il voulait me faire taire. Le juge venait de me relire sa transcription et son français n'était pas le mien. Je le lui avais fait remarquer.

— Puisque c'est moi qui suis censé parler, j'aimerais mieux que ce soit en français...

Elle s'exécuta mais, au-delà de cette mesquine satisfaction, je compris que même les meilleurs pouvaient s'inscrire dans une relative prudence. Bien que ma remarque ne fût pas essentielle, ma qualité de témoin assisté, le grade au-dessous de mis en examen, m'autorisait à me comporter normalement. Pourquoi ne pas dire à ce juge ce que j'aurais dit à n'importe qui ? On peut trembler devant la vérité, pas devant un juge. À dire vrai, magistrat moi-même, le risque était mineur mais, comme souvent, il m'était apparu que, pouvant le faire, je le devais pour tous ceux qui croyaient pouvoir l'oser.

*_**

Le rapport de l'inspection générale des services judiciaires m'ayant publiquement désigné à l'opprobre, il me fallait prendre position. Alors la tentation est grande d'aller se terrer, d'échapper au regard des autres, aux commentaires qu'il exprime, fussent-ils apitoyés. La souffrance trouve aisément son refuge dans la solitude. Elle n'est pas dans ma nature et, par-dessus tout, j'aime la Justice. Il me fallait affronter l'évidence. Le garde des Sceaux, pour des raisons obscures, avait usé d'un moyen de communication inhabituel pour répandre le venin. À ceux qui s'étonnèrent de cette diffusion à l'échelon du pays, dont on ne connaissait pas de précédent, il fit valoir qu'elle correspondait à une exigence de transparence, fustigeant qui la trouvait excessive. Je m'en serais bien gardé, pour une fois qu'un ministre s'en déclarait adepte, surtout celui de la Justice, généralement plus enclin à l'enterrement qu'à l'exhumation. Pour en faire, avec d'autres magistrats, les frais, il me restait l'espoir que ce précédent ferait école.

Ce fut un feu de paille. Elle était humide et la fumée qui s'en dégagea, d'abord suffocante, se dissipa bientôt. Le premier moment passé, celui des approches à haute altitude, quelques-uns prirent la peine de lire le rapport, au-delà de ses conclusions, les plus accessibles dans la précipitation du scoop. J'eus rapidement l'occasion de le commenter, surtout en rapprochant sa publication de l'injonction qui m'avait été donnée, sur l'ordre du garde des Sceaux, de m'écarter de Nice, sur fond des affaires Smet et Vialatte.

Après s'être interrogé sur le contenu du rapport, on s'inquiéta des raisons qui avaient prévalu pour le rédiger ainsi, autant que pour le publier. La politique, le corporatisme ou la franc-maçonnerie ? Le temps écoulé et le rapprochement des dates opéré, je ne puis exclure le cumul, n'attribuant qu'à la politique la publication du rapport. Manifestement ses rédacteurs s'étaient obstinés, contre vents et marées, à démontrer que la juridiction n'avait pas subi l'influence de réseaux maçonniques. Des cas isolés, certes, mais surtout rien d'autre qui puisse conforter le sentiment, si répandu, du pouvoir occulte de la franc-maçonnerie.

Coïncidence sans doute, ce même 26 juin, le garde des Sceaux publia également son appétit pour la mairie de Lyon. Soumise à des influences diverses, la ville reste réputée pour celle qu'y exercent encore les loges et ce n'y est un secret pour personne que, hormis les personnalités exceptionnelles, celles dont la stature impose naturellement l'élection, l'accès au pouvoir local n'y a jamais pâti du supplément d'âme que confère une initiation maçonnique. Autre curiosité, le 27 juin, toujours à Lyon, se tinrent des Journées de Rencontres européennes à l'occasion du 275e anniversaire de la franc-maçonnerie. On ne brave pas impunément qui campe dans les allées du pouvoir.

Alimentée de la sorte, la machine aurait dû me broyer. Dans une institution qui ne vous apprend jamais à résister au pouvoir, la norme aurait dû me conduire au départ, vaincu. Pourtant, entouré par ceux qui avaient lu le rapport et l'avaient comparé à ce qu'ils savaient, je m'installai dans la continuité de mon action. La guerre de tranchées que nous avions connue fit place à une paix armée. Peu à peu la polémique s'estompa, noyée dans l'indifférence qui suit les grands tumultes quand ils ont cessé d'accaparer qui s'en repaît. Des départs et des arrivées modifièrent la physionomie de la juridiction. On peut cependant regretter que les fauteurs de troubles, ceux qui avaient impunément bafoué les règles d'une saine Justice, aient eu le loisir de quitter librement le tribunal qu'ils avaient souillé. Il devint progressivement fréquentable, ce qui était précisément mon but. Dans les couloirs de l'instruction, les magistrats n'eurent plus à s'éviter : la Justice enfin pouvait être rendue. Si, du parti qui l'avait accablée, quelques-uns restèrent, ils se tinrent cois. Curieusement, le rapport infamant n'avait rien changé en leur faveur, encore que l'on sentît bien que l'équilibre était précaire. Pour la Justice, ceux qui l'aimaient s'en accommodèrent. Sourde et bancale, enfin elle redevint aveugle aux puissants, cessant de s'égarer dans des considérations qui toujours auraient dû lui rester étrangères. Peu m'importait alors que tous les méchants n'aient pas été punis. Ils n'étaient plus là ou sur le point de s'éloigner et, progressivement, l'opinion s'était installée que nous avions été victimes d'un mauvais coup. Ce ne serait pas la première fois que la Justice ne triompherait qu'à demi. La vengeance n'est pas mon fort et souvent la réparation me semble préférable à la sanction. Je me consolais à la pensée que le tribunal allait bientôt recouvrer sa blancheur.

Cependant, au sein même de la cour d'appel, Bernard Bacou, le premier président, le vit autrement. Il exerçait ses fonctions sur un territoire qui excédait largement celui dont j'avais reçu la charge. Ayant franchi le Var et changé de tribunal, quittant celui de Nice pour celui d'Antibes, à deux pas mais ailleurs, Jean-Paul Renard, pour sa part, restait dans le ressort de la cour d'appel. Cela justifiait que son chef s'en préoccupe et pouvait même conduire à élargir le cercle. Après tout, ce que nous savions et dont l'inspection générale n'avait pas su ou voulu tirer de conclusions autorisait ceux qui avaient la responsabilité du corps judiciaire à le débarrasser de celui qui l'encombrait encore.

La loi avait changé et, comme tous ses homologues à ce niveau, le premier président avait, depuis peu, reçu le pouvoir de saisir le Conseil supérieur de la magistrature, à titre disciplinaire, pour faire sanctionner les comportements inacceptables. C'est ce qu'il fit sur la base du rapport de l'inspection générale diffusé sur Internet ; il en avait extrait les agissements les plus incontestables, ceux qui constituaient manifestement une violation des devoirs du magistrat. Le premier président de la Cour de cassation préside le Conseil quand il est appelé à statuer sur les manquements reprochés aux magistrats du siège. Il lui appartenait de désigner un rapporteur parmi les conseillers, auquel il reviendrait de compléter le dossier avant de le soumettre à ses pairs. Vincent Lamanda, le premier président de la cour d'appel de Versailles, fut choisi. Je m'en réjouis à proportion du souvenir que j'avais conservé de lui, avec qui j'avais été appelé à travailler à la Chancellerie. Conseiller technique d'Alain Peyrefitte, il avait su conserver la distance nécessaire dans le traitement des dossiers les plus délicats. L'estime que je lui portais s'était accrue de ce que, président du tribunal de grande instance de Bordeaux, il avait ouvert d'office une procédure d'enquête sur la situation économique du club local de football, quand le Ministère public s'était gardé de prendre la moindre initiative. Avec lui l'instruction du dossier disciplinaire serait entre de bonnes mains.

Il enquêta minutieusement, rassemblant des dossiers sulfureux, dont certains étaient archivés qui apportaient la démonstration des fautes commises, et procéda à différentes auditions. Il y eut des témoins courageux. M'ayant également entendu, il me fit part de son opinion en des termes qui me touchèrent, m'affirmant que le dossier lui avait permis de comprendre ce que j'avais dit et pourquoi je l'avais fait de manière publique. En beaucoup moins de temps qu'il n'avait fallu à l'inspection générale pour ne rien voir de l'essentiel, le rapporteur réunit les preuves de l'indignité du magistrat. Le dossier était volumineux et j'en fus le témoin. Michel Cardix avait été choisi par Jean-Paul Renard pour le défendre devant le Conseil supérieur de la magistrature qui devait le juger. L'avocat avait, depuis peu, installé son cabinet dans l'immeuble où je résidais en famille. Un jour que j'en sortais, je fus intrigué par l'immatriculation d'un véhicule stationné dans la cour. Il débordait de dossiers. Le chauffeur me salua, m'expliquant qu'il arrivait de Paris pour apporter à Maître Cardix la copie des différents volumes de la procédure disciplinaire. Bientôt ils furent soumis au Conseil supérieur de la magistrature.

Devant ses juges, Jean-Paul Renard se présenta sans arrogance aucune et même, devant la presse, il avait paru accablé, évoquant, sans pudeur excessive, les difficultés personnelles engendrées par cette méchante affaire. Aux dires de ceux qui assistèrent à cette audience, sa défense avait manqué de pugnacité. À Jean-Paul Renard, il était reproché des manquements dans sa vie professionnelle et privée par référence aux devoirs attachés à l'état de magistrat, des atteintes à l'obligation de dignité qui pèse sur celui-ci et, enfin, des manquements dans l'exercice de ses fonctions par référence aux impératifs de rigueur professionnelle et d'impartialité objective.

Au terme d'un débat public et contradictoire, le juge disciplinaire ordonna la mise à la retraite de M. Renard, alors que le directeur des services judiciaires avait réclamé sa révocation. Sur appel de l'intéressé, la décision fut confirmée par le Conseil d'État, traditionnel bastion de la plus exigeante des légalités.

Les motifs qu'avait fait prévaloir le Conseil supérieur révélaient l'ampleur du désastre. Il avait en effet retenu les relations équivoques, autant que soutenues, que le juge Renard avait entretenues entre 1988 et 2001 avec Anthony Tannouri, en dépit « d'antécédents inquiétants, d'un train de vie dispendieux, d'activités mal définies et de ressources d'origine inconnue... » alors même que le magistrat avait connu celui-ci dans l'exercice de ses fonctions de juge d'instruction en 1986, notamment à l'occasion d'un dossier ouvert contre lui pour trafic d'influence.

Rappelant les liens du juge Renard et de sa compagne avec Michel Mouillot, bien que ce dernier soit mis en examen, cette décision relevait qu'il s'était abstenu d'informer de leurs rapports amicaux le président du tribunal de Nice en 1998 quand celui-ci lui avait fait part de son intention de le désigner pour succéder au juge Murciano dans le dossier ouvert contre le maire de Cannes. Le Conseil stigmatisait le comportement de Jean-Paul Renard qui, saisi d'un dossier contre le président du conseil général des

Alpes-Maritimes, avait poursuivi les relations amicales qu'il entretenait avec son fils, retenant encore qu'il avait fait appel à un avocat dont il était proche pour provoquer, à deux reprises, l'intervention d'un membre du gouvernement, beau-père de cet avocat, auprès de son collègue garde des Sceaux.

À l'été 1998, Jean-Paul Renard ambitionnait un poste de procureur général ; après mon arrivée à Nice, il se serait contenté, en avril 1999, de la présidence d'un tribunal de grande instance. Il était conclu sur ce point « qu'un tel abandon par le juge de sa propre indépendance était contraire à la dignité ».

Se prononçant sur le cinquième grief retenu contre le magistrat, le conseil supérieur lui reprochait des pratiques complaisantes dans une procédure de trafic de stupéfiants où le nom d'une juge d'instruction du tribunal de Nice avait été cité comme consommateur. Relevant que les éléments permettant la mise en cause de cet autre magistrat n'avaient pas été vérifiés, la décision en déduisait que cela donnait à croire que le juge d'instruction avait agi ainsi pour « éviter qu'apparaisse le nom du juge mis en cause ».

Après avoir qualifié de manquement à la rigueur professionnelle le comportement du juge Renard à l'égard du sénateur des Alpes-Maritimes qui avait présidé l'office public des HLM, ce que j'ai déjà raconté, le conseil abordait le septième et dernier grief. Il retenait enfin que les relations notoires d'amitié qu'entretenait le juge Renard avec un avocat poursuivi pour fraude fiscale auraient dû, en 1997, le dissuader de participer à son jugement, comme d'instruire le supplément d'information qui lui avait été confié après un premier examen du dossier auquel il avait participé ; ses investigations avaient alors conduit le tribunal correctionnel, toujours composé de M. Renard, à relaxer partiellement cet avocat. Pour sa part, la cour d'appel avait retenu l'ensemble des infractions reprochées au prévenu. Le conseil de discipline des magistrats du siège s'estimait sans doute suffisamment convaincu par l'ensemble de ces éléments, puisqu'il concluait alors que, « sans qu'il y ait lieu d'aborder les autres faits dénoncés » – formule qui donne à croire qu'il y en avait d'autres et laisse le lecteur sur sa faim – les violations graves et répétées qu'avait révélées son examen montraient que Jean-Paul Renard avait « perdu les repères éthiques indispensables à l'exercice des fonctions de magistrat en même temps que tout crédit juridictionnel à l'égard des auxiliaires de justice et des justiciables ».

Était-ce la réponse du berger à la bergère ? Même si l'inspection générale avait pris la précaution de préciser que ses vérifications « avaient été menées aussi loin que permis dans le cadre de l'enquête administrative », c'était assez dire qu'elle ne savait pas tout, elle avait conclu le rapport qui m'accablait, avec d'autres, par l'affirmation que « les mises en cause porteuses des craintes les plus graves reposaient, soit sur des fondements contestables et en tout cas non établis, soit sur des interprétations hâtives ou des erreurs d'appréciation, voire même sur de simples ragots ». Il n'en était donc rien ? Quand il demandait l'éviction du président du tribunal, celle d'un juge qui m'avait beaucoup aidé et la mienne, le signataire du rapport se bornait, pour ce qui concernait Jean-Paul Renard, à relever que « sa nomination dans un ressort limitrophe – de Nice à

Antibes donc – n'apparaissait pas adaptée aux difficultés posées par le comportement de l'intéressé ». Il paraît que l'inspection générale n'a pas aimé que tombât ainsi le rideau, considérant, non sans raison, qu'elle avait été désavouée par le Conseil supérieur de la magistrature. Elle pouvait pourtant s'y attendre et le garde des Sceaux avec elle. En effet, avant même que le Conseil supérieur n'ait été saisi par le premier président de la cour d'appel d'Aix-en-Provence, une délégation composée de quelques-uns de ses membres était venue à Nice après la publication du rapport de l'inspection générale. Devant l'ensemble des magistrats réunis, ses conclusions avaient été évoquées qui prônaient le départ du président du tribunal, celui d'un juge d'instruction et le mien. L'un des conseillers, qui n'était pas magistrat mais siégeait au titre des personnalités choisies, rapporta qu'ils s'en étaient entretenus avec le ministre.

— Si tout cela est sérieux, il faut les traduire devant nous.

— Il n'en est pas question.

— Alors, c'est qu'il n'y a rien de sérieux contre eux !

Épilogue

LE DEVOIR DE DÉPLAIRE

Ainsi s'achevait l'un des épisodes parmi les plus cruels de ma vie professionnelle. Certainement pas le moins riche d'enseignements sur le corps auquel j'appartiens, ni sur la nature humaine. Ma foi en l'Homme reste la même mais ce chapitre n'a pas redoublé mon estime pour la classe politique, si prompte à user de ses pouvoirs pour écarter qui la gêne. À dire vrai, de celle-ci je n'attendais rien ; il m'avait si souvent paru que la Justice n'était qu'un instrument pour elle... Nul ne pourrait s'en affecter s'il ne servait qu'à l'intérêt général. Il faudrait être naïf pour s'en persuader et les exemples foisonnent de cette corruption démocratique qui prend nos robes pour des torchons, faisant à l'envi valser nos hermines. Au moins, en l'occurrence, s'était-il trouvé quelques magistrats véritables, encore fidèles à cette forte maxime du temps des parlements : *La cour rend des arrêts et non point des services*. Je leur en sais un gré infini, moins pour ce qui me concerne que pour l'honneur ainsi rendu à l'institution à laquelle nous appartenons.

Son honneur s'inscrit dans le devoir. Celui de respecter

la loi sans doute, première des conditions qui nous autorisent à l'imposer à d'autres. Mais l'équation judiciaire ne peut être réduite à cette seule approche, car, bien qu'elle constitue l'expression supérieure de la volonté nationale, la loi est malléable. La difficulté tient moins à l'interprétation à laquelle se livrent naturellement juges et procureurs qu'à celle qui procède de l'administration gouvernementale. La pratique des circulaires reste contestable quand, au gré des variations politiques, elles prétendent imposer au Ministère public une lecture de la loi qu'elle-même n'a pas prévue. Pour la justifier, on soutient généralement qu'un gouvernement doit avoir la possibilité d'intervenir, par voie d'instructions, pour contraindre les parquets à tenir compte de ses conceptions. À cet égard sa légitimité serait supérieure à la nôtre.

C'est supposer, d'une part, que le procureur de la République est le représentant du gouvernement, ce qui n'est certainement pas le cas, d'autre part que celui-ci pourrait donner des directives pouvant corriger la loi, seule expression de la volonté générale. Le mieux serait peut-être, dès son vote, de veiller à la rendre claire, de telle sorte que nul ne puisse être tenté de l'interpréter à des fins partisanes. Il est aisé de comprendre que les gouvernements soutiennent une conception qui leur conférerait une maîtrise de la Justice. Quand il s'agit des députés et sénateurs, la chose est plus difficilement compréhensible, sauf à considérer qu'ils admettent implicitement ainsi les approximations du travail législatif, ou songent déjà au moment où ils pourraient enfin entrer au gouvernement. On ne saurait en effet croire qu'ils éprouvent de la méfiance à l'égard des magistrats. Pour ceux-ci, il faut bien s'étonner, si légitimistes qu'ils soient. Auraient-ils plus d'appétit pour la laisse que pour l'indépendance? Il est vrai que nombre d'entre eux proclament qu'ils ne craindraient pas d'être des préfets judiciaires. Les hélicoptères ont encore bien des heures de vol devant eux. Nul ne peut oublier cet épisode qui vit la Chancellerie, alors que Jacques Toubon était garde des Sceaux, faire rechercher jusque dans l'Himalaya le procureur de la République d'Évry. Laurent Davenas s'y trouvait quelque part en expédition et il était urgent de le retrouver pour contrecarrer son adjoint qui, resté au tribunal, venait de prendre une décision bien désagréable pour un proche du pouvoir. Las, l'hélicoptère revint bredouille et la France s'esclaffa. Pour une fois qu'on n'hésitait pas à accorder des moyens à la Justice! À supposer que c'était elle que l'on voulait servir...

À ce compte-là, il est aisé de déplaire, simplement en s'attachant aux principes fondateurs de notre République, quitte à s'écarter du troupeau. Il n'est pas même besoin de prétendre au courage, vertu si galvaudée qu'il suffit de ne point être lâche pour en être paré. Depuis quelque temps, il me semble, et le mouvement s'accélère, que l'on exige des magistrats plus d'obéissance que d'intelligence. Il est vrai qu'il sera toujours plus aisé d'accéder à l'une qu'à l'autre, simple conflit de nature. *Qui veut voyager loin ménage sa monture...* La « morale » reste d'actualité, témoignant plus que jamais de la fragilité des hommes, de ceux qui commandent comme de ceux qui exécutent. Ceux-là n'ont pas compris qu'en démocratie, le pouvoir ne pouvait plus être acquis, mais relevait d'une conquête permanente. Chaque jour le pouvoir se gagne, mais surtout il se justifie. Bien des magistrats pourtant n'ont pas admis, quand des précédentes constitutions affirmaient l'existence d'un pouvoir judiciaire, que celle de 1958 y ait substitué une *Autorité* judiciaire. La plupart y voient une réduction de notre rôle dans l'État. C'était pourtant nous inciter à nous détacher de la facilité qu'offre un pouvoir pour conquérir l'autorité que seules des qualités personnelles peuvent conférer à chacun. Un mannequin sous la toge ? Je ne crois pas que la Justice s'en trouverait améliorée, bien au contraire.

L'uniformité à laquelle on paraît aspirer n'est pas un gage de cette humanité si nécessaire à la décision judiciaire ; elle n'est qu'une forme de pauvreté intellectuelle. Aussi nous appartient-il, aussi souvent qu'il est nécessaire, non point de cultiver le plaisir narcissique de se distinguer, mais de nous assurer que nos décisions s'inscrivent dans la plénitude de la loi. Ainsi, en allant devant le Conseil d'État pour faire censurer une décision du procureur général dont je dépendais, je n'étais pas animé par la rancœur, ni par le médiocre montant de la prime qu'il m'avait allouée, après bien d'autres avanies. Je lui avais proposé, ce qui ne lui convenait pas, d'attribuer à chacun des membres du parquet de Nice une prime d'un même montant. Elle était censée récompenser la contribution de chacun au bon fonctionnement du service et, pour la période considérée, cette participation m'avait paru également assurée. Mais, bien entendu, une telle conception était hérétique, à croire qu'une prime n'a de sens que si elle diffère de l'un à l'autre. On ne serait donc riche que parce que d'autres sont pauvres ? Sanctionné, il m'importait de faire savoir que, n'ayant pas cessé de penser, je revendiquais ce droit dans une fonction qui m'y condamnait. La nécessité s'en fait d'autant plus sentir que, dans la société sans risques dans laquelle on prétend nous confiner, le principe de précaution, peu à peu, nous anesthésie. De la neige à Noël? Holà, alerte rouge! On n'ose imaginer l'angoisse si elle était annoncée à Pâques...

En matière de Justice, les effets sont semblables. Outre une paupérisation constante des moyens attribués, au point qu'ils ne garantissent plus une Justice équitable, la tendance est à mesurer son efficacité dans les statistiques. La Justice se rendait à la louche, voici qu'on prétend utiliser la fourchette. Le progrès est mince, quand il s'agit, chaque fois, de comprendre des personnes et des faits. Pourtant taux et ratios prospèrent. Les barèmes pullulent. Ils décident des carrières, autant que la servilité, dans une ambiance de concours Lépine permanent. On peut craindre les manipulations, tant il paraît préférable de consacrer ses forces aux infractions les moins complexes, qui, à petits moyens, donnent les plus beaux chiffres. Avez-vous des pratiques innovantes? Telle est la question si souvent posée. Elle incite les magistrats, plutôt ceux du parquet il est vrai, à se dépasser pour mieux se faire remarquer, ne serait-ce que dans l'instant. Si c'est « une première », la presse en parlera et la Chancellerie saura, me distinguera peut-être! On vit même un procureur, soucieux de plaire, se livrer devant les journalistes à sa première expérience de poursuite sur reconnaissance préalable de culpabilité, ce « plaider coupable » venu d'ailleurs qu'à court d'idées nous avons fini par introduire dans notre procédure pénale. On raconte que cette première accomplie, le magistrat n'y recourut plus jamais... Quelle tristesse qu'on nous croie capables de tels procédés!

Sur le créneau, la délinquance financière n'est guère porteuse. Elle absorbe beaucoup d'énergie et la traquer coûte cher, pour un maigre profit statistique. Dans ce domaine, on compte en effet par dossier, qu'il comporte quelques feuillets ou plusieurs tomes. Les faussaires sont fortement tentés d'améliorer leurs scores en recourant à l'artifice, sans même aller, quand cette infraction existait encore, jusqu'à ouvrir autant de dossiers que de chèques sans provision imputés à un même auteur. Plusieurs fois, j'en fus le témoin. Il faudra bien admettre un jour que la neutralité statistique n'existe pas et qu'aux esprits faibles, les fous de carrière par exemple, la culture du chiffre offre des tentations irrépressibles. Entre ceux qui majorent et ceux qui retranchent, qui donc peut s'y retrouver ? Certainement pas la Justice car ces orientations déroutantes écartent le Ministère public de priorités fondées sur les atteintes les plus importantes. Celles à l'ordre public économique, dont les conséquences ne se mesurent pas dans l'immédiat, ne pèsent guère au regard des troubles mineurs lesquels, directement perceptibles au quotidien, engendrent un sentiment primaire d'insécurité. On voit où va la préférence des élus, rendus responsables de ce qui se voit plutôt que de ce qui compte. Quand passe la Justice, il leur faut, pour résister à leurs électeurs, un sens aigu du devoir particulier auquel ils ont consenti. Il est plus aisé de les suivre et de hurler avec eux, sans que la presse, dont ce pourrait être le rôle, tente de les en dissuader, bien au contraire.

Nos concitoyens n'aiment pas la Justice. Ils n'y parviennent que lorsqu'elle leur donne raison ou se plie à leurs volontés autant qu'à leurs fantasmes. En fait, ils n'aiment la Justice que lorsqu'elle les sert, et encore. Même alors les bénéficiaires de telles décisions restent convaincus que le juge n'a fait que reconnaître leur bon droit. Ayant gagné son procès, une partie écrivit à son avocat :

— La vérité a triomphé !

Par retour du courrier, son conseil répliqua :

Faites appel !

De ce mépris, nul ne peut vraiment se satisfaire tant la Justice symbolise la contrainte, ni le demandeur, ni le défendeur, ni l'auteur de l'infraction, ni sa victime ; moins encore celui qui s'adresse à l'institution pour s'entendre répondre qu'elle ne peut rien pour lui car la loi n'a rien prévu pour ce qui le concerne. Souvent en effet nos concitoyens confondent la Justice avec la morale. Pourtant le magistrat ne peut être rebelle à la loi, quand même elle lui paraîtrait ne pas répondre aux besoins collectifs. Il n'en est pas comptable. Au moins lui revient-il, dans la fonction qu'il a choisie, d'assumer pleinement ses servitudes autant que ses grandeurs, et, dans le respect de la conviction qui l'y a porté comme des personnes appelées à en bénéficier, de faire preuve d'honnêteté, simplement. Au magistrat il ne reste alors qu'à sublimer un choix qui l'enferme dans le rejet de ceux qu'il sert. Faute de plaire par fonction, ce qu'il préférerait sans doute, il doit accepter de déplaire, par une nécessité qui le dépasse.

TABLE DES MATIÈRES

Direction littéraire
Huguette Maure

assistée de
Mathilde Meynard

Impression réalisée sur CAMERON par

BRODARD & TAUPIN

GROUPE CPI

La Flèche

pour le compte des Éditions Michel Lafon
en novembre 2006

Imprimé en France
Dépôt légal : novembre 2006
N° d'impression : 38588
ISBN : 2-7499-0555-9
LAF 787